Anonymus

Pfalzbairisches Museum

Anonymus

Pfalzbairisches Museum

ISBN/EAN: 9783742890306

Hergestellt in Europa, USA, Kanada, Australien, Japan

Cover: Foto ©Thomas Meinert / pixelio.de

Manufactured and distributed by brebook publishing software
(www.brebook.com)

Anonymus

Pfalzbairisches Museum

Pfalzbaierisches Museum.

Vierter Band.

Vom Jahr 1786 bis 1787.

M a n n h e i m,
im Verlage der Herausgeber der ausländischen schönen Geister.

Inhalt.

Seite.

Inhalt.

Inhalt.

Inhalt.

Seite.

)(3

Inhalt.

Verlagsverzeichniß.

Neue Kupferstiche:

	fl.	kr.
Eine Scene aus Klopstocks Hermannsschlacht, von Chodowieki, —	4	—
Edler Zug des deutschen Heerführers Bojocal, von Chodowieki, —	1	30
Edler Zug der deutschen Fürstin Thusnelde, von demselben, —	1	30
Erhabne Handlung des Kaisers Rudolf von Habsburg, von demselben,	1	30
Ein Zug der Tapferkeit aus dem Leben des Kaisers Maximilian I; gezeichnet von Langenhövel, gestochen von Verhelst	4	—
Ein Zug edler Seelengröße desselben, von von Mettenleiter — —	1	30
Edler Zug aus dem Leben Ludwig des Frommen, von Chodowieki,	1	30

Bildnisse.

	fl.	kr.
Kaiser Rudolf von Habsburg, von Verhelst nach Golz.		45
Leibnitz, von Kasp nach Scheits.		45
Kaiser Maximilian I., von Adam nach Lucas von Leiden.		45
Albrecht Dürer, von Verhelst nach A. D.		45

	fl.	kr.
Albrecht von Wallenstein, Herzog von Friedland, von Heß nach Rembrand; dasselbe von Verhelst nach B. Kilian,		45

Unter der Preße sind:

Fragmente aus den griechischen und römischen Schriftstellern zur Bildung des jugendlichen Charakters, 2 Be. der B. zu	1	12

Richardsons Klarisse, in 6 Bänden, eine neue Uebersetzung.

Vathek, eine arabische Erzählung, von Mercier herausgegeben.

Schriften der kurpfälzischen deutschen Gesellschaft, 4ter und 5ter Band.

Deutsche Predigergalerie jetziger Zeit, zur Verbesserung der Kanzelberedsamkeit.

Leben und Bildnisse der großen Deutschen 3ter Band.

Peters, J. Ch. kurpfälzischen öffentlichen Lehrers der Handlungswissenschaften in Mannheim, Abhanlungen, und theoretische und praktische Anleitungen, das Handlungswesen betreffend, zwei Theile in 4. fünf Alphabet stark, zu 1 fl. das Alphabet auf schön Druck- und 1 fl 30 kr. auf fein Postpapier.

Die Berggeister.

An den Domdechant von Spiegel in Halberstadt.

1781.

Spiegel, Du weist es schon, wir Dichter sehen und hören
mehr als andre Kinder der Menschen. Niemand auf Erden
kennt wohl besser, als Du, die Berge, die Du verschönerst:
dennoch siehst Du das Sichtbare nur. Ich will Dir erzählen,
was, unsichtbar auch Dir, auf Deinen Bergen noch umschweift,
und wovon Du bis jetzt vielleicht nur ferne gehört hast.

Luft und Feuer, und Wasser und Erde wimmeln von Geistern,
wimmeln von Sylphen und Salamandern, und Nymphen und Gnomen.
Aber von diesen nur, von Gnomen erzähl' ich Dir heute.
Gnomen von andern genannt, von andern Geistern der Berge,
lieben Sie dämmernde Grotten und unterirdische Gänge.
Und, (ich muß die Wahrheit gestehn!) bey vielen der Dichter
sind sie nicht eben bestens berühmt. Doch, Spiegel, mit Unrecht.
Wer was tadeln und loben will, der sollt' es doch kennen!
Menschenfeindlich sind Gnomen nicht. Beleidiger und Narren
schabernacken sie blos, erschrecken sie plötzlich durch Rauschen,
oder machens schlüpfrig vor ihren Füssen im Grase,
daß sie fallen und ausgelacht werden. Allein auch Spiegel,
wer sich ihre Liebe verdient, dem sind sie ergeben,

ehrlich und treu, wie Tellheimen Just, und
Justen der Pudel.
Zwölfe von ihnen bewohnen die felsigen Grotten und Gänge
deiner Berge, die liefen für Dich durch Wasser und Feuer,
weil Du, (schmeicheln sie sich,) für sie die
Hügel so schön machst.
Aber sonderlich lieb war ihnen immer der
Gang schon,
wo du dem Weinfaß itzt sein neues Lager
bereitest;
und nun wird ers noch mehr. Laß Dir erzählen, o Spiegel,
was, erst diesen Morgen, auf Deinen Bergen geschehn ist.
Einer der Zwölfe, Laar, ein reiselustiger
Berggeist,
hatte seit Jahr und Tag umher im Lande
geschwärmet,
und ist diesen Morgen zurück zu den Freunden
gekommen.
Fix, den einen davon, fand Laar an der
Thüre des Durchgangs.

Fix.

Endlich und endlich willkommen! Wo hast
Du so lange gezögert?

Laar.

Wo so lange gezögert? Ich habe die Erde
durchwandert!
Hab' euch allen genug für ein Jahr zu erzählen gesammelt!
Aber was wird denn hier? Hier seh ich alles
in Arbeit.

Fix.

Also weißt Du noch nicht?

Laar.

Wie sollt' ich? Ich komme nur eben.
Habe noch keinen gesehn.

Fix.

Du kennst das Grüninger Weinfaß?

Laar.

Ich? was sollt' ichs nicht kennen? Ich hab'
im Traume dem Bischof
selber den ersten Gedanken, das Faß zu
bauen, gegeben.

All mein Tage hab' ich doch viel gehört und gesehen?
Aber keine Lust in meinem Leben, die der gleicht,
wie sie das Faß einweihten. Das war ein Singen und Klingen!
Und ein Schmausen und Trinken und Lachen und Freuen und Tanzen!
Hört, und mitten im besten Tanz oft kamen wir drunter,
Eh sichs jemand versah; parduz, lag einer am Boden!
Da jubilirten sie denn, und keiner mehr als der Bischof!
Lieder hatten sie auch; die sangen wir lange nachher noch.

Fix.

Weißt du keine davon? Wir haben —

Laar.

Stille! Was singt da?

Fix.

Sieh doch! wie sich das trift! da singen sie unten das Lied schon
in der Grotte, davon ich oben erzählen Dir wollte.

(ruft laut.)

Heda! Hier herauf!

(Einer von ferne.)

Was ruft da von oben herunter?

Fix.

Hier herauf! Wir sind im unterirdischen Gange!
Hier wirds besser klingen.

(Einer von ferne.)

Wir kommen.

Laar.

Wo habt ihr das Lied her?

Fix.

Neulich, wie wir hören, daß unser Spiegel das Weinfaß
hieher bringen würde. —

Laar.

Das Faß, ich bitte dich, hieher?

Fix.

Ganz gewiß! und hier in den Gang! drum haun sie den Felsen,
denn Du weißt es, es fodert Raum.

Laar.

Von Grüningen hieher!

Wunder' ich mich doch! Allein ich muß es selber gestehen,
es ist lustig erdacht! Hier wird sichs besser befinden.
Eins nur ärgert mich itzt, daß nicht der Einfall von mir ist!
Aber da kommen sie schon.

Elf.

Willkommen, Fremdling, willkommen!
Endlich auch Du!

Murr.

Woher?

Laar.

Das sollt ihr alles erfahren!
Aber jetzo singt! Wer hat das Lied denn erfunden?

Glu.

Meine Wenigkeit hats! Du sollst mir sagen, obs gut ist?
Fix, Fax, Paan und Haß, ihr stellt euch hierher zur Rechten!
Natt, Nix, und ihr andern zur Linken! Das Chor macht den Anfang!

Chor.

Heinrich Julius, Dir! Dir frommer Bischof, zu Ehren
tönet unser Gesang! So lange Trauben und Wein sind,
wird dein Name, dein Ruhm und deine Bewunderung währen.

Die Ersten.

Du, du hautest im Wald die Mutter der wolkigen Eichen,
und verwandeltest sie, vor allen Augen zum Wunder,
ins gewaltige Faß, dem tausend Fässer ein Spott sind!

Die Zweyten.

Du, du leertest im Harz den eisenergiebigsten Schacht aus,
Und verbandest die Dauben, mit künstlichen Schrauben und Schienen,
Dem gewaltigen Faß unsterbliche Dauer zu geben!

Die Ersten.

Heidelberg, o werde nicht stolz! Wir dürfen uns messen!

Seine Künstler brauchten ein Jahr, den Riesen zu bauen!

Die Zweyten.

Königstein, o rühme Dich nicht! Wir können Dir trotzen!
Seine Münzer münzten ein Jahr, die Künstler zu lohnen!

Chor.

Heinrich Julius, Dir! Dir frommer Bischof zu Ehren
tönet unser Gesang! So lange Trauben und Wein sind,
wird dein Name, dein Ruhm und deine Bewunderung währen!

Die Ersten.

Wein, Du Freude der Götter und Menschen, der Menschenfreund baute
dir zu Ehren das Faß, und schlug die Mutter der Eichen!

Die Zweyten.

Wein, Erzeuger des Scherzes und Tanzes! Der Weise belegte
dir zu Ehren das Faß mit ewigdaurenden Banden!

Die Ersten.

Reihen Berge gaben Dir Zoll und füllten Dein Innres
mit dem Tranke der Götter, am rheinischen Ufer gekeltert!

Die Zweyten.

Tausend Leserinnen und Leser am Ufer des Rheinstroms
sammelten Dir, und freuten sich laut des schäumenden Mostes!

Die Ersten.

Welcher Freudentag, als seine Rundung nun voll war,
und die Geladenen kamen, am Tisch des fröhlichen Wirthes
seines Nektarmeeres aus goldnen Pokalen zu trinken!

Die Zweyten.

Welche Götterlust, als nun am Abend des Tages
nektarselig der Schwarm im beflügelten Tanze sich umschwang;
durch die schimmernden Säle, von tausend Kerzen erleuchtet!

Chor.

Heinrich Julius, Dir! Dir, frommer Bischof, zu Ehren
tönet unser Gesang! So lange Trauben und Wein sind,
wird Dein Name, Dein Ruhm und Deine Bewunderung währen!

Laar.

Herrlich! Herrlich! — und wißt ihr was? Ihr müßt nach Berlin gehn,
Und dem König von Preussen das singen! Kaum wird er euch glauben,
daß das in Deutschland gemacht ist! —

Glu.

Was meynt ihr, Freunde? wir singen,
wenn das Faß zum zweytenmal hier auf den Bergen geweiht wird,
und, statt süsses Weins, die Gäste selber darin sind,
spiegeln unsern Gesang?

Fast.

Mein Sixchen, Freunde, das thun wir!

Laar.

Aber habt ihr mir sonst nichts neues, ihr Geister, zu zeigen,
das seit Jahr und Tage geschehn?

Fix.

Komm selber und siehe!
Und sie giengen den schlängelnden Weg durch die Büsche hinunter,
wandelten hin und her, und Laar, im schnellen Vorbeygehn,
machte seine Bemerkungen oft. Jetzt giengen sie unten
vor der grünen Grotte vorbey, und kamen zum Garten.
„Armer Japaner, was wirfst du nicht vollends den Stil aus den Händen,
„Kann er vor Regen und Sonne Dich dekken?“ — Sie giengen den Gang fort,
näherten sich dem Stakett, das zum zweythürmigen Bad führt.
„Hier, erzählt ihm Einer und zeigte linkerhand, werden
„Todte, die niemals geboren und niemals gestorben sind, ruhen.“

„Todte, die niemals lebten und starben?
„versetzte der Gnome,
„kenn' ich noch nicht!“ „So warte, Du wirsts
im kurzen erfahren!“ —
Und sie kamen ans Bad, und standen umher
um den Taxus
Alle mit trauriger Mien', und bückten sich
nieder mit Sorgfalt,
ob sie vielleicht noch Leben in seinen Wurzeln
entdeckten?
Oder vermögten, es ihm vielleicht aufs neue
zu geben? —
Sie durchsuchten das Bad, spatzierten am
Eingang des Wäldchens
durch die Lerchenallee zur Rechten und Linken,
dann aufwärts
durch den dämmernden Weg der immergrü-
nenden Tannen.
Eilend verlies ihr Zug den Eremiten; und
eilend
hüpften sie die Treppen hinauf. „Was aber
ist dies hier?
„Dieses neue Stakett mit steinernen Pfeilern
dazwischen?“
Drauf erzählten sie ihm, was sie vor kurzem
im Herbste

selbst aus Deinem Munde vernommen hatten. Sie streiften
hinter Heinrichs Höhe vorbey, den Weinberg hinunter
grüßten die Zwerge, den bunten Fasan, die ruhenden Flora.
„Liebe Säule, wie gehts? Mich freut Dich wieder zusehen!
Rief er der Säule zu. „Da war sonst aber die Inschrift? *)
„Oftmals hab' ich sie selbst in der Morgensonne gelesen,

---

*) Die Inschrift. Ich setze sie nur um einiger Leser willen her, die sie vielleicht nicht gleich auswendig wissen.

Wer schuf zu einem Tuskulum
Hier diese wilde Gegend um?
Wer gab euch, Berge, die Gestalt?
Euch, o du Felsen, Wald?
Wer bauete, mit segensvoller Hand,
Dies unfruchtbare starre Land?
Wer trieb aus deinem kalten Schoos
Die goldnen Aepfel? vollen Trauben?
Wer wölbete dem Wanderer aus Moos
den sanften Sitz? Die schattenreichen Lauben?

Sag' es der Nachwelt an, du Stein!
Schallt es ins ferne Thal, ihr Hügel!
Die Wildnis bildete zum Hain
Ein Menschenfreund, ein Spiegel!

„und ich las sie so gern.“ „Sie wird erneuert, und schöner,“
tröstet' ihn Elf, der Gnom; „allein, o Freunde, schon lange
„liegt mir eins am Herzen. Ihr andern irrtet vor kurzem
„in der Gegend umher, und ich war einsam zu Hause.
„Da gieng Spiegel vorüber. Und Er, der heiter und froh ist,
„Daß man kaum sein Alter bemerkt, war finster und ernsthaft.
„Hätten sie, hört ich ihn sagen, von ihrer Thorheit noch Freude!
„Und er sah verwundete Bäume, zerschlagene Tische,
„und die Wände der Grotten von unten bis oben zur Decke
„Mit den Namen von alten und jungen Thoren zerkritzelt.
„Hört, was meynt ihr, o Geister? Wir schliessen ein feyerlich Bündnis;
„und wer künftig es wagt, und legt zum Schaden die Hand an,
„hat denn Sache mit uns!“ Sie fanden alle den Vorschlag

recht und billig, und schlossen mit Handeinschlagen das Bündniß.
Und wer klug ist, vermeidet den Krieg mit Gnomen und Feyen!

Unterdessen sie so sich unterredeten, waren sie bereits hinauf zur höchsten Spitze gekommen.
„Warlich sagte Laar, wärs unter der Erde nicht besser,
„wärmer im Winter, und kühler im Sommer, ich hätte mir immer
„diese Spitze hier oben zur Lieblingswohnung erkohren!
„Aber was sollen die Steine dort unten?"

Siehe, da wollte
keiner den Mund eröfnen, und alle schwiegen bekümmert.

Laar.

Und ihr schweigt? —

Fix.

Was hilft auch endlich, Freunde, das Schweigen?
Hier soll oben ein Haus, und unter dem Hause sein Grab seyn!

Laar.

Laar.

Spiegels Grab?

Glu.

Mir ist nicht anders, als hört ich von Dingen
Aus dem künftgen Jahrhundert!

Laar.

Und irrt mein Gedächtnis nicht gänzlich,
Freunde, so bin ich heut am guten Tage gekommen!
Und ihr scheint mir so ruhig zu seyn, und noch nichts zu wissen?
Heut, den zwey und zwanzigsten Hornung, ist Spiegels Geburtstag!
Kommt geschwind hinab zum unterirdischen Gange,
und vergeßt sein Grab, so hübsch für uns und die Menschen
darüber das Haus vielleicht und der Saal und Altan auch werden!
Laßt uns sinnen! Wir müssen in Eil was neues erdenken,
und dem Tage zu Ehren uns lustig machen und springen!

Und sie eilten hinab, von schneller Freude getrieben,
In die Grotten des Gangs, und siehe, da fanden sie sinnend
Schon den letzten der Gnomen, die Deine Berge bewohnen,
Schlau, den Freund von Liedern und Tanz. Der hatte seit gestern,
Als er den heutigen Tag von der Uebergehenden Einem
Ohngefähr nennen gehört, ein Lied der Freude zu machen,
Und die andern damit zu überraschen gesonnen.
Und sie fielen über ihn her, und alle zusammen
Drückten und schüttelten ihn vor Freuden, daß er zuletzt kaum
Odem zu holen vermocht' und sie bat, ihn fahren zu lassen.
Und sie lernten sein Lied. Die Geister sind hurtig im lernen.
Itzo stellten sie sich umher in Reihen. Sie hätten
Gern auch Blumen gewunden, allein es blühen noch keine.
Sechse standen zur Rechten, und sechse standen zur Linken;

Und sie sangen, erst wechselnd, und endlich alle zusammen.

Das erste Chor.

Singt, o singt dem Tage zu Ehren begeisterte Lieder!
Unser Spiegel, der Menschenfreund, ward heute geboren!
Wenn Erobrer, Natur, aus Deinen Händen hervorgehn:
Dann, dann klaget, daß sie der Menschen Freude zerstören!

Das zweyte Chor.

Tanzt, o tanzt dem Tage zu Ehren harmonische Tänze!
Unser Spiegel, der Menschenfreund, ward heute geboren!
Wenn Einsiedler, Natur, aus deinen Händen hervorgehn:
Dann, dann klaget, daß sie der Menschen Freude nicht wollen!

Einer.

Als die werdenden Keime des ersten Lebens ihm sproßten,

Sangen die Nachtigallen und dufteten Blumen des Maien!

Ein Andrer.

Als die glückliche Mutter den Säugling feurig umarmte,
lächelten gute Geister, und nannten ihn Liebling der Menschen.

Einer.

Heiter ist seine Stirn! Sein Herz die Wohnung der Freude!

Ein andrer.

Heiter ist seine Welt! Was um ihn athmet wird fröhlich!

Das erste Chor.

Singt, o singt dem Tage zu Ehren begeisterte Lieder!
Spiegel, der fröhliche Greis, um viel der Freude zu schaffen,
wandelte dürre Felsen in götterlustige Haine!

Das zweyte Chor.

Tanzt, o tanzt dem Tage zu Ehren harmonische Tänze!

Spiegel, der fröhliche Greis, um mehr der Freude zu schaffen,
sinnt er noch Tag' und Nächte die Haine schöner zu bilden!

Einer.

Diese Lauben und Grotten und Sitze und schattigte Gänge
waren, vor wenigen Jahren nur noch, unwirthliche Hügel.

Ein andrer.

Diese Tannen und Haseln und Lerchen und fruchtbare Bäume
stehn wo, vor wenigen Jahren nur noch, die Distel nur buschte!

Einer.

Wo der Städter sich itzt nach Müh' der Erhohlungen freuet,
kam der Hirte nur hin, und führte die weidenden Schafe.

Ein andrer.

Wo die Säle jezt oft von frohen Gesellschaften wimmeln,

Kam der Jäger nur hin, und setzte dem flüchtigen Wild nach.

Einer.

Spiegel, wer gab Dir den Rath, dies Lager dem Weinfaß zu bauen?

Ein andrer.

Spiegel, Du fandest den Rath in Deinem erfindenden Herzen!

Das erste Chor.

Alle freuen sich Dein, die diese schattigen Gänge,
Diese Grotten und Lauben, und Tannen und Haseln besuchen!

Das zweyte Chor.

Alle danken sie Dir, die nach der Mühe des Tages
In den lachenden Sälen der freyen Erhohlung geniessen!

Alle.

Lebe, du guter Greis, noch lange glückliche Jahre!
Lebe, von allen geliebt! von Nahen und Fernen gepriesen!

Keine Sonne gehe Dir auf, und keine Dir
unter,
Die den Menschenfreund nicht mit neuen
Freuden erfüllen!

Also sangen sie gegeneinander, und tanz-
ten und lärmten,
Daß der Wiederhall rings die ganze Gegend
erregte;
Und die Geister umher von allen Hügeln und
Bergen,
Schaarenweis kamen zu sehn: was ihre Be-
geisterung wäre?
Und sie blieben alle beysammen und feyrten
den Festtag!

✡✡✡✡✡✡✡✡✡✡✡✡✡✡✡✡✡✡✡✡

An die Stille.

Wann aus leichter Silberhülle
Luna niederschaut,
Sehn' ich mich nach Dir, o Stille,
Wie der Jüngling nach der Braut!

Ach! mit wehmuthsvoller Rührung,
Freundin, denk' ich dein,
hier wo Leichtsinn und Verführung
giftbethaute Rosen streun;

Wo, des Lasters Stirn zu kränzen,
tausend Blumen blühn,
wo vor wilden Taumeltänzen
Grazien und Unschuld fliehn;

Wo der Name des Verbrechers
zu den Sternen dringt,
und das Haupt des Tugendrächers
in des Kerkers Nächte sinkt!

O beglückt, wen, in des Haines
Dämmerung versteckt,
an der Quelle Rand', ein kleines,
buschumwölbtes Strohdach deckt!

Du nur, heilge Stille, flügelst
hoch den Geist empor!
Lenkst der Hofnung Schiflein, spiegelst
uns des Himmels Freuden vor!

Lied eines Jünglings.

O wäre meiner Jugend Leben
der Bläue dieses Himmels gleich!
Wie sie an leichten Duftgeweben,
an guten, edlen Thaten reich!

Dann trät' ich froh zu dem Gestade,
wo meines Lebens Bächlein fleußt;
Dann blickt' auf meine Pilgerpfade
voll hoher Lust zurück mein Geist.

Doch, ach! wie dort den reinen Himmel
das düstre Schneegewölk umhüllt,
so stirbt, in wilder Lust Getümmel,
der beßre Geist der mich erfüllt!

Am Sterbebette.

Will Thränen das Herz;
Am Todtenbette

Da wohnt der Schmerz!
Zu sehn das Streben
Zurück ins Leben,
Noch lächelnd den Geist
Zur Blumenkette
Eh' sie zerreißt!
Beym matten Lampenschein,
Das krampfichte Wenden
Vom dürren Gebein;
Zu den Füssen die Kleinen,
Mit ringenden Händen,
Nach oben weinen,
Rund um die Seinen
Gebeugt und still:
Da giebt's der Ahndung viel!

Robert und Adelheid.

Schwarz stieg die Winternacht herab,
Der Sturmwind heult' im öden Haine,
Schneegewölke stoben umher!

Elisa! säß auf meinen Knien,
Ihr Arm umschlang den Nacken mir;

Ich horchte wonnetrunken ihrer Rede,
An ihrem Busen lag mein Haupt,
In ihrer Hand lag meine Hand,
Sie sang der goldnen Vorzeit Sage,
Die Trennung Roberts von Adelheid mir.

O Mädchen, sanft entfloß die Rede deinen Lippen,
Sanft wie der Abendhauch im Blüthenhaine säuselt.
Hört, ihr Freunde des Liedes, höret die Sage
Die mir Elisas Rosenmund sang.

Schön erhub, aus den Büschen des Hügels,
Roberts Burg das stolze Haupt,
Am rebenbekränzten Gestade des Rheins.
Weit erscholl der Ruhm ihres Helden.

Schön war Robert im Glanz seiner Jugend!
Der Tanne des Felsen glich sein stolzes Gebäu,
Dem Sturmwind sein Arm im Gewitter des Kampfes;
Und sein Lächeln war gleich dem Lächeln der Sonne,
Wenn sie halbverschleiert ins Westmeer sinkt.

Die schönste der Frauen begrüßte sein Gruß,
wenn er, im Schauer des sinkenden Abends,
heimkehrte von der Jagd des Gebirges.
Süsser Zauber umfloß,
wie Nebenflor das Berggebüsch,
Adelheids holde Gestalt.
Wie, mit sanfterröthenden Wangen,
der Sonne der Abendstern folgt,
so umschwebte sie stets,
mit dem wonnigen Blicke der Liebe,
deinen Fußtritt, hochbeglückter Gatte!

O wie floß so selig nur Leben dahin!
Aus des Morgens werdendem Schimmer
schuf die Liebe eure Stunden;
Aus den Hauchen des Maienabends
den Zauberduft der euren Blick umwallte.
Wie an des Himmels blauem Bogen,
der Mond in Sommernächten wandelt,
wenn sich um ihn die Sterne sammlen,
und sich des schönen Pilgers freun;
So wandelten Robert und Adelheid
den rosigen Pfad ihres Lebens.

Da scholl der Ruf aus Frankreich her:
Auf, ihr Ritter Deutschlands, auf!

Kommt euren Brüdern beyzustehn!
Die Sarazenen verheeren ihr Land,
sie sind gekommen, wie Sand am Meer!

Und Deutschlands Ritter vernahmen den Ruf.
In ihnen erwachten die Freuden des Kampfes,
sie dachten der Wonne des Sieges,
und zogen hin in ihrer Kraft.

O Robert, weckt dich nicht der Ruf zur Schlacht?
Gedenkst du nicht der Thaten deines Arms?
Soll in seiner Blüthe welken dein Ruhm?

Er ruhte sanft in Adelheids Arm,
sie waren wohl süß die Freuden der Liebe;
Aber Robert gedachte doch seines Ruhms.
„Sollt' ich des ritterlichen Schwurs
in eines Weibes Arm vergessen?
Sollt' ich, ein schnöder Weichling, ihr im Schooß,
die Stunde des ruhmvollen Kampfes verträumen?
Daß die Gefährten meiner Jugend,
wenn sie nun heim im Siegeskranze kehren,

Und, gleich einem leuchtenden Sterne der Nacht,
Ihr Ruhm vor ihnen schimmert,
Daß sie dann mich höhnten und sprächen:
Da liegt der Weichling in der Wollust Schooß!
Nein von Robert sollen sie's nicht sagen,
Daß er des ritterlichen Schwurs vergaß!"

Er sprach's und schwang im Geiste schon den Speer,
Vernahm ihn schon den Wonneton des Siegsgesangs!
Aber noch immer erwachte der trübe Trennungsgedanke.
So verhüllen den Mond die Wolken des Himmels,
Wenn sie der Sturm der graulichen Winternacht jagt.

Es ist ein schwerer Kampf, wenn Ruhm und Liebe kämpfen.
Süß ist die Stimme der Liebe!
Süsser noch wie Nachtigallgesang
In der Ruhe des nächtlichen Haines,
Wenn der reine Vollmondschimmer
Durch die Wipfel der Bäume dämmert.

Aber wie die Donnerstimme des Sturmwinds,
Wenn er, mit Tosen, den Buchenwald schüttelt,
Und wirbelnd die Wagen des Bergstroms emporwühlt;
Siehe, mit kühner, geflügelter That
Beschwingt er des Horchenden Seele!
So tönet die Stimme des Ruhms.
Robert vernahm ihr allmächtiges Rauschen,
Unsterblichkeit kocht' im Busen des Helden.

„Ja ich zieh ins Gefilde des Ruhms!
Ich ziehe morgen zu Frankreichs Kampf!
Trokne der schönen Wange die Thräne,
Weib meiner Liebe, laß mich ziehn!
Im Siegeskranze kehr' ich zurück.“

„Ach! nimmer wirst du wiederkehren!
Bange Ahndung bewölkt meine Seele!
Ich sehe nimmer den Tag deiner Rückkehr!
O bleib, mein Robert! bleib Geliebter!
Du hast den Kranz des Ruhms errungen,
Ruh' in Frieden im Arm deines Weibes,
Daß zu neuen Freuden der Morgen uns wecke,
Daß an deinem Busen der Abend mir dämmre?
O bleib, mein Robert! bleib Geliebter!“

„Weib meiner Liebe, der Ruhm gebeut!
Wo? werden die Ritter sich fragen,
wo weilet Roberts tapfrer Arm?
Er scheute nie des Kampfs Gefahr!
Und, siehe, dann treten sie spottend hervor,
sie, die Gefährten meiner Jugend,
und sprechen: Er ruht bey seinem Weibe!
O laß mich ziehn, Weib meiner Liebe!
Ich kehr' im Siegeskranze zurück!"

„Ach! wenn mich längst der Gram getödtet,
wenn ich ruh' im Dunkel des Grabes,
ach! dann wirst du umsonst bey Namen mich rufen."
Dein Weib wird deine Stimme nicht vernehmen!
O Robert, das ist deine Liebe?
So gedenkst du deiner heiligen Schwüre?
Bin ich dir darum gefolgt aus der Ferne?
Hat sich darum mein Herz dir ergeben,
hier getrennt von Mutter und Vater,
von den Gespielen meiner Jugend fern,
von Dir, ach Robert! von Dir verlassen,
hier mein junges Leben zu verweinen?
Doch zieh', Geliebter, zieh' in den Kampf,

Wenn dein Ruhm es gebeut,
Und kehre, mich zu beweinen, zurück!"

Sie sprachs und wandte den Blick,
die Zähren dem Geliebten zu verbergen,
gieng in ihr einsames Gemach und weinte.

Und Robert dachte noch einmal den Kampf,
dachte noch einmal die Wonne der Rückkehr.
Drauf berief er die Diener der Burg
Und sprach zu Lolo seinem Schaffner:

"Dir, du treuster meiner Diener,
Lolo, dir befehl ich mein Haus;
du bist Gebiether dieser Burg,
so lange mich der Kampf entfernt!
Nur meiner Gattin seyst du unterthan!
Sein Wort ist mein Befehl, ihr Freunde,
gehorcht in allem, was er euch gebeut!"

Alle schwiegen umher
und schauten unverwandt auf den geliebten
Herrn,
und drauf erscholl es, wie aus einem Munde:
"Heil dir, o Ritter, Heil und Sieg!"

Als nun der Lerche Frühgesang
den röthlichen Stral der Dämmerung weckte;
da wand der Ritter sich los
vom klopfenden Busen des Weibes.
Nahm die glänzende Rüstung
und legte den schlanken Gliedern sie an.

O Adelheid! Dein Schmerz war stumm!
Trüb und starr Dein Blick!
Deine Schritt' um den Gewafneten
waren die Schritte des einsamen Kummers!
Die Dämmerung bestralte die Thürme der Burg;
die Knappen führten hervor die Rosse.
Schön waren sie zum Kampf geschmückt,
und schüttelten hoch die stolzen Mähnen.

Der Ritter kam in seiner Kraft.
Stolz schritt er einher im Schimmer der Waffen,
an seiner Seite wankte die Gattin,
am Boden ihren Blick geheftet.
Keine Thräne floß aus ihrem Auge.
Sie streckte die matten Arme dem Ritter entgegen,

und drückt' auf seine Lippen den letzten Kuß
der Wehmuth.
Schnell schwang er sich auf's Roß und flog
durchs hochgewölbte Thor der Burg.

O du, der Frauen Schönste,
wer spricht mit Worten deinen Kummer aus?
Empor des Thurmes Schneckengang
stiegst Du mit ängstlich schnellem Schritte.

Die Sonne stieg hinter dem Wald herauf;
der Morgenduftglanz hüllte Thal und Hügel;
Nebel lag auf dem Rücken des Stroms,
auf den Pfaden wallten einsame Pilger;
sie horchten den Liedern des röthlichen Hains.

Aber euren Wonnemelodien,
ihr frühen Sänger des Waldes,
Horchte Adelheid nicht.
Sie sucht', im duftverhüllten Thal,
das Roß des Vielgeliebten,
und zürnte, da die Ferne
dem Schimmer seines Helms ihr barg,
und streckte einmal noch nach ihm die Arme,
und schloß die Luft an ihren Busen!

Die Marken. (Jettons)

Eine Hypothese nach aller Wahrscheinlichkeit.

Wenn ich, wie ein Rechtsgelehrter, der über eine legem commentirte, meine Gedanken über die Marken äussern wollte, so müste ich den Ursprung, die Geschichte, das Schicksal, die Grundursachen u. d. gl. derselben ganz genau untersuchen, meine Quellen anzeigen, und sonnenklar beweisen, daß dasjenige, was ich behaupte, so wahr, als die Sache selbst, sey; obgleich ein andrer das Gegentheil vielleicht mit eben so vielen Gründen, vielleicht aus denselben Quellen eben so überzeugend dargethan hätte, oder darthun könnte.

Allein so sclavisch gelehrt will ich mich nicht verbinden, theils weil ich grade nur meinen Ideengang gehen wollte, theils weil es der Mühe wohl nicht lohnte, einen so geringen Gegenstand mit so vielem gelehrten Prunk auseinander zu setzen, auch mögte ich wohl nicht so viele Zeit daran wenden, als dieses kosten könnte. Ich habe mir einmal mein Steckenpferd gewählt — und warum sollte ich bey diesem geringen Gegenstand nicht eben die Erlaubniß haben, die sich unsere größten Philosophen nahmen, wenn sie ganze Lehrsysteme bauten, wenn sie den Planeten ihre Laufbahn mit gebieterischem Tone anweisen, oder das geringste Gräschen mit dem Zeder unter ihre Klassen abtheilen?

Ich dachte mir daher Ursprung, Geschichte, und Schicksale der Marken nach meiner Hypothese, und vielleicht bürget manchem seine *innere* Ueberzeugung für die Legalität derselben. Der Ursprung der Marken ist unstreitig jünger, als das Spielen selbst. Ich meyne um's Geld spielen, es können daher alle Spiele, die vor den Kartenzeiten gespielt worden sind, auch mitgerechnet werden.

Nur scheinet bey dem Kartenspiel eine Ausnahme gemacht werden zu müssen;

Die Karten sollen zum Zeitvertreib eines Blödsinnigen erfunden worden seyn, *) es ist

*) Eine ganz artige Anmerkung über die Spielkarten findet sich im königl. grosbritt. genealogis. Kalender vom J. 1786. p. 123. seq.

also gewiß, daß man ursprünglich nicht gleich um Geld mit Karten spielte, und doch muste man Marken haben, um die Stiche, Points u. d. gl. anzuzeigen; allein hier ist die Rede nicht von den Zeichen, womit das Spiel in seinem Fortgang bezeichnet wird, sondern von jenen, die schlechterdings statt der einsweiligen Auszahlung des Verlustes dienen sollten.

Diese Zeichen, Marques, jettons &c. haben nun vermuthlich ihren Ursprung, und glückliche Verbreitung, armen, und schlechten Spielern zu danken.

Die Geschichte der Marken aber, und ihrer Schicksale wird ausser ihrem Ursprung, und Grundursachen nicht sehr interessant seyn; ich bekümmere mich also wenig darum, welchem Zeitalter wir sie zu verdanken haben, genug sie existiren, und haben ein sehr günstiges Schicksal gehabt. — Wenn auch ihr Geburtsort eine Academie des grecs war, so funkeln sie doch jetzt in königlichen Vorzimmern mit königlichen Brustbildern, Kriegsschiffen, und andern dergleichen schwankenden Sinnbildern des Glückes.

Armuth also veranlaßte ihre Entstehung, der Wohlstand hies sie gut, und Betrug beförderte ihre allenthalbige Ausbreitung.

Seit die Männer — und es thut mir leid, daß dies auch von deutschen Männern gilt — seit die Männer, sage ich, ihre männliche Belustigungen, und Gemüthserhohlungen verliesen, seit dem es Schande wurde sich mit seiner Hausfrau um's häusliche zu befragen, weil diese sich nicht mehr damit abgaben, und der Mann dafür anfänglich zu nachsichtig, nachher aber vielleicht zu gefällig war, seine Frau durch eine gesunde Hausmannsfrage in Verlegenheit zu setzen — seitdem die Männer nicht mehr zusammen kommen um sich über Geschäfte ihre Entwürfe, und vielleicht über das Heil der Nation, oder des kleinern Haufens ihrer Unterthanen zu berathschlagen — seitdem die gute Hausmutter nicht mehr ihre Hausarbeit selbst that, oder doch selbst nachsah, wie sie gethan wurde -- seitdem die Matrone dem Knaben keine Rittermärchen mehr vorerzählte, und gute deutsche Mädgen nicht mehr Minnelieder bey ihrer Stickerey einander vorsangen, um den Jüngling zur besseren

That anfeuern zu können, seitdem entstand eine Lücke im häuslichen Leben, die jeder schwer füllte, der noch das Nachweh, wenn ich so sagen darf, voriger Thätigkeit in sich spürte, und doch seinen Geist, und seine Hände noch nicht mit andern Dingen zu beschäftigen wuste — diese Lücke muste nun ausgefüllt werden.

Man zog sich daher in Gesellschaft zusammen; natürlich war es, daß man auch das schöne Geschlecht dazu nahm, vielleicht auch nur aus dem erniedrigenden Grundsatze, das schöne Geschlecht sey dem Mann zum Zeitvertreib gegeben, vielleicht aber auch weil man es ausser der Sphäre ihrer häuslichen Beschäftigungen zu schätzen lernte. — Man zog sich also in Gesellschaften zusammen, die Männer sprachen noch von Geschäften, die Weiber zupften ihre Gedanken in's Zupfkästgen, um nur eine unter tausend weiblichen Arbeiten zu nennen. —

Endlich fingen aber die Weiber auch an, sich ins Gespräch der Männer zu mischen, oder sich den Vorwurf zuzuziehen, daß sie kein Geheimniß verschweigen konnten — die Männer verlohren im reichen Lehnstuhl ihre Mannkraft, der Körper erschlafte, und der Geist gewann nichts dabey — vielleicht gabs da auch Gelegenheit zum liebäugeln, das doch der biedere Vater ohne Verdruß nicht ansehen konnte — Genug die Gesellschaften als Gesellschaften wurden als ein gefährliches Ding angesehen. — Man bestimmte das Alter, vor dem kein Junge, und keine Fräulein vorgeführt werden durfte, und da sah man immer auf die Virilität. —

Eine Bemerkung die manchem guten Kinde viel genutzt haben würde, wenn unsere heutige Matronen noch so dächten! Jetzt scheinet aber der militärische Fuß sogar bey den jungen Mädgen eingeführt zu seyn — man mißt nach der Grösse, und man will sogar die Bemerkung gemacht haben, manches Mädchen wäre sitzen geblieben, *) weil man sich erinnerte, daß sie schon vor 10 Jahren aufgeführt worden wäre.

*) Eine verteufelt erniedrigender Ausdruck, als wenn die Mädgen so nach der Reyhe hersäßen, und mit betelndem Auge nach dem weissen Schnupftuch eines Sultans schmachteten!

Unterdessen die Gesellschaften bestanden einmal — vielleicht spielten auch schon die Männer mit Würfeln, auf dem Brette u. d. gl. die weibliche Hand muste sich aber noch immerhin mit Arbeiten beschäftigen.

Wenn ich mir die Staffelreihe der weiblichen Arbeiten denke; so glaube ich einen richtigen Schluß auf ihren jetzigen Unterschied nach den Ständen, und ehemaligen Fortgang machen zu können.

Der niedrigste Stand strickt, und nähet, ich nehme also dieses für die erste Beschäftigung der Weiber in Gesellschaften an. —

Der Mittelstand wirkt Fillet, strickt Manschetten — zweyte Unterhaltung zarter Finger.

Unsere gnädigen Fräulein auf dem Lande, die noch ein bisgen ihren Beschäftigungen nach *) ins vorige Jahrhundert zu setzen wä-

*) Ihr Geschmack richtet sich aber immer nach der neuesten Mode, NB. so bald sie selbe nur erfahren; so hörte ich noch neulich eine solche Landnymphe in einer Galanteriebude nach einer schönen Haube à la Figaro mit Kuler de Roß, und Mertonband fragen — bey diesen hat Hr. Bertuchs Modenjournal unstreitig das grössere Verdienst!

ren, und doch, wie man sagt, den bon ton besitzen wollen, werfen Spitzen mit einer solchen Behändigkeit, daß man glauben sollte, der leibhaftige Mephistopheles sitze ihnen in den Fingern. Drittes Zeitalter weiblicher Beschäftigung.

Nun kommen die Frauen g. R. — in grossen Dormeusen, die ihres Herren Gemahl Bauchzierde durch die Finger wurgeln, in einem Kästgen in verschiedenen Gefächern Seide und Gold dem Hebräer aufsparen, der die Ehre hat, das ganze Haus vorzüglich prellen zu dörfen, oder um nicht gänzlich geprellet zu werden, es per Abschlag für seine Hauslieferungen zu empfangen. Letzter Zeitpunkt, und die Epoche der Auspeitschung aller weiblicher Arbeiten in Gesellschaften.

Der Luxus konnte nun nichts mehr erfinden, wodurch die Frau Gräfin ihre Finger nicht mit der gemeineren Arbeit der Baronessin beschmutzen sollte.

Nun war es bald altväterisch, folglich höchst ungereimt, gegen alle Lebensart, seine Zeit durch die Finger zu treiben. Nun sassen wir aber da! —

Vielleicht der Schöpfungsaugenblick der Sonnenfächer — man legte die Hände in den Schoß, und richtete die Leute aus —

Aber auch dieses ward man bald überdrüssig — Herr Zuckerrohr konnte es witziger als Herr Pav. —

Die schmachtende Rosalia richtete mit einem Blicke mehr spottendes Gelächter an, wenn eine ehrwürdige Staatsperücke mit grossen Manschetten ins Zimmer trat, als Frau Magdalena, und Sybilla, wenn sie eine ganze Stadt in ihre Glieder zerlegten, und mit beziehenden Anmerkungen in lebhaften Farben darstellten. — Sie fühlten das Uebergewicht der andern, und schlugen das Spiel vor.

Etwas neues reißt um sich wie ein stürzender Strom — Langeweile machte es zur Nothwendigkeit; nun wurden runde, drey, vier, funfeckige Tische ins Zimmer gebracht, und die — Kinder spielten! Doch aber etliche Stunden so da zusitzen für nichts, und wieder nichts! Wollen wir nicht das Spiel etwas gelten machen?

Gewinnsucht trat auf, durch anscheinende Hofnung, etwas davon zu tragen, gereizt, siegte der Vorschlag. Gering war nun freylich das Spiel, unterdessen, es galt doch etwas. —

Nun war es natürlich, daß die Frau Geheimeräthin es der Frau Regierungsräthin zuvor thun wollte — sie spielte also schon höher — um sich doch vom zweyten Adel auszuzeichnen muste die Frau Baronessin im Verhältniß ihrer Ahnen spielen; u. s. w. — Nun blieb zwar der Zeitvertreib, aber die Mittel, die vertriebene Zeit zu bezahlen, entsprachen nicht allzeit dem Stammbaum, der in den Stiftskirchen hieng.

Man vergaß bald seinen Beutel, man hatte sich nicht vorgesehen, man glaubte nicht zu spielen, unterdessen man muste — geschwind also einen stillen Seufzer an Mlle Spadile abgeschickt, und sie aufs höflichste eingeladen, im Augenblick, wo man sich an den Dreyfuß des Glückes wagte.

Nun hatte man auch nicht allzeit Münze zur Hand, das beständige Wechseln war zu umständlich, beschmutzte die Finger — und die Tische wollte man doch auch nicht immer mit Kreidestrichen bemalen, sie waren mit grünem Tuche überzogen, das viele bürsten hätte die Wolle weggefressen, und dann, was vollends den Ausschlag gab — so spielt mein Schuster, rief Angelica, und warf mit Eckel die Kreide weg. —

Nun stund ein Genie auf, zog seine Nagelscheere aus der Tasche — Tenés, Madame, voici de quoi nous aider! — griff eiligst nach einem Zehenter, damit ihm Niemand den witzigen Gedanken in seiner Geburt raubte, und schnitt vierecke — gnädige Frau, so können wir uns helfen! — Sieh doch, das ist ein scharmanter Einfall! —

Johann! Johann! — gnädige Frau! mache er doch die Fenster zu, der Wind jagt mir sonst meinen ganzen Gewinnst zu Boden!

Hier ward wieder ein neues Feld für ein zweytes Genie offen. — Er trat ans Licht der grosse Mann! — und machte Bleche — Luxus, der Unterschied der Ständen, und Mittel — messinggeprägte, silberne Marken.

So ward Armuth die Schöpfungsursach der Marken!

Wohlstand führte sie durchgehends ein.

Der junge Herr, der geizig nach seiner Tasche würde gegriffen haben, um mit zitternder Hand sein Geldchen herzugeben, ward nun beherzter — es sind nur Marken! — ich habe Hofnung sie abzuspielen, rückzugewinnen. Selbst die Gewinnsucht sah nicht mehr so gierig aus den Augen nach dem Gelde ihres Gegners. — Das Spiel ward nun anständiger! —

Das eitle Gold konnte keinen mehr zu Zänkereyen reizen; der Schimmer blinkender Münze stach keinem mehr in die Augen, verdunkelt ward der Glanz, um sich desto leichter blenden zu können. —

Man zählte nun nicht mehr in der Stille seine etliche Gulden, und sagte sich nicht mehr, dies ist der letzte Pfennig, den du hast — sondern: Johann! bringe er mir doch ein anderes Spielkästgen — und nun erzählte man dem Zuschauer mit lachendem Munde, man wäre schon an der zweyten Boëte — natürlicher Weise muß sich dieser über den Gignon wundern — und man schmeichelt sich selbst mit Anmerkungen über seine Gelassenheit, und Gleichgültigkeit, mit der man den Verlust erträgt. — Es wird Stoff zur Erhebung seiner selbst, und man kitzelt sich in seiner Eigenliebe, als einen großmüthig Uneigennützigen, und denkt nicht mehr daran, daß man sich doch erst gestern nach dem Spiel so derb über den alltäglichen Verlust beklagt hat — denkt nicht mehr daran, daß man 15 Procent gegen halben Empfang hat verschreiben müssen, um die Spielschuld — eine Ehrenschuld! — bezahlen zu können. — Vergißt, daß man während der anscheinenden Gleichgültigkeit gegen allen Verlust alle Nerven anspannt, alle seine Geschicklichkeit aufbiethet, alle mögliche Combinaisons in seinem Gedächtniß durchläuft, um nur dem Spieler eine Codille abzugewinnen — vergißt, das man sich gerade dem dritten Fenster gegen über gesetzt, um auf den glücklichen Platz zu kommen — vergißt, daß man die grüne Schachtel gewählet, als das Zeichen der Hofnung — u. s. f.

Hiedurch bekam nun Betrug freyeres Feld, man zählte nicht so genau nach, bekümmerte

sich

sich wenig um die Zahl der verlohrnen Marken, mithin noch weniger, um die Art, wie sie verlohren giengen — Eine Gräfin konnte nun auch eher sich verzählen, ein paar jettons auf, oder ab, darauf kömmts wohl nicht an — genug sie nahm kein Geld. — Frage man einmal einen Spieler, ob er nicht in Marken immer mehr verlohren, als um baar Geld? — Die Marken behagten also dem Betrüger, der so lang das Spiel dauert mit gleicher Münze auszahlt, der leere nichtsbedeutende Worte, verstellte Bedaurniß für baares Geld hingibt.

Und so wurden die Marken der Deckmantel des Betrugs, wenigstens der Köder des Unglücklichen, der in Hände künstlicher Spieler fiel, die das Glücksrad in ihren Fingern haben. — so lag unter der Maske des Bequemern der Fallstrick zum Verlust — der Glanz der neugeschlagenen Dukaten reizte nun keinen mehr, das kostbare Gepräge aufzubewahren — der Geiz fuhr einem nicht mehr durch die Glieder, und durchzitterte nicht mehr alle Nerven, wenn man das Elektrum der gebundenen Stäbe berührte.

Zu spät war es nun schon, wenn man beym Austausch über seinen Verlust zurückbebte, das Recht lag in des Gegners Hand, und niemand kann mehr fragen, wie kams hinein? — Die Ehre verlangte freygebige Ausbezahlung, und mit Vergnügen muß man die Taschenspielerey bezahlen. Hätte man um Geld gespielet, so hätte sich oft die Armuth verrathen gesehen, der Geiz hätte sich in allen Gesichtszügen verbreitet, jeder unglückliche coup hätte die Wangen stärker gefärbt, oder eine fürchterlichere Blässe über unser Gesicht gezogen — Man hätte nun nicht mehr seinen Verlust auf eine Karte schreiben, und seinen Gegner mit einem: je vous l'enverrai demain, abspeissen können — um dadurch Zeit zu gewinnen, eine halbe Judengasse in Contribution zu setzen. Der Herr Graf hätte nun nicht mehr aus Noth das thun können, was grössere Herrn aus Bequemlichkeit thun — kurz man wäre mehr verrathen gewesen, als ein Geheimniß bey Weibern. Zu dem klingt es auch grösser: ich habe 300 Fische, als ich habe drey Gulden verlohren. —

Dies traf nun alles zusammen, und war genug, um stillschweigend mit einander überein zukommen, die Marken an allen Spieltischen aufzunehmen.

Nun wurde der Münzer mit silbernen, und messingenen — der Dreher mit beinernen, und der Glaser mit gläsernen Marken beschäftiget. — Sie wurden ein Handlungszweig, und ernähren wirklich noch eine kleine Reichsstadt. Dank sey dir Schöpfer der Marken — eine Marmorsäule sollte dein Grab bezeichnen — Chronicken sollten deinen Namen aufbehalten haben, damit dir noch heute der Spieler, und Künstler, und Handwerker danken könnten; auch die, deren Gebeine du der schimpflichen Begräbniß entreissest, würden dir ein Holokaust bringen, und einen Jahrtag mit prächtigen Opfern feyern.

Auszug eines Schreibens eines wirklichen Residenten an dem spanischen Hofe. Aranjuez den 17ten Junii. 1786.

Es schlug 11 Uhr des Nachts, und ich war im Begriffe ihren Brief vom 29ten May endlich einmal zu beantworten: als ein königlicher Hellebardier mich störte, und im Namen des Königs ersuchte, der Niederkunft der Infantin Maria Victoria beyzuwohnen. Ich verlasse sie also, um nach dem Palaste zu eilen; ich weis nicht, wann ich zurückkommen werde, um meinen Brief fortzusetzen.

Sonntag den 18. Juni. So eben habe ich von einer Ermattung ausgeschlafen, von der die Ursache für mich ganz neu war; ich habe der Niederkunft der Infantin beygewohnt. Wie beklage ich die guten Prinzessinnen des Hauses Spanien, die so sehr Sklavinnen des Etiquetts sind, daß sie in Gegenwart einer grossen Menge von Personen niederkommen müssen! Mit dem Könige und der königlichen Familie waren sechzig in dem Zimmer der Wöchnerin, und alle Zeugen von der Niederkunft der Infantin mit einem Prinzen. In dem Augenblicke als die Kindbetterin die Wehen fühlte, kniete sich die ganze Gesellschaft ohne alle Rangordnung auf den Boden nieder, und der Herr Erzbischof von Toledo, welcher in diesem Falle die geistlichen Verrichtungen thut, stimmte die Litaney an, wobey die Anwesenden immer mit dem Ora pro nobis antworteten. Diese Litaney dauerte ungefehr so lange, bis die Infantin entbunden war, welches Morgens um zwey Uhr geschah. Wer da das Knien nicht gewöhnt ist, der mag zusehen, wie ihm geschiehet. Ich für meinen Theil war sehr ermüdet, und schlief nachher sieben ganze Stunden. So lustig mir und den übrigen diese Handlung war: so war ich doch von dem ganzen Vorgange sehr gerührt; besonders war die Scene wahrhaft interessant, als der König den neugebohrenen Prinzen auf die Hände nahm, und ihn der Versammlung mit den Worten zeigte: „Sie sehen hier in „diesem Knaben die eheliche Frucht des In„fanten Don Gabriel und seiner Gemahlin „Maria Victoria." Die Heiterkeit, die Güte und alle dem Könige eigene Tugenden waren dabey auf dem Gesichte des Monarchen sichtbar. Mehrere meiner Herrn Kollegen, die doch nicht selten den sanften Gefühlen durch Zerstreuungen eine andere Wendung zu geben wissen, nahmen mit Thränen im Auge Antheil an dieser Scene.

Nach diesem legte man den neugebohrenen Prinzen in eine grosse Schüssel, und als der

Herr Erzbischof von Toledo dessen Haupt dreymal mit Wasser begossen und die Taufe nach den Kirchegebräuchen verrichtet hatte, wandte sich der König abermal an das Corps diplomatique und sagte sehr freundlich. „Sie werden nun schlafen gehen, meine Herren! ich aber werde wachen und meine Geschäfte besorgen" Der König hielt auch Wort; denn er schrieb Briefe bis an den Morgen. *)

Mannheim den 28. Julii. 1786.

An den Herausgeber

des Pfalzbairischen Museums.

Wenn der grosse verehrungswürdige Maler Leonardo da Vinci, der es in den theoretischen Kennissen der freien Künste zu einem eben so hohen Grad der Vollkommenheit gebracht, als in der Malerkunst selbst, wider

*) Nach diesem Auszuge scheinet, das in dem historischen Portefeuille mancher schöne Zug in dem Charakter des Königs Don Karlos nicht bemerkt worden sey. Der Herausgeber.

von dem Todte aufstehen sollte, so würde er sich sehr wundern, wie es dem Herrn Langenhöffel einfallen könne, einige von seinen hundert und funfzig Regeln, lächerlich zu finden, worinn er die unentbehrlichste Grundsätze der Malerey vorgetragen, und die bisher noch kein Kenner der Kunst lächerlich und verwerflich gefunden hat. Schon mehr als einmal hat die Erfahrung gelehret, daß Jünglinge mit allen Talenten, Mißgeburten hervorbringen, wenn sie vorher nicht in den Grundregeln unterwiesen worden: deswegen sagt Seneca sehr wohl und richtig: man kann keinem Menschen das Talent geben; wer aber ein Talent von Natur besitzt, und solches mit Grundregeln verbindet, kann zu etwas Vollkommenem gelangen.

Ich weis nicht, warum der Herr Verfasser des Homburgischen Briefes sich so lange mit den Linien des **Apelles** und **Protogenes** aufgehalten. Plinius hat ja deutlich genug durch sein Nulla dies sine linea erkläret, daß Linea eine Zeichnung bedeute, und sagt an einem andern Orte, daß er die Leinwand, ehe sie in dem Kaiserlichen Palaste durch die Feuersbrunst verzehret worden, gesehen habe, und daß nichts anders als einige mit gröster Mühe zu unterscheidende Linien darauf gewesen; man habe aber diese Leinwand höher geschätzet, als eins von allen den Gemälden, unter welchen es sich befunden. Dieses ist die ganze Nachricht, die wir davon haben; inzwischen giebt die gesunde Vernunft, daß es eine Zeichnung entweder eines Kopfes, oder einer Figur gewesen seyn müsse. Diese Geschicht gehört aber nicht zur Anweisung der Kunst.

Der Ausdruck in Herren Langenhöffels Sendschreiben dafür, das es bey uns anders ist, sind wir auch Deutsche, kann ich nicht anders verstehen, als das die Deutsche vor Zeiten keine so grosse Hochachtung für Künstler gehabt, als der König Demetrius, welcher die Belagerung von Rhodus aufhob, weil Protogenes in dem Bezirk der Stadt wohnte, wo der Angrif geschehen sollte, und weil er nicht wollte, daß die kostbaren Werke dieses Künstlers verletzt werden sollen. Die Künste sind indessen öfters gefallen und gestiegen, wie Mr. de Piles anmerket, der das Leben der griechischen Maler beschrieben. „Die

„Künste, sagt er, haben nach Abwechslung
„der Zeiten ab- und zugenommen, und zwar
„ist der Krieg eine Kunst, welche alle andre
„unterdrückt; und die Malerey ist demselben
„um so viel mehr unterworfen gewesen, weil
„selbige nur zum Vergnügen dient. Jedoch
„gleichen die guten Künste dem Phönix; sie
„kommen aus ihrer Asche wieder hervor; sie
„sind öfters ausgerottet worden und in Ab-
„fall gekommen; aber auch eben so oft wie-
„der hervor gesucht worden: und diejenige,
„welchen man die Erfindung zuschreibt, wa-
„ren mehrentheils nur die Erneurer derselben.

Die Kunst blühete von der Zeit Alexanders des Grossen an, bis zu dem Einfalle der Gothen, welche durch ihre Grausamkeit und Unwissenheit alle Wissenschaften und freye Künste, so wohl in Italien, als Griechenland ausrotteten.

Fast auf die nämliche Art wurden die Künste in Deutschland durch die langwierige und grausame Kriege unterdrückt. Die Gemälde sowohl in Kirchen, als in Privathäusern wurden eingeäschert, wodurch sich denn nach und nach die Liebhaberey ganz verlor. So sank die Kunst wechselsweise, und kam wechselsweise wieder empor. Als endlich in Deutschland so viele Akademien entstunden, und die Galerien zum Vortheil der Kunstliebenden mit so vielen vortreflichen Stücken bereichert wurden, erhob sich auch die Kunst zu einem zunamlichen Grad von Achtung, und die Kunstneigung nahm bey Liebhabern täglich zu, die sich mit Sammlungen von Gemälden zu ihrer Ergötzung beschäftigten.

Dies hat mir den Anlaß gegeben, eine kleine Anweisung für Liebhaber der Malerey (aber nicht für Maler, die dieses alles ohnehin wissen) auf Verlangen zu entwerfen, und dem Publikum mitzutheilen. Die Regeln welche ich gegeben habe, sind nichts weniger als neu, sondern aus den Schriften der berühmtesten alten Meister gezogen, und also aus Quellen, die jeder neuerer Künstler schätzt, und nach Möglichkeit zu benutzen sucht.

Was ich von den Contraposten gesagt, ist allen Malern aus dem Unterricht der Alten bekannt, daß nämlich die Köpfe von mehreren Figuren nicht in einer Linie stehen dürfen, und daß der Fall von verschiedenen hintereinander stehenden Gruppen, gegen einander contraponiren müssen. Aber den Liebhabern solches deutlicher zu machen, lasse ich den Pietro da Cortona sprechen, der einer der größten Compositeurs gewesen, und welcher seinen Schüler lehrte, drey willkührliche Punkte zu setzen, so daß aus solchen ein irregulärer Triangel gemacht werden könne. Auf einen jeden dieser Punkte sollten sie einen Kopf zeichnen, und an jeden Kopf eine willkührlich veränderte Stellung setzen, so werde sich die triangularische Form von selbsten geben, ohne daß man ein anderes Instrument dazu gebrauche. Somit die Regel des Pietro da Cortona.

Was die Haltung anbelanget, so lasse ich den Grossen Michael Angelo da Carravaggio sprechen, welcher sagte: ein Gemäld ohne Haltung, gleiche einem gemalten Kartenblatte; und die Haltung sey der schwereste Theil nach der Zeichnung.

Gleich wie keine Natur ohne Erhabenheit ausgedruckt werden kann, so wird auch kein plattscheinendes Gemählde die Natur ausdrucken, darum und allezeit das erstere den Meister verrathen.

Den Ausdruck, daß wenn ein Theil des Menschen nur um ein Haar zu dick oder zu dünn ist, solches ein Fehler sey, ist nur ein Fehler des Abschreibers, dann in meiner Handschrift stehet, so wird selbiges ihm schon für einen Fehler angerechnet. Es trägt sich nur gar oft zu, daß Leute die sich in Beurtheilung der Gemälde sehr klug und fein dünken, zuerst das fehlende Haar suchen, bevor sie das gute darin betrachten, und das nur blos um ihre grosse Kenntniß durch Kritik zu zeigen.

Um solche Irrthümer zu vermeiden, sollte man dergleichen die Künste betreffende Aufsätze erst dem Verfasser zur Revision geben, ehe sie abgedruckt würden: denn ein einziges Wort weniger oder mehr kann den ganzen Sinn verändern.

Daß man ein Gemälde an die Sonne halten soll, um den Pinselstrich zu erkennen, ist gar nichts neues, und einem jeden Maler, welcher bey Kopirung eines dunkeln Gemäldes die Farbe nicht entscheiden kann, bekannt. Er wird dadurch sogleich die wahre Anlage der Farbe und des Pinselstrichs bis auf den Grund entdecken; jedem Liebhaber ist dieses aber nicht bekannt.

Was übrigens von Bestimmung der Preise gesagt worden, und daß ein wohlausgearbeitetes Gemälde mehr Werth sey; als eines das vieler Verbesserung bedarf u. s. w. ist freylich den Malerhändlern und Procanteurs sehr schädlich, den Liebhabern aber, die alte Gemälde kaufen, kann diese Erinnerung sehr nützlich seyn.

Ich muste ebenfalls Thränen lachen, daß der Verfasser des Homburgischen Briefes vermuthete, ich hätte durch eine parabolische Sprache, gewisse Objekten zur Unsterblichkeit erheben wollen. Ich glaube nicht, daß ein vernünftiger Mann so viel lächerlichen Stolz besitzen könne, sich und seine Arbeiten jenen der ersten klassischen Maler gleich zu schätzen, ohne daß ihm dabey das bekannte Sprüchwort einfallen sollte: qui se Laudari gaudet verbis subdolis, fere dat poenas turpi poenitentia! daß aber auch Gemälde von modernen Malern von Talente das nämliche Lob, und manchesmal wohl gar den Vorzug vor jenen NB. von nur angemerkten Malern verdienen, ist gar kein Zweifel.

Meine Absicht war nicht irgend jemandes Ruhm zu schmählern, welches überhaupt gegen allen Wohlstand wäre; sondern ich wollte vielmehr die gerechte Wünsche äussern, daß auch unsere moderne Maler von Talente, nach Würde geschätzt würden, und es ihren Gemälden nicht ergehen möchte, wie es einem Gemälde Anton Mengs von seiner besten Zeit ergangen ist, welches blos dessenthalben von Liebhabern in Deutschland gering gehalten wurde, weil es ein modernes Gemälde war. Ich verharre mit aller Hochachtung

Ihr ergebenster

von Schlichten.

Fortsetzung der Briefe über die Mannheimer Schaubühne.

8ter Brief.

Mannheim den 31. Jenner 1786.

Auch Herr Beil erscheint als Dichter. Er ist der Verfasser des heutigen Stückes, die Schauspielerschule oder Liebe um Laune. Die Geschichte ist kurz diese.

Waldeck verläßt die Universität, und geht aus Hang und wahrem Kunstgefühl zum Theater. Sein Vater, der ihn weder durch Güte, noch Drohungen zur Rückkehr bewegen kann, enterbt ihn; doch so, daß, wenn Waldeck die Bühne verläßt, er das Vermögen bekömmt. Dieser aber hat es sich nun einmal in den Kopf gesetzet, den Stand der Schauspieler und den Schritt, den er gethan hat, vor der Welt zu rechtfertigen, und schlägt 40,000 Rthl. deswegen ganz gleichgültig aus. Nach Buttlers Tode wird er Principal; kömmt mit der

Gesellschaft zurück in seine Vaterstadt; hört, daß ein gewisser Kommerzienrath Ramberg seine Mutter geheirathet hat; daß sie seit einem Jahre todt, und Ramberg durch Ränke Herr des Vermögens geworden ist. Den nämlichen Tag soll Rambergs Verlobung mit Fräulein Karolinen von Lemmel seyn; Waldeck, der die vorige Nacht auf dem Grabe seines Vaters zugebracht hat, läßt 12 hinkende Bettler zusammensuchen, und lagert sich um Mittag in dem väterlichen Garten um den grossen Bassin, und bewirthet sie da. Ramberg kömmt mit der Gesellschaft, sieht das sonderbare Gastmal und will Waldeck mit seinem Gefolge wegjagen; Waldeck entschuldigt sich, Ramberg hebt den Stock gegen ihn auf; aber die Bettler ergreifen den Kommerzienrath und stürzen ihn in den Bassin. Karoline und Waldeck sehen einander bey dem Lärmen; sehen, und sich lieben, ist eins. Waldecks Oheim, ein alter Hauptmann auf der Gnade, will ihn vom Theater wegbringen, gelangt aber nur durch Fräulein Karoline zu seinem Zwecke. Waldeck wird nun Herr seines Vermögens, das Ramberg herausgeben muß, weil Waldeck das Schauspielerleben verläßt,

und

un findet endlich in Karolinens Armen das wahre Glück.

Das Stück fängt gleich sehr sonderbar an: in einer schlechten Stube eines Gasthofes in Waldecks Vaterstadt, ist Raster, ein Schauspieler von Waldecks Gesellschaft, vor einem Stück Spiegel an der Wand beschäftiget, Mienen und Stellungen zu studiren. Knauf ehemaliger Soufleur, sitzt am Tische und schreibt Rollen. In dieser Scene kömmt ein Geschichtchen von einem gewissen Herrn Buttler vor, das nicht allgemein interessiren kann, weil sehr wenige diesen Buttler kennen. Diese Geschichte ist, so viel ich weis, aus einem Theaterkalender genommen. Rasters Charakter ist gut geschildert, es ist ein elender Bursche, der immer von Kunst, und von Ruhm spricht, den er durch seine Talente erworben hat, und der sich zum Helden bramarbesiren will. Die Geschichte Rasters mit der Tochter des Wirths ist blos Episode die auf keine Weise Zusammenhang mit der Handlung des Stückes hat. Knauf hält eine erbauliche Rede, wie übel es ihm gegangen sey, wenn die Herrn und Damen ihre Rollen nicht gelernt hätten.

Waldeck kömmt mir vor wie Don Quixotte, der immer die Schönheit seiner Dulcinea mit Eigensinn vertheidigt. Er will den Stand eines Schauspielers achtungswürdig machen, will die Kunst von elendem Handwerke unterscheiden, und thut gern auf 40,000 Rthl Verzicht, um Märtirer für die Wahrheit zu seyn. Aber bey allen den hohen Begriffen, bey dem wahren warmen Gefühle für das Gute, mit all seinem Enthusiasmus für Kunst und Künstler, ist er doch nur Prinzipal einer herumziehenden Truppe. Warum ist er nicht lieber Schauspieler von der untersten Klasse bey einer grossen Bühne? Talente entwickeln sich da schneller und sicherer, und Verdienst wird auch Troz der Kabale erkannt.

Das Fräulein von Lemmel soll den Kommerzienrath, den sie verabscheuet, heurathen. Sie entschließt sich auch wirklich dazu. Sie sieht eine traurige Zukunft vor, ist aber nichts destoweniger lustig, verliebt sich gleich in Waldeck und giebt ihm auch ohne weitere Umstände ihre Hand. Des Fräuleins Munterkeit paßt nicht für ein Mädchen von Erziehung, und ihre Art sich auszudrücken, ist einigemale ziemlich gemein.

Der alte Hauptmann ist ein biederer Invalid, lebt vergnügt in seiner Dachstube, und wird heftig aufgebracht, wenn er einen schwarzen Rock sieht. Die Scene zwischen ihm und seinem Aufpasser, einem alten Invaliden, Namens Lehnmann, ist ganz sonderbar. Der Hauptmann will zu Mittag essen, Lehnmann bringt die Schüssel, stolpert an der Thüre und wirft die Suppe auf den Boden, und nun ist — sey's aus Zorn — vom Essen keine Rede mehr. Sonderbar ist auch der Beweis, den der alte Sarten seinem Neffen von seiner Liebe und Freude giebt, da er ihm auf seinen Geburtstag einen Kuchen mit 24 Lichtern vorstellt.

Die alte Dales, Frau eines ehemaligen Inspektors, ist gleichsam Karolinens Hofmeisterin, und ein frommes einfältiges Weib, das einmal bey der Unterredung zwischen Karolinen und Waldeck gewaltig auffährt, weil dieser einige Worte gegen den Kommerzienrath fallen läßt, und sie hört, daß Waldeck das schöne Gastmahl am Bassin gegeben habe. Madam Renschüb spielte diese Rolle sehr schön; mit all den Eigenheiten, die diese Frau charakterisiren.

Mlle Witthöft, als Fräulein Karoline, legte durch ihr schönes Spiel Interesse in die Rolle: sie brachte das Launige und Ernsthafte in ein gewisses Ebenmaas und ergänzte dadurch das unvollendete Gemälde.

Mlle Boudet, die ältere, spielte die Tochter des Wirths mit vieler Naivetät, und erhielt Beyfall.

Mlle Boudet, die jüngere, als Schlorum, Waldecks Bedienter, machte uns durch ihr Spiel Vergnügen. Sie spielte den guten, an jedem Schicksale seines Herrn so warm theilnehmenden Jungen mit vieler Wahrheit, mit jeder gehörigen Abwechslung, und interessirte allgemein. Besonders war in ihrem Tone und Benehmen zu Zeiten so etwas Abentheurliches, das sich sehr gut ausnahm. Ich gebe der Mlle Boudet sehr gerne dieses Lob; jedoch wünschte ich, sie hätte mehr Bescheidenheit gezeigt. Es wäre jetzt eben Zeit, dieses Mädchen, das Talent äussert, die Grenzen zwischen dem edeln freyen Benehmen und zwischen Keckheit kennen zu lehren.

Waldecks Rolle, die Herr Beck spielte, kann nicht durchgängig interessiren, für mich ist sie eine Abhandlung über die Moralität der Bühne. Indessen verdiente Herr Beck Beyfall; seine Figur ist interessant, alle seine Bewegungen sind schön, obgleich zu Zeiten etwas gedehnt, und sein Organ ist so vortreflich, daß man nie einen Laut von dem verliert, was er spricht.

Herr Kirchhöfer spielte den Invaliden Lehnmann äusserst gut, und Hr. Gern den Gastwirth mit Beyfall.

Das Interesse in diesem Stücke ist sehr gesucht, und das wenige noch getheilt; es ist also überhaupt schwach. Herr Beil hat viel Eigenes von der Natur; damit aber nicht zufrieden, sucht er immer mehr Originalität, und verfällt nothwendig auf Dinge, die oft ganz unnatürlich sind; also auch keine Wirkung machen können. Dies Schauspiel ist ein auffallender Beweis; es hat viel Gutes, einige schöne Scenen, z. B. die erste mit Rastern, Knauf und Waldeck; die Scene mit Blandinen und Rastern; dann jene mit dem Hauptmann, Karolinen und der Frau Dales. In diesen Scenen ist Natur und Interesse. Der Dialog ist gut; nur sollten die Ausdrücke hie und da besser gewählt seyn. So sagt z. B. der Hauptmann zu den Invaliden: „wirf den Schofel weg.“

In verschiedenen Scenen ist äusserst viel Räsonnement — wo Leidenschaft seyn sollte. Da hält Waldeck z. B. im nämlichen Augenblick, als ihm sein Oheim das Testament seines Vaters, und Karoline ihre Hand giebt, eine erstaunlich lange Predigt über die Wohllüstlinge, die das Theater für eine Freystatt ihrer Ausschweifungen ansehen. Ich verkenne keineswegs die Absicht des Herrn Beil; allein ich glaube erstens nicht, daß diese Mittel bessern, und dann macht bloses Geschwätz ohne Handlung dem Zuschauer Langeweile. Herr Beil kann mit der heutigen Vorstellung zufrieden seyn: das Stück hat durch das gute Spiel sehr gewonnen.

Jack Spleen machte heute den Beschluß; das Stück ward durchaus wie das erste mal gespielt. Lebe wohl. Der Deinige.

9ter Brief.

Mannheim den 1ten Hornung. 1786.

Ich bin nun schon einen Monat hier, und habe mir verschiedene Bemerkungen gesammelt, die ich dir mit der Zeit mittheilen wollte. Da aber heute grade kein Schauspiel ist: so denke ich, ich schreibe dir jetzt meine Beobachtungen, was ich ferner erfahre, kann ich bey Gelegenheit nachholen. Du weist, wie sehr ich mich freute, mich hier einige Zeit aufzuhalten. Wie manchen vergnügten Abend werde ich haben! dachte ich. Ich kannte die Schauspieler schon aus einigen Vorstellungen, die ich ehedem hier gesehen hatte; und durch den Ruf, den sie sich erworben haben. Ich ging ins Schauspiel; hörte, sah — und meine Erwartung war nicht befriedigt. Laune, dacht' ich, Stimmung, Kälte oder Vernachlässigung der Mitspielenden, oder Zufälle, die wir nicht kennen, mögen Ursache gewesen seyn, daß wir das Vergnügen nicht genossen, welches wir erwarteten. Ich sah bald mehrere Stücke; ich sah die Räuber, und Julius Cäsar; und äusserst auffallend war mir, diese Stücke so ganz ohne Nüance, so ganz ohne Feuer spielen zu sehen. Den Grund davon zu entdecken, war nun mein einziges Bestreben. Ich untersuchte; verglich Publikum und Schauspieler; hielt die verschiedenen Verhältnisse, die hier eintreten, zusammen; und fand nichts, das herabstimmen könnte.

Das Publikum besuchte das Schauspiel nach wie vor, und war kalt. Die Schauspieler können zwar sagen, alle Abend sey dasselbe Publikum da; Reiz der Neuheit fehle; man sey zu geschwind mit den Schauspielen bekannt; der Beyfall könne also selten laut und allgemein seyn. Allein, daß die Zuschauer meistens dieselben sind, ist, wie ich glaube, desto besser für den Schauspieler; er macht mit dem Publikum Fortschritte, und dieses lernt seine Talente eher schätzen. Zu dem ist der Mangel an Neuheit nicht immer Ursache, daß die Zuschauer ihren Beyfall nicht äussern; der Grund davon liegt in dem Spiele des Schauspielers; auch schon oft gesehene Stücke nimmt man hier mit Vergnügen auf, wenn sie gut gespielt werden. Ich habe gefunden, daß der Schauspieler stolz seyn kann, wenn er bey dem hiesigen Publikum lauten allgemeinen Beyfall erhält.

Wem die Einrichtung der hiesigen Bühne bekannt ist, der muß gestehen, daß wenige Theater Deutschlandes sich einer bessern rühmen können; auch konnte man bey ihrer Entstehung bereits hoffen, daß sie vortreflich werden würde. Der Kurfürst errichtete ein deutsches Schauspiel, lies das herrliche Komödienhaus bauen, und unterstützt das Ganze noch jetzt mit einer namhaften Summe..

Freyherr von Dalberg erhielt die Stelle eines Intendanten; und wem hätte man sie besser anvertrauen können, als einem Kavalier, der mit der warmen Liebe für Künste und Wissenschaften auch noch ausgebreitete Kenntnisse vereint?

Die Kasse wird vortreflich verwaltet; die Gagen sind ansehnlich, und die Bezahlung richtig.

Herr Renschüb ist Regisseur. Partheylichkeit ist sein Fehler nicht; wohl aber eine gewisse Furcht vor andern Gliedern der Bühne; die er mit einem Ansehen zu bemänteln sucht, welches die geringern in Ehrfurcht hält, und dem die Klügern (bey Kleinigkeiten) nachgeben.. Herr Renschüb würde beträchtlichen Nutzen schaffen, wenn er Muth genug hätte, sein Ansehen durchgängig zu behaupten.

Das Publikum nimmt Antheil an dem Schauspiele; denn die Einnahme steigt jährlich: also ist man nicht gleichgültig dagegen. Auch die Schauspieler werden hier mit Achtung behandelt; dem gesitteten Schauspieler stehen von jeher die besten Häuser der Stadt offen.

Du wirst hier fragen, warum ist denn das Schauspiel noch nicht vollkommen? Um diese beantworten zu können, muß ich noch einige Punkte vorhergehen lassen.

Die Schauspieler vernachlässigten schon seit einigen Monaten gute Stücke; das Publikum war kalt; hatte aber immer noch Achtung für Kunst und Künstler, und zu viel Delikatesse, sich des angemaßten Vorrechtes, verschiedener andern Städte zu bedienen. Es erträgt, ist aufmerksam, ermuntert, und begehrt nicht mit jener ungestümmen Art, die eher niederschlägt, als aufmuntert. Ich kann das Publikum deswegen nicht weniger schätzen, da es fest an seinen Grundsätzen hält.

Mannheim ist der Ort nicht, wo man wahre Künstler verkennet; im Gegentheil, hier wurden Künstler gebildet, Wissenschaften geschätzt und unterstützt. Warum bemühen sich verschiedene elende Menschen in Journalen, und Recensionen, Mannheim und seine Bewohner in Ansehung der Aufklärung im Fache der Wissenschaften und Künste herabzusetzen? Verdient das unser erhabner Fürst, der für diese so vieles — alles that? Er errichtete die Akademie der Wissenschaften, und sie hat durch ihre vieljährigen Arbeiten gezeigt, wie sehr sie sich bestrebe, den Absichten ihres Stifters zu entsprechen. Er stiftete eine deutsche Gesellschaft, berief Männer aus allen Ständen, um den Zweck, Aufklärung in der Vaterlandssprache und den schönen Wissenschaften zu verbreiten, desto eher zu erreichen. Die Sternwarte ist eine der vortreflichsten in Europa; alle Instrumente sind kostbar, und mit grossem Aufwande angeschaft, und werden noch immer vermehrt. Das Kabinet der Experimentalphysik verdient Bewunderung. Die Bildergallerie, die Bibliotheck, das Naturalienkabinet, der Antikensaal sind die deutlichsten Beweise, wie viel hier auf Verfeinerung und Aufklärung verwendet wird. Es ist zwar längst bekannt, daß unsere Gegenden später in den Kenntnissen deutscher Litteratur und Sprache Fortschritte gemacht haben, als einige deutsche Völker nördlicher Gegenden: und doch — hat Mannheim nicht Künstler jeder Art aufzuweisen? — Die hiesige Zeichnungsakademie wird von fremden Malern besucht, die sich bilden wollen. Die Malerey, die Bildhauerkunst, die Musik blühten von jeher. Der Kurfürst unterhält noch immer Künstler in jedem Fache.

Die Tonkunst war am meisten bekannt und im Auslande geschätzt. Alle hiesige Tonkünstler wurden hier, was sie sind, und die Kunst selbst stieg immer höher.

Der Kurfürst gieng nach München, und nahm das ganze berühmte Orchester mit, nur einige Tonkünstler von entschiedenen Verdiensten blieben hier.

Die Musik blieb also in Mannheim nicht still stehn; sie hörte ganz auf. Nun kam deutsches Schauspiel; man brachte ein kleines Orchester zusammen, das aber fast aus lauter Anfängern bestand; man gab Singspiele, Konzerte; und das an grosse Opern und Musikakademien gewöhnte Publikum hörte, duldete, und brachte es durch Nachsicht dahin, daß jetzt Mannheim ein gutes Singspiel haben könnte, wenn man es mit Ernst behandelte. Herr Gern ist als guter komischer Schauspieler bekannt, und hat eine sehr schöne Baßstimme; Mlle Schäfer singt mit Geschmack und Gefühl, und scheint mit ganzer Seele Schauspielerin zu seyn; Mlle Boudet hat eine angenehme Stimme, und vortrefliche Anlagen, nur fehlt ihr noch Ausbildung; Herr Epp hat eine äusserst schöne Stimme; allein er scheint von Anfang in keiner guten Schule gewesen zu seyn, und sein Gesang ist weder geschmackvoll, noch angenehm. Mit diesen und noch mehrern Leuten hätte man sicher ein gutes Singspiel zu Stande bringen können; wäre auf die Ausbildung derselben mehr gewendet worden. Allein die Oper scheint — Troz daß das Publikum Musik und Gesang liebet, und die Oper immer stark besucht wird, in ihrer grossen Unvollkommenheit bleiben zu sollen.

Wenn ein gutes Stück gut aufgeführt wurde, wer fand dann das Publikum kalt? Gut aufgeführt, sage ich; wenn das Publikum Anstrengung bey den Schauspielern, und Fortschritte in der Kunst bemerkte: denn stehen bleiben darf in Mannheim der Künstler nicht; fange er auch noch so weit oben an.

Nun kann ich die Frage: warum ist das hiesige Schauspiel nicht vollkammen? beantworten.

Der Geschmack des Publikums stieg höher es gieng weiter in seinen Kenntnissen, und die Schauspieler, die eine gewisse Höhe erreicht hatten, blieben stehen. Das Publikum wurde kalt; der Schauspieler that, was er wollte; das wechselseitige Mittheilen hörte auf; und die Achtung der Schauspieler fürs Publikum schien zu erkalten.

Es war mir sehr auffallend, als ich dies letzte entdeckte. Der Schauspieler ist in meinen Augen ein Maler, der seine Kunstwerke öffentlich aufstellt; allein wie kann er Fortschritte in der Kunst machen, wenn er die nicht schätzt, für die er arbeitet? warum stellt er seine Werke zum Beurtheilen hin, wenn er glaubt, es seyen keine Kenner da? Der, den Kunstgefühl beseelt, kann nie stehen bleiben, wenn er Achtung für das Publikum hat, vor dem er auftritt: jener Künstler schätzt also das Publikum nicht, der mit schlechten Werken erscheint; und das Publikum wird auch ihn bald gering schätzen, da es weis, wieviel er thun kann.

Dies sind die Beobachtungen, die ich mir während meines hiesigen Aufenthaltes gesammelt habe, und ich glaube nicht, daß solche ganz unwichtig sind. Doch war man auch von Seite des Publikums oft ungerecht; viele beschuldigten die Schauspieler, sie seyen in eine Lathargie versunken, die schädlich werden könnte. Allein ich fand, daß man oft ohne Grund lobte, ohne Grund tadelte. Eingenommen für die Verdienste des einen, liesen viele den übrigen kaum Gerechtigkeit wiederfahren. Sehr gut wär es, wenn ein unpartheyischer Mann hierüber seine Gedanken weitläufiger äusserte. Freylich müste man seine Absicht: Nutzen übers Ganze zu verbreiten, nicht verkennen; nicht glauben, er wolle beleidigen, wo er Warheiten sagt.

Ich erwarte unsern Z . . .; er soll morgen kommen. Du wirst also wohl glauben, daß wir das Schauspiel nicht versäumen werden. Der Deinige.

* * *

10ter Brief.

Donnerstag den 2ten Hornung 1786.

Nie hat das Publikum so einstimmig für ein Stück entschieden, wie für den deutschen Hausvater des Freyherrn von Gemmingen. Der allgemeine Beyfall, mit welchem es aufgenommen wurde, und das Vergnügen, mit welchem man es immer noch auf der Bühne sieht, sind der deutlichste Beweis von dem Werthe desselben.

Die Versammlung der Zuschauer war auch heute wieder ziemlich zahlreich; allein ich glaube nicht, daß das Vergnügen der Zuschauer nach der Vorstellung der Erwartung bey dem Hineingehen gleich war.

Das

Das Stück wurde ohne Wärme, ohne Eifer, ohne Zusammenhang, und also ohne Wahrheit gespielt, und das Publikum war stille und gähnte bey den Stellen, die sonst den lebhaftesten Eindruck machten; es war keine Täuschung da, man sah zu sehr Komedie spielen.

Die Rolle des Hausvaters ist eine der wichtigsten und dankbarsten auf der deutschen Bühne. So wie die Handlung in jedem Aufzuge wächst und verwickelter wird, so wächst auch das Interesse, das in der Rolle des Hausvaters liegt; und daß die Rolle so ganz ohne Prätension anfängt, macht sie dem Schauspieler in Ansehung der Gradation leichter, reizt und erhöht des Zuschauers Aufmerksamkeit und Theilnahme.

Unser Freund Z . . war heute hier, und in dem Schauspiele. Er hatte das Stück gelesen, nie aber aufführen gesehen. Ich machte ihm eine kleine Schilderung von dem muthmaßlichen Vergnügen, das ihm diese Vorstellung gewähren würde; suchte ihn auf Jflands überraschendes Spiel, auf seine feinen Nuancen und Uebergänge, auf seinen herrlichen

Blick und Ton; auf Beils Spiel voll Natur und Eigenheit; auf Mlle Baumann einnehmende und interessante Figur aufmerksam zu machen; Gott weis, was ich alles sagte — Freund, schone deiner Lunge, unterbrach er mich lächelnd, man pflegt sonst nur eine Sache in dem Grade voraus zu loben, weil man sie hintendrein getadelt zu hören fürchtet. Allein deinem Tone nach zu urtheilen, sprichst du aus Ueberzeugung und deine Schilderung erregt meine ganze Aufmerksamkeit.

Wir giengen ins Schauspielhaus. Das Publikum war aufmerksam; das Stück begann; Iffland erschien, Beil, Mlle Baumann; sie giengen ab, kamen wieder; ein Akt verging, zwey, drey; das Stück endete; die Zuschauer waren kalt, und giengen fort; mein Freund sah mich an; ich schwieg. Als wir vor das Haus kamen, brach er das Stillschweigen.

„Ich kann dir unmöglich danken für die Schilderung, wodurch du meine Neugierde gereizet hast; so hielt ich, Trotz der langen Weile, die ich empfand, bis zum Ende aus;

da ich im Gegenfalle die zwey oder drey letzten Akte verschlafen hätte."

Sey billig, antwortete ich, und betrachte die Sache von allen Seiten — du kennst unser Publikum noch nicht; weit entfernt, den Schauspieler aufzumuntern, bleibt es bey den wärmsten Stellen kalt, äussert selten oder nie Beyfall; oder äussert ihn da, wo der Schauspieler sagen kann: ich habe die Grenze des Natürlichen überschritten.

„Ich kenne freylich euer Publikum nicht; heute hatte ich zum zweyten Male Gelegenheit, es zu beobachten. Du sagst, es muntert den Schauspieler nicht auf und bleibt kalt? Wer sollte das Publikum genauer kennen, als der Schauspieler von Kopf? und kann dieser Kälte von aufmerksamer Stille nicht unterscheiden? sollte der nicht wissen, daß ein einzelner, halblauter Ausruf der Empfindung der schmeichelhafteste Beyfall ist? Ich kann darum den Zuschauer nicht tadeln, daß er eine gutgesagte, richtig gefühlte Stelle nicht beklatscht, wenn er das Uebrige der Rolle vernachlässigt, mit nonchalance gespielt sieht, und den Charakter aus den Worten, und nicht aus dem Menschen, der sie spricht, sich denken muß. Beständiges Zuklatschen bey jeder heldenmäsigen Bewegung, bey jeder mit Empfindung gesprochenen Periode, ist nur dem Charlatan schmeichelhaft, der darnach geizt. —

Bedenke, daß dies Stück schon oft gegeben —

„Sage mir nicht: es gefällt nicht mehr, man sieht's nicht mehr gern; denn das glaub' ich nicht. Warum gingen die Leute hinein? warum blieben sie so stille? warum gingen sie unzufrieden von dannen? War das nicht aus Erinnerung des ehemaligen bessern Spiels, aus Wunsch einen vergnügten Abend zu haben, und aus Verdruß, ihn nicht gehabt zu haben?

Ich habe das Stück aufführen sehen, daß Fremde hier waren, da gings besser. Aber immer die nämlichen Zuschauer. —

„Ich bin auch fremd, auch heute hieher gekommen, ein gutes Stück von einer guten Gesellschaft gut aufführen zu sehen: wer bürgt den Herrn dafür, daß nicht jeden

Abend ein Fremder im Parterere sitzt — und öfters ein wichtigerer, als meine Wenigkeit? wer steht ihnen ferner dafür, daß nicht einer oder der andere einmal davon erzählt, schreibt?“

Und endlich, kann denn der Schauspieler in Laune seyn, wenn er will? ist das nicht die Sache des Augenblicks? kann eine Kleinigkeit nicht verstimmen?

„Du führst mich hier unvermuthet auf eine Sache, die ich schon längst einer nähern Untersuchung werth hielt. Was heißt das eigentlich; Laune, oder keine Laune haben? Man muß in Laune seyn, heißt gewöhnlich: man muß mit Vergnügen spielen, durch keine Unpäßlichkeit, Verdruß, Kabale, Kälte, Gleichgültigkeit von Seiten des Publikums, Nachlässigkeit von Seiten der Mitschauspieler gestört seyn, um seine Aufmerksamkeit auf die Rolle richten zu können; nicht wahr?“

Ja.

„Ich habe schon oft sagen gehört; der spielt mit viel Natur — auch den Unterschied zwischen eurem Jffland und Beil machen hören: dieser ist ganz Natur; jener ganz Kunst. Natürlich spielen heißt die Natur durch Kunst darstellen; das ist: man muß das menschliche Herz den Gang der Empfindungen beobachten; wissen, wie eine Sache auf die verschiedenen Temperamente verschiedener Menschen wirkt; um dem geheimen Pfade der Leidenschaften folgen zu können; dieses alsdann mit der vermuthlichen Aussenseite eines solchen Menschen genau verbinden, um ein Ganzes herauszubringen, das den Zuschauer so täuschet, daß er wirklich diesen Menschen wie sich zu sehen glaubt. Allein wieviel von unserer vorigen Definition der Laune gehört hiezu? Wenig. Nur Krankheit des Körpers oder der Seele kann Entschuldigung für vernachlässigtes Spiel seyn; denn wenn der Kopf frey ist, was hindert den Geist, zu wirken?"

Und eben deswegen kannst du nicht läugnen, daß man dem allem ungeachtet die grossen Schauspieler nicht verkennen konnte; der Blick, der Gang, einzelne Stellen sind Beweise —

„Daß sie mehr hätten thun können? — wer widerspricht dem? — Allein heute sah ich blos den Hausvater, weil es so auf dem Anschlagzettel stand; aber wo blieb der väterliche Freund seiner Kinder und Unterthanen; der Mann, der bey allem Unglück standhaft bleibt, der für das Glück des einen Sohns alle schimmernde Aussichten und Hoffnungen aufopfert, für des andern Ehre das Aeusserste thut? wo blieb jene Wärme, die, als der alte Graf seinem Sohne Lehren für sein künftiges Leben giebt, nothwendig aus innerer Ueberzeugung entspringt? wo das Benehmen, die Art, die Freymüthigkeit, die diesen Mann charakterisiren. Und jener Sohn, ein interessanter, schwärmerischer, gutgeschilderter Jüngling aus unsern Zeiten, voll Feuer und Gefühl, voll Geist und Kenntnisse, voll Empfänglichkeit und Gutheit; er wollte sich über Vorurtheile wegsetzen — that einen Schritt zu weit; als edler Mann konnte er ihn nicht zurück thun. Ehrfurcht für seinen Vater, Aussichten in die Zukunft, Gefühl der Ehre und des Unrechts bestürmen ihn; er kämpft, und der Mann — gewöhnt, Konventionen zu fröhnen, unterdrückt Natur und bessere Ueberzeugung. Welch ein Labirinth von Gefühlen, Ueberlegungen, Hofnungen, Wünschen, Ehrsucht, menschlicher Schwäche, Stärke des Geistes! Drückte Herr Beck wohl diese Nüancen aus? war in seinen Bewegungen das Benehmen des Mannes von Welt, in seinem Blicke, seiner Sprache das Feuer dieses Jünglings? hat er dich so durch seine Kunst getäuscht, daß du den Grafen Karl zu sehen glaubtest, oder fandest du auch Lücken in seinem Spiele?"

Aber Maler Gutmann —

„Ist ein grader, redlicher Mann, ganz von Kunsteifer und Kunstgefühl beseelet; der Enthusiast wird, als ihm sein Fürst eine Pension aussetzt, weil er nun nicht mehr um Brod arbeiten muß. Mit welchem Eifer für das Wohl seiner Mitmenschen spricht er in der Scene mit den Zeichnungen von der Kindermörderin? er fühlt es mit Schrecken und Abscheu, wie unnatürliche Menschen die geheiligten Bande der Natur zerreissen. Alles das spielte Herr

Theil ohne Wärme, ohne Charakteristik, ohne Schatten und Licht; in der letzten Scene, wo er die Schande seiner Tochter erfährt, und sie in der Stella Hause sucht, ist er beleidigter, gekränkter Vater; diese Scene — wenn es nicht lächerlich klänge, würde ich sagen, er hat sie nicht kalt — gleichgültig hat er sie gespielt. Und nun nenne mir dein Publikum undankbar, wenn es solche auffallende Vernachlässigungen mit Unwillen oder gar Kälte aufnimmt. Doch darum könnte ich es undankbar nennen, daß es heute Herrn Pöschel seinen Beyfall versagte, den er doch sicher verdiente. Er war ganz der gute offenherzige Bauer, der seinem Herzen bey der ersten Gelegenheit Luft macht und die Wahrheit ohne Schminke sagt. Es kömmt mir ungerecht vor, daß Schauspieler von weniger Verdienst deswegen leiden sollen, wenn grössere Künstler das nicht leisteten, was man von ihnen fordern konnte. Herr Pöschel hat sehr viel in dieser Rolle gethan, und hätte verdient, daß ihm das Publikum Beweise gegeben hätte, daß es auch solches erkenne."

Nun, um deine sonderbare Kritik zu vollenden, was sagst du zu unsrer Lotte?

„Es ist ein sanftes Geschöpf, das nur für seinen Karl lebt, in seinen Armen alles hoft, ohne ihn verzweifeln würde. Die Nachricht, die ihr Karl selbst bringt, daß er die Gräfin Stella heurathen soll, erzeugt den schrecklichsten Entschluß in ihr; die fürchterliche Beschreibung, die ihr Vater von einer Kindermörderin macht, überwältigt ihre Kräfte; sie will ihren Karl wieder haben, und sucht ihn selbst bey der Gräfin Stella. Dort stürzt sie mit allem Gefühl ihres Elendes vor die Füsse des alten Grafen, und fleht um Rettung. Und Mlle Baumann muß ich das Zeugniß geben, sie hat viele Stellen vorzüglich schön, und mit Wärme gespielt. Ihre Figur, ihre Sprache, ihre Augen sind sehr interessant. Nur scheint sie oft zu vergessen, daß sie einen Charakter zu spielen hat, der vorher studirt seyn muß, und was in ihrer Meynung ganz richtig seyn kann, paßt nicht immer in jeden Charakter.

Madam Brandel wird dir demnach als Stella auch nicht gefallen haben?

„Sie sagte die Rolle nicht gut; also kann von ihrem Spiel nichts vorzügliches gesagt werden.

Bist du nun zu Ende?

„Beynahe. Dromer ist ein Theatercharakter, der Lachen macht, und nie ganz mißfallen kann; das war auch heute der Fall. Der Charakter an sich macht das Stück nicht besser und nicht schlechter, und hätte heute feiner nuancirt werden können. Die Gräfin Monheim schien so wenig Freundschaft für ihren Mann, und dieser so grosse Verachtung gegen seine Gattin zu haben, daß mir ihre Wiedervereinigung etwas unnatürlich vorkam; die ohnehin in dem Stück selbst schon sehr unnatürlich ist. Und nun verzeihe, wenn ich nicht einerley Meinung mit dir war; ich bin zu Ende"

Es ist doch lustig, Freund, eine Gesellschaft aus einer Vorstellung beurtheilen zu wollen.

„Auf Neujahr war ich auch hier, und im Schauspiele. Sage, waren damal die Schauspieler auch nicht in Laune, oder wurden sie durch etwas gestört? waren keine Fremde da? war das Publikum kalt? waren keine Leute im Hause? — Freund, erzeige mir die einzige Gefälligkeit, und schreib mir, wenn einmal alles so günstig zusammentreffen sollte: denn eher darf es wohl kein Fremder versuchen, hieher zu kommen, um ein gut vorgestelltes Stück auf eurer Bühne zu sehen."

Hier schwieg ich weislich stille, und hatte gar keine Lust mehr, Einwürfe zu machen; und so verliessen wir einander. Ich eilte nach Hause, schrieb diese ganze Unterredung sogleich nieder, um nichts verloren gehen zu lassen, und theile dir solche auch mit, überzeugt, daß sie dir Vergnügen machen wird. Lebe wohl.

11ter Brief.

Mannheim den 5ten Hornung. 1786.

Heute gab man den Irrwisch, ein Singspiel mit Musik von Umlauf. Dies ist ein

Feenmährchen in ein Schauspiel verwandelt; es ist viel Abentheuerliches und wenig Interesse darin. Die Musik ist von einem Deutschen. Mir gefielen einige kleine Arien und Romanzen recht sehr — allein mir kamen auch viele Singstücke zu lange zugedehnt vor; auch fand ich ausser den kleinen Arien wenig Neuheit.

Herr Gern und Madam Nicola als Fischer und Fischers Frau spielten meiner Meinung nach, viele Stellen zu ernsthaft, so daß es mit dem übrigen der Rolle und des Charakters nicht harmonirte. So zum B. die Romanze: zu Steffen sprach ꝛc. die doch im Grunde nichts, als ein Spaß seyn soll. Doch Sie erhielt Beyfall, wie auch die letzte Bravourarie der Mlle Schäfer, als Blanke, die mir aber nicht ganz für ihre Stimme zu passen schien; die Arie geht zu hoch, und scheint ihr Mühe zu machen. Und du wirst mir zugeben, daß eine Arie, sie sey noch so schön, alle Annehmlichkeit verliert, wenn man Töne erzwingen will, die nicht in der Natur der Stimme liegen; solche Töne haben immer etwas gezwicktes, schreyendes. Mlle Schäfer hat so viel Angenehmes und Interessantes in ihrem Gesange, daß sie nicht nöthig hat, zu solchen Mitteln ihre Zuflucht zu nehmen, um zu gefallen.

Ich habe oft bemerkt, daß das Publikum, sey's aus Mangel an Kenntniß der Musik, oder um die angehenden Künstler aufzumuntern, allem Beyfall giebt, was Gurgeley oder dergleichen nicht ganz gewöhnliches Singen ist; allein viele Künstler haben mich versichert, daß dies nicht das Vorzüglichste im Gesange wäre; ich selbst liebe das mehr, was mich rührt, als was mich stumm macht. Herr Epp zeigte heute in seinem Gesange mehr Gefühl, als sonst.

Herr Böck spielte in diesem Stücke die unbedeutende Rolle des Grafen Severa. Herr Böck übernimmt oft in Singspielen solche Rollen, und er verdient den Dank des Publikums, daß er es zur Erhaltung des Ganzen thut.

Götz von Berlichingen wird nun bald gegeben werden; ich freue mich sehr darauf. Kann ich hoffen, dich dann hier zu umarmen? und dir aus der Fülle meines Herzens zu sagen, wie sehr ich dich Liebe? Der Deinige.

12ter Brief.

Mannheim den 7. Hornung 1786.

So eben komme ich aus dem Schauspiele, und sitze auch schon da, dir Rechenschaft abzulegen. Man gab heute: **nicht mehr als sechs Schüsseln.** Vor einigen Jahren habe ich zwar das Stück schon mehrmal gesehen; nichts destoweniger war mir heute wieder alles neu. Auch war die Vorstellung im Ganzen sehr gut.

Herr Böck als Hofrath hatte den Charakter gut angelegt und durchgesetzt. Einige Stellen spielte er vortreflich, z. B. wo er gezwungen wird, mit äusserster Strenge gegen seinen Sohn zu verfahren, war sein Spiel der Ausdruck des lebhaftesten Schmerzens eines liebenden Vaters, der Trotz seiner Liebe hart seyn muß; so war im Gegentheile Heiterkeit, innige, tiefgefühlte Freude über sein ganzes Wesen verbreitet, als er die Hand seiner Tochter in die Hand des jungen Officiers legte. Madam Renschüb als Hofräthin trug durch die ihr eigene Gutherzigkeit, und sanftes Rebeyspiel viel zu der guten Vorstellung einiger häuslichen Scenen bey.

Herr Beck als Lieutenant und Mlle Baumann als Wilhelmine waren heute ein ziemlich gleichgültiges verliebtes Pärchen. Es schien beyden nicht recht Ernst zu seyn; und das fiel mir um so mehr auf, da ich die beyden Rollen durch dieselben schon weit besser spielen gesehen. Ich würde sagen: Mlle Baumann hat die Stelle recht hübsch gemacht, wo sie ihren Fächer fallen läßt und ihn wieder zu hohlen kömmt; allein ich spreche dasselbe, wenn ich sage: die Stelle ist nicht zu verfehlen.

Madam Brandel als Frau von Schmerling gefiel; aber mir nicht ganz. Sie spielte diesen nicht schlecht gezeichneten Charakter einer lächerlich stolzen, armen, altadlichen, über Bürgerstand sich weit erhaben dünkenden Dame mit zu wenig Lebhaftigkeit, und es schien, als fühlte sie sich der Rolle nicht vollkommen gewachsen zu seyn.

Herr Beil spielte den Charakter des guten schwachen Hauptmanns sehr schön.

Fritz

Fritz deucht mich, des Herrn Frank Rolle nicht zu seyn; es ist ein entschlossener, böser, auf Universitäten schiefgerichteter Bursche, der immer von seiner Schwingkraft und seinem heisen Blute spricht. Herr Frank schien eine Parodie auf sich selbst machen zu wollen; und obschon er nicht ohne Beyfall gespielt; so verdient er den Beyfall, welchen man ihm in seinen Judenrollen giebt mit mehr Recht.

Herr Jfland spielte den geheimen Rath von Schenk mit Theilnahme und einem gewissen gesetzten Wesen, das vielleicht viele andere Schauspieler vernachlässigen und Karrikatur aus der Rolle machen würden.

Herr Pöschel als Sattler war ganz der Handwerksmann, der geschmeidig und artig ist, wenn es Geld zu verdienen giebt; aber auch äusserst grob seyn kann, wenn er nicht richtig bezahlt wird.

Der Kontrast der verschiedenen Charaktere in den Personen des Majors, des Kirchen- und Geheimenraths ist wirklich von guter Wirkung, und hat mir bey der Vorstellung sehr gefallen. Herr Großmann hat gewiß viel

Verdienst deswegen: die Scenen folgen natürlich, und sind nicht bey den Haaren herbeygezogen; die Charaktere sind nicht blos Karrikatur; sondern existiren wirklich. Es wäre zu wünschen, daß wir viele Stücke dieses Werths hätten: oder daß die Schauspieler nicht diese Stücke, wenn sie einigemal gegeben sind, ganz ausser Acht liesen, und keines achtsamen, eifrigen Spiels mehr Werth hielten. Dann aber müste auch die Klage aufhören, daß das Publikum immer neue Stücke sehen will, denn es wird lieber schon gesehene gute Stücke gut gespielt sehen wollen, als die elenden Werke eines Plümike u. d. gl. wodurch der Geschmack der Deutschen, der leider noch nicht bestimmt ist, eine falsche schiefe Richtung bekommen könnte. Verzeih mir diese kleine Ausschweifung, ich bin mit ganzer Seele der Deinige! —

13ter Brief.

Mannheim, Donnerstag den 9ten Horn 1786.

Juliane von Lindorak, das heute gegeben wurde, ist eine Umarbeitung des italienischen Originals des Grafen von Gozzi.

Dieses Stück ist schon oft hier aufgeführt worden, und man hat mich versichert, das Publikum habe es immer sehr gern gesehen.

Mlle Baumann als Juliane leistete das nicht, was in der Rolle liegt. Juliane ist ein sanftes Geschöpf; ruhig im Gefühl eigener Würde, und standhaft im Bewustseyn ihrer Unschuld unterliegt sie nicht im Unglück; bleibt immer liebenswürdig und groß; siegt über Verläumdung und zernichtet die Plane des Lasters. Mlle Baumann spielte diese Rolle nicht mit Wärme. Bey der Stelle, wo Lindorak sagt: setze dich! setzte sie sich mit einer Art, aus der allzuviele Sorgfalt für das schöne Kleid, das sie an hatte, leuchtete. Ich bemerkte in ihrem Spiele keine Uebergänge von Leidenschaften zu Ruhe und Gelassenheit; es geschah selten stufenweis, sondern plötzlich. In der Scene, wo die Mutter Julianen so heftig zusetzt, und Juliane sieht, daß Betheuerungen vergeblich sind, beruft sie sich endlich mit aller Sanftmuth und stillen Grösse auf ihre Unschuld. Dieser Uebergang war nicht Ruhe in dem Spiele der Mlle Baumann; sondern Gleichgültigkeit, Kälte. Vortreflich aber spielte

Mlle Baumann im letzten Akte da, wo Juliane ihrem Gemahle zu Füssen fällt: ich sah die leidende Tugend nur unterstützt von ihrer Unschuld; auch groß im Unglück; verlassen von allen, jeder Verfolgung Preis gegeben, kann sie Niemanden, als Gott zum Zeugen aufrufen. Es freute mich, daß das Publikum erkannte und fühlte, wie schön diese Stelle war. Ich bin überzeugt, Mlle Baumann würde grosse Fortschritte in der Kunst machen, wenn sie den Charakter, den sie zu spielen hat, studirte, und auf die Hauptleidenschaft in einer Rolle mehr Rücksicht nähme.

Madam Renschüb spielte Juliänens Mutter. Ich sehe Madam Renschüb in solchen weinerlichen Rollen nicht gern. Ihre Gebärden sind meistens die nämlichen, in ihrem Tone ist keine Abwechslung. Es liegt ohne dies in diesen Rollen wenig Interesse; und wenn sie dann noch einförmig gespielt werden; so werden sie langweilig.

Ob Madam Nicola, als Lindoraks Schwester gut oder nicht gut gespielt habe, kann ich dir warlich nicht sagen; denn ich verstand kaum hie und da ein Wort von dem, was sie sagte. Wäre mir das Stück nicht schon bekannt gewesen: so würde ich auch vieles vom Zusammenhange verloren haben. So viel sah ich doch, daß sie für diese Rolle nicht paßte; ihre Bewegungen waren steif und eckig; gezwungen und einförmig; sie äusserte die Bosheit so stark, daß es schien, als wenn sie Julianen gern die Augen auskratzte. Sie war übrigens sehr schön gekleidet und aufgesetzet; hatte aber dazu schwarze Schuhe mit Schleifen an. Madam Brandel spielte Julianens ehemalige Amme mit wenig Theilnahme, ohne die Besorgniß und Anhänglichkeit für ihre Pflegetochter, wodurch dieses gute Weib so interessant wird Madam Brandel kam das Stück durch nicht aus dem Gleichgewichte. Herr Böck als Lindorak gefiel heute nicht. Er schrie zu stark, und also musten alle Nüancen verloren gehen. Lindorak ist edel; empfänglich für das Gute und Schöne; aber durch die geringste Beleidigung seiner Ehre aufs Aeusserste gebracht. Das Spiel des Herrn Böck war einförmig, und drückte also dieses nicht aus. Als er am Ende durch den Brief, den ihm der Feldmarschall giebt, von der Unschuld seiner Gemahlin überzeugt wird, blickte Herr Böck während dem Lesen Julianen zu Zeiten an; in diesem Blicke war alles, Vorwurf für sich selbst, Bitte um Vergebung, und Freude des edeln Mannes, der seine Gattin tugendhaft findet.

Herr Ifland spielte den General Saalstein mit allem Beyfalle. Er interessirt äusserst in dieser Rolle. In der Scene mit seinem Sohne, der sich auf Lindoraks Ausfoderung nicht gestellt hat; bey der Stelle, wo er sich selbst, ungeachtet er nur einen Arm hat, mit Lindorak schlagen will, um die Ehre seines Hauses zu retten, war Herr Ifland vortreflich; man sah den rechtschaffenen Krieger; den gekränkten, unglücklichen Vater, der eher jeden Streich des Schicksals dulden, als Schande ertragen will. Nur eine kleine Anmerkung habe ich zu machen: als der General bey Dombrun noch grössere Niederträchtigkeiten seines Sohnes erfährt, fällt er ohnmächtig hin; Herr Ifland fiel ganz steif auf das Kanape: diese Ohnmacht aber ist Schwachheit, Hinsinken der Kräfte und des Muths; und ich glaube, es wäre natürlicher gewesen, wenn dies Herr Ifland durch kraftloses Zusammensinken, statt durch Erstarren ausgedrückt hätte.

Herr Beck spielte den jungen Saalstein schön, sehr schön. Er war ganz der Leichtsinnige, verdorbene Jüngling; der feine, feigherzige Bösewicht, dem nichts heilig ist, wenn es darauf ankömmt, sich aus der Schlinge zu ziehen.

Die Rolle des Feldmarschalls Dombrun spielte mir Herr Beil nicht zur Genüge. Ich finde, daß er sich in solchen Rollen oft wiederhohlt. In der Scene mit dem jungen Saalstein trug Herr Beil durchaus zu viele Farbe auf; besonders aber da, wo Dombrun dem Fähndrich sagt, er soll sich setzen, der Fähndrich will sich aufs Kanape setzen; aber Dombrun zeigt ihm einen Platz an seinem Schreibtische. Dombrun weis, daß er sich auf Lindoraks Ausfodrung nicht gestellt hat; er weis, wie feig und niederträchtig er ist, und um seines Vaters willen wünscht er ihm aus dieser Sache helfen zu können. Herr Beil sprang vom Stuhl auf, und sagte ganz aufgebracht: Hieher! Das ist al Fresco gemalt. Hätte Herr Beil in der Scene mit dem General etwas mehr Wärme gezeigt, die herzliche Theilnahme des biedern Mannes etwas stärker geäussert, so würde ich sagen, er habe die Scene sehr gut gespielt.

Am Ende dieses Stückes, das wegen seinem Plane, seinem schönen Dialoge, und den vortreflichen Situationen unter die besten gezählt zu werden verdient, beschließt des jungen Saalsteins Diener mit dem Pferde seines Herrn durchzugehen, und führt auch seinen Anschlag glücklich aus. Mir scheint dies unanständig, und gar nicht zu dem schönen Ganzen zu passen. Zum Nachspiel wurde der **Alchymist** gegeben, ein Singspiel mit äusserst schöner Musik vom Kapellmeister Schuster. Das Stück an sich ist abgeschmacktes Zeug, das weder von Seite der Sittlichkeit, noch theatralischer Wirkung einiges Verdienst hat.

Mlle Jaquemin als Gustel verdiente vielen Beyfall. Sie spielte mit Laune und sang ziemlich gut.

Mlle Schäfer sang mit Ausdruck und Empfindung; und Herr Epp als Liebhaber war etwas steif und kalt; sowohl im Spiele, als im Gesange.

Mlle Boudet sang die Arie des Kammermädchens sehr niedlich; sprach aber den Dialog leise und so geschwind, daß ich vieles nicht verstand.

Herr Gern als Kubbuts übertrieb im Spiele und Gesange so sehr, daß er oft die Grenzen des Anstandes überschritt.

Herr Pöschel spielte den Alchymisten und nahm in Gegenwart des Teufels, der ihn eben hohlen will, eine Prise Toback.

Herr Brand als Bedienter plauderte so geschwind hintereinander weg, daß man nur die Hälfte verstund; sein Gesang war auch nicht merkwürdig.

Es schlägt jetzt eben 12 Uhr, und der Schlaf, der meine Augen trübt, erinnert mich: es sey Zeit aufzuhören. Lebe wohl!

14ter Brief.

Sonntag den 12ten Hornung 1786.

König Theodor von Venedig ist ein Singspiel mit Musik von Paisiello. Das Stück an sich ist langweilig, uninteressant; und obschon ich kein Kenner von Musik bin; so glaube ich doch, diese Musik hätte verdient, besser angewendet zu werden. Ueberhaupt finde ich, daß die italienische Kompositeurs immer sehr elende Gegenstände wählen, für welche sie die herrlichste Musik machen.

Dienstag den 14. Hornung. 1786.

Der flatterhafte Ehemann.

Dieses Stück ist nach dem Englischen bearbeitet. Der leichte, fliessende Dialog; interessirende Situationen und gut kontrastirende Charaktere werden immer machen, daß es gefällt; ob schon die Handlung und das Interesse sehr getheilt ist.

Mlle Witthöft als Fräulein von Rosenhayn, spielte meisterhaft. Anstand, Grazie, Feinheit und Laune belebten ihr Spiel. Vorzüglich in der Scene mit Herrn von Ellborn, wo sie als Beatrice und Herr von Ellborn als Oktavio ihre Rollen probiren, erhielt Mlle Witthöft den lautesten Beyfall. In dem Auftritte aber, wo der General dem Fräulein eine Liebeserklärung macht, blieb sie dem Charakter nicht ganz treu; sie war nicht sehr verlegen, und behielt eine gewisse Freymüthigkeit

ben, die vielleicht bey jeder andern Schauspielerin, als Mlle Witthöft, in Kokketterie würde ausgeartet seyn.

Madam Renschüb spielte die Frau von Ellborn ziemlich einförmig. Frau von Ellborn ist ein gutes, sanftes Geschöpf, das die Gutherzigkeit so weit treibt, ihren Mann Trotz seines Leichtsinnes, seine Ausschweifungen noch zu lieben, und sich kränkt, wenn sie ihn in Gefahr glaubt; allein Madam Renschüb spielte die Rolle durchaus mit wenig Abwechslung.

Mlle Baumann als Julie spielte mit vieler Naivetät, und verdiente Beyfall. Hätte sie das Herzliche mehr herausgehoben, und durch die jugendliche Unbesonnenheit und Einfalt mehr nuanciret: so würden wir ihr noch grösseres Vergnügen zu danken gehabt haben.

Herr Böck spielte den Herrn von Ellborn mit der nur ihm eigenen Leichtigkeit, Munterkeit und Laune. Sein Benehmen war frey, ungezwungen; in seinem Spiele war Feinheit. Vortreflich war jene Scene mit dem Fräulein von Rosenhayn, wo er als Oktavio dem Fräulein seine Liebe anträgt; und den Monolog im 4ten Akte sagte er mit all der Abwechslung, womit ihn ein Schauspieler sagen muß, wenn er Wirkung machen soll. Zu bedauern war, daß Herr Böck in seiner Rolle nicht ganz sicher war; so blieb manche Lücke unausgefüllt. Auch gefiel mir sein Anzug nicht ganz. Herr Böck — ich kann das hier sagen — vernachlässigt zuweilen seinen Anzug, den ich doch in mancher Rolle für ein wichtiges Mittel halte, sehr für sich einzunehmen; die vorläufige Aufmerksamkeit auf sich zu ziehen; seinem Gesichte was jugendliches oder muthwilliges, wie auch umgekehrt etwas finsteres, ernsthaftes zu geben. Herr Böck spielte heute einen jungen Ehemann, und hatte ein braunes, einfaches Kleid, und eine sehr kahle Weste an; seine Frisur war klein und fest. Ich wünschte, er wäre prächtig, und mit Geschmack gekleidet, und frisirt wie ein junger Stutzer gewesen; so würde es doch zum Charakter gepaßt haben. Hr. Beil spielte den alten General äusserst gut! er beobachtete jede Nüance und die Grenze zwischen dem Komischen und Karrikatur sehr genau. Besonders war sein Spiel da sehr schön, wo er erfährt, daß das Fräulein seinen Sohn, nicht aber ihn, heurathen will. Sein Gesicht drückte Unwillen aus, der aber nach und nach verschwand, als er seine Einwilligung mit einer zwar verdrüßlichen Art gab, die doch durch die Achtung für das Fräulein und die väterliche Liebe gemildert wurde.

Die Herrn Ifland und Beck spielten ehedem nach einander die Rolle des Hauptmanns; Herr Ifland soll sie vorzüglich schön gespielt haben. Herr Leonhard spielt nun diese Rolle, weil beyde Herrn sie abgegeben haben. In meinen Augen handelt der Schauspieler sehr unbillig, der eine Rolle, worin ihn das Publikum gern sah, einem andern abtritt, durch den der Zuschauer nicht entschädigt wird. Herr Leonhard war steif; er zeigte zwar vieles Feuer; allein ich vermißte Abwechslung, und fand, daß er mehr hätte thun können.

Herr Beck als Lindner, war sehr interessant; er spielte mit Wärme, mit Feuer, und Anstand, und mit allen Aeusserungen der brüderlichen Liebe, die uns für ihn einnahm.

Herr Renschüb als Reglin legte den Charakter gut an, und führte ihn auch glücklich aus. Das Stück überhaupt gieng gut, und das Publikum gab einen Beweis, daß es schon oft gegebene Stücke noch gern sieht; wenn sie nur gut gespielt werden.

Künftigen Freytag werden wir Götz von Berlichingen sehen. Ich bin äusserst neugierig, wie das Stück wird aufgenommen werden. Ich hoffe noch immer, dich hier zu sehen. Also bis dahin lebe wohl!

Philosophische Betrachtungen über die Alpen, am Stiftungstage der bairischen Akademie, in der öffentlichen Versammlung vorgelesen von Herrn Stephan von Stengel, der Akademie ordentlichem Mitgliede. München 1786.

Mit Vergnügen zeigen wir die Rede an, welche Herr Stephan von Stengel vorlas, als die baierische Akademie den Jahrtag ihrer Stiftung feyerte. Der Gegenstand dieser Abhandlung sind die Alpen. Man erlaube uns hier einen kurzen Auszug zu liefern. „Es ist unrecht, wenn man die stärkere Kälte des Winters, die Verwüstungen eines späten Frostes, die Zernichtung der Hofnung des Landmannes im Sommer, oder früh zurückkehrende Kälte des Herbstes den Alpen zuschreibt. Die glühenden Mittagswinde kühlen sich zwar über dem Tyroler Eismeer ab, allein deswegen sind doch die Alpen nicht die Ursache der stärkern Kälte; denn die wärmern Winde wehen meistens in allen Jahreszeiten über die Alpen her. Die sich allenthalben gleichbleibende Ursache der mindern und mehrern Kälte ist die höhere oder niedere Lage einer Gegend. Die Abtey Tegernsee liegt in den Gebirgen am Fußder Alpen, und 2100 Schuhe über der

Meeresfläche; der Berg Hochpeisenberg liegt 8 Stunden von den Alpen und ganz abgesondert von ihnen; seine senkrechte Höhe ist 3020 Schuhe über der Meeresfläche. Wenn nun die Alpen die Kälte vermehrten: so müste es in Tegernsee kälter seyn, als zu Hochenpeisenberg: allein die Erfahrung beweist das Gegentheil. Hiebey ist eine interessante Tabelle von der Höhe verschiedener Oerter und dem Grade der Kälte. München liegt 1410 Schuhe über der Meeresfläche; Mannheim 198 Schuhe; der Montblanc 11400. Peisenberg 3020. Tegernsee 2100. Genf 1028. In ganz Deutschland wächst in einer senkrechten Höhe von 1500 Schuhen über dem Meere kein Wein mehr. Die andern Ursachen eines rauhern Klima's können unangebaute Striche, Sümpfe, Moräste, und Waldungen seyn, nicht allein die Alpen. Der Nutzen der Alpen, so wie aller Gebirge, ist unleugbar. Sie sammeln die aufsteigenden Dünste des Meeres, und vertheilen solche allmählig als Schnee, Eis oder Regen und Flüsse über die Erde. Die Donnerwolken kommen nicht alle von den Alpen, sondern sie entstehen meistens von den brennbaren Ausdünstungen der Filzen und Moose. Ueber dies sind die Alpen eher Ableiter der Gewitter. Jede Wetterwolke entladet sich ganz innerhalb den Alpen nach den Gesetzen der Natur. Wären die Alpen in Böhmen, Franken oder Schwaben: so würde bey uns keine Gattung Pflanzen wachsen; Italien würde eine wasserlose Wüste seyn; und die schwülen Winde aus Afrika unter uns Seuchen verbreiten; alle Wolken würden zu den entfernten Alpen hinziehen, zu Eis werden, und die Kältern Nordwinde würden Menschen und Thieren fast unerträglich seyn. Von den Alpen kömmt eine reine Luft; die heisen Südwinde werden geläutert; am Fuß der Berge sind reine, heilende Quellen, in den Thälern blühen alle Früchte gesichert vor verheerenden Insekten. Wildpret und Fische sind im Ueberfluß. Metalle und edle Steine werden häufig in den Alpen gefunden. Die Salzgruben sind unerschöpflich. Die

Isar, die Ina, die Amber, die Salza, und der Lech entspringen in den Alpen, fallen dann in die Donau; und sind der Handlung bequem. Auf den Höhen der Alpen werden wohl reiche Heerden ernährt, und in ihren Thälern Pferde und Kühe. Am meisten fühlt der Bergmensch den wohlthätigen Einfluß dieser Gebirge. In ihm liegt ein ungewöhnlicher Keim der Fruchtbarkeit; er genießt einer reinern Luft; in seinem Herzen ist der glückliche Trieb zu jeder geselligen Tugend; die Natur hat ihn mit einem Walle umgeben, der unüberwindlich dem Krieger trotzt, und dem Waghals verderblich wird; in seiner Wohnung herrscht ewiger Friede."

Dies ist kürzlich der Inhalt dieser vortreflichen Rede, welche sowohl von den ausgebreiteten Kenntnissen des Herrn Verfassers, als von dessen philosophischem Geiste zeugt.

Zwölf Lieder mit Begleitung des Klaviers, in Musik gesetzt von F. Fränzl und B. A. Weber. Erster Theil. Speier in Rath Boßlers Notenoffizin gedruckt.

Die Vorzüge dieser ersten Sammlung sind nicht allein, daß die Musik sehr gut ausgefallen ist, und den Beyfall der Kenner verdient, sondern auch daß die Lieder glücklich gewählt sind. Das erste: Andenken an Elisen und das Letzte: Laura sind von einem ungenannten; an den Mond aus Sophiens Reisen; Minna am Bache vom Grafen von Stollberg; Vaterlandsliebe von Klopstock; An den Mond von Hölty; Stutzertändeley von Bürger; Lyda von Hölty; der Soldat von einem Ungenannten; Klage eines Mädchens von Hölty; an Chloen von Jakobi; an meine Geliebte aus der Olla potrida; die Herrn Fränzl und Weber verdienen in aller Rücksicht die Ermunterung des Publikums; da diese junge Männer so vorzüglich sich auszeichnen.

Liebe.

1783.

Sag an, o Lied, was an den Staub
  den Erdenpilger kettet,
daß er auf dürres Winterlaub
  sich wie auf Rosen bettet?
Das bist du, süsse Liebe, du!
Du giebst ihm Trost, du giebst ihm Ruh
wenn Laub und Blumen sterben!

Was wandelt in Elysium,
  voll blumenreicher Höhen,
ihm schattenleere Wüsten um,
  wo magre Disteln wehen?
Hervor aus öder Winternacht
winkt, süsse Liebe, deine Macht
des Paradieses Lenze!

H

Und ach! wenn sein zerrißnes Herz
aus tausend Wunden blutet,
was sänftigt dann den Seelenschmerz,
der drinnen ebb't und fluthet?
O süsse Liebe, Oel und Wein
träufst du den Todeswunden ein,
tränkst ihn mit Himmelsfreuden!

Wenn er am Sterbebette weint,
von Todesschau'r umnachtet,
wo angstvoll seiner Jugend Freund
dem Grab entgegen schmachtet,
was stillt dann des Verlaßnen Gram?
O Liebe, was der Tod ihm nahm
giebst du ihm zwiefach wieder!

Wenn ihn Verzweiflung wild umfängt,
mit hundert Riesenarmen,
gewaltig ihn zum Abgrund drängt,
wer wird sich sein erbarmen?
Du Liebe, du erbarmst dich sein,
führst ihn, wenn tausend Tode dräun,
noch sanft zurück ins Leben.

O Liebe, wenn die Hand des Herrn
der Welten Bau zertrümmert,

kein Sonnenball, kein Mond, kein Stern,
am Firmament mehr schimmert,
dann kehrst du jedes Erdenleid,
Gefährtin der Unsterblichkeit,
in Siegsgesang am Throne!

Albert und Helena.

An zwey Liebende.

An der Thür ihrer einsamen Waldburg
sassen Albert und Helena.
Zauberdämmrung goß der Vollmond
in die Schatten, des Fichtenhains.
Süsse Wehmuth band ihre Herzen.
Sie gedachten der Vergangenheit,
dachten, unter glühenden Küssen,
ihrer treuen Liebe,
dachten, ach! mit wehmuthsvoller Seele,
des Tages, da den grossen Vater
(Heinrich war's der deutschen Kaiser,)
ihrer Liebe Flucht betrübte.

Da erscholl aus dem Dikkigt des Hifthorns
Schall,

dreymal erscholl er, und dreymal
sang ihn fernhin der Wiederhall nach.
Und sieh, zween Reuter kamen durchs Gebüsch,
und ritten langsam Alberts Waldburg zu.
Ihre Rüstung glänzt im Mondenstral,
und dumpf erscholl der Rosse Hufschlag
in die Todtenstille der Nacht.
Sie schwebten Geistern gleich heran.

„Gott zum Gruß, ihr Freunde!
Nehmt uns auf in eure Burg!
Die Nacht hat uns ereilt
im wilden Jagdgetümmel;
verhüllt ist unsers Heimwegs Spur!
Nehmt uns auf in eure Burg!"

„Willkommen, ihr Pilger der Nacht!
Wenn Fried' in eurem Busen wohnt;
wenn ihr als Freunde hier erscheint,
so gehet ein zu meiner Burg!
Sie labt den müden Wandrer gern.
Doch zittert wenn ihr Arges denkt in eurem Herzen;
stark ist der Arm der diesem Schwert gebeut."

Albert sprachs. Sie stiegen hinauf zur Burg.

„Warum, o Helena, erbebt dein Herz?
Warum erstickt zu bangen Seufzern
der Odem deines Busens?
Sprich, holdes Weib, was ängstet deine Seele?

Schweigend folgte sie dem Gatten;
zur Erde sank ihr Blick;
bang und angstvoll waren ihre Schritte.
Sie kannte nicht des Fremdlings Stimme,
aber düstre Ahndung durchbebt' ihre Seele.

Hell schimmerte vom Kerzenschein
der hochgewölbte Saal der Burg.
Es hallte dumpf in ihm zurück
der laute Gang der Kommenden.
Und Schauder fuhr durch Helenas Gebein; —
ach! sie erkannte den zürnenden Vater!
Schrecken kämpfte mit Lieb' in ihrer Brust.
Bebend wankte sie hinaus,
ihre Thränen strömten,
zum Himmel rang sie die Hände,
in Worte der Wehmuth ergoß sich ihr Herz.

„O wehe mir Elenden, wehe!
Er schwur dich, Albert, zu würgen,
est und hart ist sein Sinn;

er höret das Flehen der Liebe nicht!
O, Albert, wehe, wehe dir!"

Heinrich, der Kaiser, erkannte die Tochter.
Hoch kocht' in seinem Herzen die Wuth.
Er schwieg, den düstern Blick am Boden geheftet.
Zu dem Begleiter sprach er:
"Ritter, laß das Hifthorn erschallen,
daß es hören unsre Gefährten,
und sich hier, bis der Morgen graut, sammlen!"

Der Ritter gieng, sein Hifthorn schallte;
es hörten ihn die irrenden Gefährten;
sie folgten froh dem süssen Ruf.

Bereitet war das kleine Mahl,
im goldnen Becher funkelte der Wein;
doch sein Gefährt war heut die Freude nicht,
und ohne Freude? was ist da ein Mahl?
Vergebens strahlt die Aetherbläue,
am schwülen Sommertag' dem Pilger,
wenn düstres Blizgewölk
den Fuß des Himmels gürtet.
Auf ihre Augen stieg der süsse Schlummer nicht hernieder,

in wilder Angst erharrten sie des Morgens
Graun.

Er kam und röthete des Waldes Haupt;
in rosiges Gedüft verschleierte die Ferne sich.
Vor dem Burgthor war des Kaisers Schaar
versammlet.
Er vernahm der Rosse Getöß'
und riß vom Lager sich auf,
und kam zur harrenden Schaar.

Da sandt' er der Ritter einen zur Burg.
„Sage, so sprach er, dem Mädchenräuber:
ergieb mit deinen Rittern dich dem Kaiser!
Wo nicht so wähle Kampf und Tod!"

Der Ritter kam und Albert sprach:
„ich wähle Kampf und Tod!"
„Wir sterben Herr mit dir!"
So riefen alle seine Ritter.

Wie um des Brockens blaues Haupt
die Nebel des Winters sich lagern,
so umringten Heinrichs Schaaren die Burg.
Sie erklimmten die Mauer und stürzten,
Getroffen von Alberts Rittern, zurück.

Die Wuth des Kampfes begann.
Gleich empörten Wogen
stürmten die Schaaren hinauf!
Die Ritter konnten der Menge nicht stehn,
sie kämpften und fielen.
Nur Albert hemmte noch der Schaaren Strom.

Siehe! da eilte, mit wildem Schritt,
Helena hin zur Stätte des Kampfs.
In ihrem Arme ruht' ein lächelnder Knabe.
(Als er das Kampfgewühl sah, da schmiegt'
er sich an ihren Busen.)
In ihrer Rechten blitzt' ein Schwert.
Die Schaaren sahen das Weib und vergassen
des Kampfs.

„Geliebter! ich sterbe mit dir!“
So rief sie ihrem Albert entgegen.
Faßte das blitzende Schwert,
(die weisse Hand vermocht' es kaum zu heben)
und wollte den schönen Busen durchboren.
Sieh! da umschloß sie des Vaters Arm! —
Die Ritter staunten umher,
die Gefallnen huben das schwere Haupt
noch einmal empor und staunten und starben.

Soll euch mein Lied, ihr Kinder der Liebe,
Alberts Freuden noch singen?
Doch ach! wer nie sie empfand,
kann er erzählen die Wonne der Liebe?
O wann wird die Stund' erscheinen,
die Stunde, da ihr Morgenroth
in meinem Herzen erwacht!
Rollt sie noch tief im Strome der Jahre? —

Sie waren selig, selig wie ihr!
Heinrich führte sie zurück,
und gab die Vaterliebe ihnen wieder.

Die Mädchen von Magdeburg.

Wehe, dir Tilly! und wehe dir Pappenheim!
Wird's erschallen an jenem Tage.
Und sie werden zittern und zagen!
Tausend und abermal tausend Lippen
werden rufen das furchtbare Wehe!
Denn sie erbarmten sich nicht des wehrlosen Greises,
nicht des Säuglings im Mutterarm!

Sie brachen herein mit ihren Schaaren;
Mordgier blitzt' im rollenden Auge.
Da fielen deine Söhn', o Magdeburg!
Da lagen geschändet, in ihrem Blute,
deine blühenden Töchter.
Der Morgen sahe sie würgen,
und würgen sah' sie der Abend!
Auf Leichenhügeln standen sie,
frohlockend der That ihres Arms.
Furchtbar tönte der Knaben Geschrei,
furchtbar das Winseln der Erwürgten,
furchtbar das Jauchzen des wüthenden Feindes!

Die Flamme stieg empor.
Die Wohner der Ferne sahn sie im Dunkel der Nacht,
und bebten und rangen gen Himmel die Hände!
Was entronnen des Würgers Wuth,
fraß ihr wachsender Grimm.

Aber wende den Blick von diesem Jammergesicht!
Siehe, da wallt eine blühende Mädchenschaar.

Eilend ist ihr Schritt unter den Todtenge-
beinen.
Ihre Wange röthet männlicher Muth;
Arm geschlungen in Arm, eilen sie fort.
Wollt ihr rächen den Tod eurer Brüder?
Wollt ihr sterben im Heldenkampf?
Mädchen, euer Arm ist schwach,
er kann dem Schwert nicht gebieten.

Sie eilten fort und fanden ihre Gespielin,
fanden Maria in ihren Thränen.
Jammernd rang sie die Hände,
im Winde flog ihr schwarzes Haar.
Aengstlich spähend sah' sie umher,
Zu ihren Füssen wand sich, zuckend
im Todeskampfe, die geliebte Mutter.
Aber Maria sah' die Sterbende nicht,
ihren Wilhelm sucht' ihr Auge.
Folg uns, Maria! riefen die Reihen ihr zu!
Aber Maria folgte den Reihen nicht.
Ihren Wilhelm sucht' ihr Auge.
Ach! könnte sie einmal, nur einmal noch
den geliebten Jüngling umfassen,
nur an seiner Seite trinken den Todeskelch,

Der Jüngling kam.
Aus seiner Seite strömte Blut,

in seiner Rechten triefte sein Schwert.
Er sank zu ihren Füssen.
Sterbend rief er: Maria folge mir!
Sie nahm das Schwert aus seiner Rechten,
und sank an seine Seite hin;
ihr Blut rann in des Geliebten Blut!

An deinen Ufern standen nun
die blühenden Mädchenreihen,
ruhigwallender Strom!
Sie wandten den Blick zur mütterlichen Stadt,
und wandten ihn schnell mit Beben zurück;
sahn mit stummer Wehmuth sich an,
und stürzten hinab in die Fluthen.

Schauernd trugen auf ihrem blauen Rük-
ken,
o Elbe! deine Wogen sie fort,
und rauschten den Grabgesang ihnen.

Die Trennung.

1781.

„Elisa! dies ist der Abend des Scheidens!“
Sie stand und blickte schweigend zur Erde.
Mit ihren Locken spielte der Abendwind.
Um uns standen säuselnd die Bäume,
im goldnen Schimmer der sinkenden Sonne.
Und sie erhub ihr Auge gen Himmel,
eine Thräne bebte darinnen,
und seufzend sprach ihr Mund:

Ach! wie entfloh sie so schnell die selige Zeit!
(Und ihr Arm umschlang mir fester den Nacken.)
Ach! wie entfloh sie so schnell die selige Zeit!
Hier sah' der erwachende Morgen
in seliger Lieb' uns beysammen!
Hier fand uns der dämmernde Abend

in süsser Umarmung beysammen!
Ach! wie entfloh sie so schnell die selige Zeit!
Hier durchbebt' uns heiliger Schauer,
Wenn im Wipfel der Ulme,
am Abend, die Herbstwinde heulten,
hier umpfieng uns himmlische Wonne,
wenn wir, im Dufte der Mainacht,
gleich Elysiums Schatten, wallten!
Ach! wie entfloh sie so schnell die selige Zeit!
Hier erfreuten wir uns des keimenden Laubes,
hier der Blüthen des Apfels,
hier der Frucht der gebogenen Zweige!
Ach! wie entfloh sie so schnell die selige Zeit!
Dies ist, dies ist der Abend des Scheidens!
Ach! nun bin ich allein, und wandl' hier einsam,
suche voll Sehnsucht dich hier,
und finde hier nicht den ich suchte!
Ruffe deinen Namen,
uud die Winde verwehn ihn! —
Warum so leis', ihr Lüfte?
Warum so treulich, o Dämmerung?
Verhüllt den Himmel, ihr Wolken!
Erhebt euch, Stürme des Herbstes!

Dies ist, dies ist der Abend des Scheidens!
Ach! nun bin ich allein und wandl' hier einsam!

Und sie barg an der Brust des Jünglings das schöne Antlitz und weinte.
Ihm erbebte die Seele;
Wehmuth band seine Lippen.
Als sie den weinenden Blick erhub,
(er hieng am Auge des Jünglings)
begann er tröstend: Elisa!
O trockne deine Thränen!
Groß sind die Freuden des Wiedersehns,
und süß die Wonne der Wehmuth.
Du bist nicht allein, du wallst hier nicht einsam!
Sieh! mein Geist wird säuselnd dich umschweben,
und hören, wenn du meinen Namen rufst!
Elisa, trockne deine Thränen!
Groß ist die Freude des Wiedersehns,
und süß die Wonne der Wehmuth!
Wie die Träume des Morgenschlummers,
werden die Stunden der Liebe
deiner Seele vorübergehn
und mit süsser Erinnerung dich laben,

und, auf Schwingen der Hofnung,
werden deine Gedanken
die Nebel der Zukunft durchfliegen
und die Wonne der kommenden Tage begrüssen.
Elisa, trockne deine Thränen!
Groß sind die Freuden des Wiedersehns!
Kennst du den Namen des Starken,
der den Abend des Scheidens herbeyrief?
Strahlend geht er einher auf den Wolken,
ihm folgen, wie er wandelt, seine Schatten.
Seine Schatten, Elisa, sind wir! —
Wir folgen den Schritten des Starken,
folgen über Klippen ihm,
und folgen ihm in blühenden Thalen.
Aber, siehe, wo er auch wandelt,
da wächst unsrer Seligkeit Blume.
Elisa! trockne deine Thränen!
Groß sind die Freuden des Wiedersehns.
Hörst du sie nicht die Stimme des Ruhms?
Wie in Gebirgen der Donner,
ertönt sie meinem Ohr!
Hörst du sie nicht die Stimme der Liebe?
Wie am Abend der Haine Geflüster,
ertönt sie meinem Ohr!
Ich hör', o Elisa, ich höre die Stimme der Liebe;

Aber

Aber gewaltiger tönt mir die Stimme des
Ruhms.
Ich muß den Kranz erringen! —
Dann am lohnenden Ziele,
dann folg' ich der Stimme der Liebe,
dann leuchtet uns Hymens selige Fackel!

Nun so wandle denn hin, dir schweben die
Götter zur Seite!
Folge der Stimme des Ruhms die allgewal-
tig dir tönt.
Aber hast du den Kranz errungen am lohnen
den Ziele;
O dann höre die Stimme der Liebe,
dann leucht' uns Hymens selige Fackel!

Durch die säuselnden Wipfel
blicktest, du o Mond herab!
Sahst im Schatten der Bäume,
unter Küssen, uns wandeln;
sahst der Trennung Zähre fliessen,
hörtest das letzte, Lebewohl! uns stammeln;
und dein Antlitz verhüllte
in den Schleier der Wehmuth sich!

Schreiben einer Pariser Dame, an eine allda kurz verheurathete Engländerin, als ein Muster des grosen Tons, des Pariser Frauenzimmers. *)

Madam!

Wären Sie zu Paris gebohren, so würde Ihnen die Erziehung vieles Lächerliche erspart haben, welches Sie von London mitbrachten. Wären Sie es auch nur in einem Stücke, so würde man schon lachen; und es ist doch erniedrigend über sich lachen zu machen. Ich, die ich nicht darüber lache, wage es, mit Ihnen davon zu reden. Werde ich auch nachdem noch Ihre Freundschaft haben? Sie würden immerhin eine Engländerin seyn, und meine Absicht ist, Sie zu einer Französin zu

*) Dieses launigte Schreiben ist, keine neue französische Erzeugung aber noch zu wenig in Deutschland bekannt, als daß eine neue Uebersetzung desselben, bey der täglich steigenden Nachahmungssucht lächerlicher Moden, nicht von einigem Nutzen seyn könnte.

machen. Es ist nicht genug, es durch das Band der Ehe zu seyn, man muß es aus Grundsätzen werden. Lernen Sie die liebenswürdige Nation kennen, welche Sie aufnimmt. Sie wird Ihnen Laster verzeihen, aber niemals Lächerlichkeiten. Und doch bemerkt man solche bey Ihnen: Sie bringen sie mit in Gesellschaften: Sie zeigen sie sogar öffentlich.

Man bemerkt sie in Ihrem Hause. Es sind nun sechs Monate, daß Sie verheurathet sind, und noch lieben Sie Ihren Mann! Ihre Modehändlerin hat dieselbe Schwachheit für den Ihrigen; aber Sie sind — Markisin.

Werden Sie noch lange jene zurückhaltende Miene behalten, die im Ehestande so übel läßt, und die man nur denen verzeiht, die nahe daran sind? Ein Herr findet Sie schön: Sie erröthen. Oefnen Sie doch die Augen. Hier erröthen nur die Damen durch den Pinsel. Warum jenes Vergessen Ihrer selbst, wenn Ihr Mann abwesend ist? Kömmt er zurück, so puzen Sie sich. Ich hielt Sie für sehr jung, und Sie sind sehr alt. Sie gehen bis zu den Zeiten der Patriarchen zurück. Entlehnen Sie doch irgendwo das Gesetzbuch des heutigen Putzes: darinn werden Sie lesen, daß man sich nur für einen Liebhaber, fürs Publikum, oder wegen sich selbst putzt.

Wenn ich wollte, Madam, ich könnte Sie wegen ihrem Betragen am Morgen um all Ihren guten Ruf bringen. Um acht Uhr sind Sie schon auf: wenn Sie um diese Zeit vom Bale kämen, dann wäre es in der Ordnung. Und was thun Sie? Sie halten Rath mit Ihrem Koch und Ihrem Hausmeister. Dem Manne kömmt zu, zu rechnen und zu bezahlen, obschon man immer bey **Madame** zu Nacht speiset. Sie schreiben an Freunde, die eben so kalt sind, wie ihr Vaterland, und nichts haben, als etwa Sitten, Freyheitsliebe, und gesunden Menschenverstand. — Was weis ich? Sie lesen Moral und Geschichte, indessen die französischen Federn jeden Tag ganze Bände witziger Schriften zur Welt bringen. Welche Schäckereyen, wenn man alles das wüßte!

Endlich fällt es Ihnen ein, daß Sie an den Putztisch müssen, aber wie wenig kennen Sie hievon die Wichtigkeit, Ordnung und Pflichten. Sie sind erst achtzehn Jahre alt, und Sie sind daran ohne Mannspersonen. Man sieht zwo Frauen, mit denen Sie nie zanken. Die erste Garnitur, die man ihnen bringt, ist grade die, welche Ihnen gefällt. Das Kleid, das Sie gefordert haben, ziehen Sie wirklich an. Ihre Kammerfrauen sind erstaunt, daß sie mehr Zeit brauchen, sich selbst anzukleiden, als ihre Gebieterin. Ich sage Ihnen im Vertrauen: sie zweifeln an Ihrem Stande. Aber wer würde glauben, daß Sie eine von den zweyen von der Hand ihres Mannes haben, nachdem Sie jene Wunderwirkende, die am Hofe gebildet worden, entlassen haben?

Es schellt zur Tafel, und siehe, Sie sind im Saal, und die Glocke klingt noch. War keine Schleife mehr anzubringen, um auf sich warten zu lassen? Aber wie groß ist unsere Verwunderung! Ihr Hausmeister kömmt, dem Herrn zu sagen, daß es aufgetragen ist; und ich weis, daß Sie selbst ihm diese Unart vorschrieben: anderswo ist es Madam, welcher dies gesagt wird: man setzt sich zu Tische (ich lache noch darüber, aber es ist ein bitteres Lachen) Sie segnen die Speisen! Wir glaubten bey einem Pfarrer zu seyn, welcher uns vielleicht Ablaß ertheilt haben würde, das Sie nicht thaten.

Nach der Tafel wollten Sie die Unterhaltung weiter fortführen. Denken Sie doch, daß Sie in Paris sind. Die Langeweile rief bald das Spiel herbey. Ich sah Sie gähnen und es war la Cométe! ein Spiel des Hofes! Da fällt mir eben ein, daß man das Spiel schon vier Tage spielte, als Sie fragten, was es denn sey. Eine Bürgerin von Marais fragte den Tag das nämliche.

Auf eine Parthie sollte die andere folgen, man lebt ja nur beym Spiele. Zum Zwischenspiele kramte man die Arbeitsbeutel aus. Was brachten Sie aus dem Ihrigen? Hemdekrausen für ihren Gemahl! Hat Frankreich denn umsonst das Knüpfen erfunden, um die Hände von Stande von den Händen der Bürgerlichen zu unterscheiden?

Die schöne Gelegenheit, die Sie in dem Augenblicke hatten Ihren Geschmuck zu bereichern! ich meine die Diamanten, die Sie unten in ihrem Arbeitsbeutel fanden: aber von welchem Wasser! und weit kostbarer, als die, welche Sie schon haben. Es war ein Streich von ihrem Manne. Wie übel war er angebracht! Sie bewunderten seine Pracht, und mehr gerührt von seiner Achtung als von den Juwelen, Gaben Sie sie ihm sogar zurück, und wollten, daß er den Preis zur Befriedigung eines Kaufmanns bestimme, dem er die Ehre erwiesen hatte, sein Schuldner zu seyn: es ist doch wohl sehr pöbelhaft, wegen seinen Schulden unruhig zu seyn; sie verkünden, und bestättigen die Größe. Man kann kühn wetten, daß ein Schuldner von zwo Millionen ein um die Hälfte grösserer Herr ist, als jener, der nur eine schuldig ist. Wahrhaftig, Madam, ein Freund kann nicht mehr über Ihre Schwelle kommen. Bey dem ersten Schritte muß man für Sie erröthen. Man sieht Ihren Kutscher mit den Stalleuten vermengt Ihre Pferde putzen. Ihr Vorzimmer erregt Mitleid. Bediente, die sich beschäftigen, während sie auf Ihre Befehle warten; die glauben, sie seyen sowohl für den Herrn als Madam da; die sich einbilden, sie seyen nur im Hause, um zu arbeiten; die einem ehrlichen Manne, welcher zu Fuß kömmt mit Achtung begegnen; die, wenn man sie um die Glocke fragt; eine silberne Uhr aus der Tasche ziehen, Bediente ohne alles Ansehen, die zum wenigsten drey grosse Zolle unter der erforderlichen Grösse haben Madam, Leute von solchem Schlage taugen höchstens hinter dem Pfluge, oder bey einem Kommissär Sie sind auch das ewige Spielwerk der Leute des Herrn. Aber wollte der Himmel! die Mauern ihres Hauses wären die Grenzen ihrer Lächerlichkeiten!

Sie bringen sie auch mit in die Gesellschaften; dort erscheinen Sie mit der natürlichen Farbe Ihres Gesichts. Eben so zeigt sich die Frau des Schweizers, der Ihnen die Thüre öfnete. Kehren Sie wieder übers Meer zurück, wann Sie nur erscheinen wollen, wie Sie sind.

Es sind sechs Damen da, und Sie küßen nur eine! und warum? weil Sie nur mit einer in Verbindung sind! Aber Sie kennen die andern, denn Sie sehen sie zum zweytenmale. Ist das nicht genug, um ganz ihnen zu seyn, und das Herz zu öfnen!

Sie setzen sich nieder, ohne dem Spiegel gesagt zu haben, daß Sie schrecklich aussehen, daß Sie aufgesetzt sind wie eine Närrin. So würde sich doch die erste Herzogin bey ihrem Eintreten ankündigen. Bilden Sie sich nach grossen Mustern. Machen Sie sich von dem Gothischen Grundsatz los, daß man von sich selbst weder Gutes noch Böses sagen soll. Es giebt eine gewisse Art sich selbst auf das Tapet zu bringen. Es giebt aber noch mehr, die Unterhaltung leicht fortzuführen. Welche niedliche Sachen, welche nützliche Anmerkungen über die Kleider für jede Jahrszeit, über Bänder, Kopfputz, und die Art sich zu kleiden! Wie! dieser Fluth der Beredsamkeit reizt ihre Zunge gar nicht? Sie können nicht einmal lachen? konnte der Mann nach der Mode, der von einer Schönheit zur andern flatterte, der durch hundert herrliche Einfälle gute Laune verbreitete, den man schon beklatschte, ehe er noch geredet hatte, konnte der Ihnen auch nur ein Lächeln abgewinnen? Welche Schläfrigkeit! Sie erwachten nicht ihrer bis bey der Neuigkeit, welche der alte Offizier brachte, um seinen Eingang zu bezahlen. Sie fingen sie auf, Sie führten einen ganz ähnlichen Fall aus der Geschichte an. Sie sprachen von Politick und Regierung. Wissen Sie wohl, was man sagte, als Sie die Belagerung aufgehoben hatten! Man hätte Sie zum Minister oder Geschichtschreiber des Königs machen sollen. Sie wollen denken in einem Lande, wo nur vom Sprechen die Frage ist.

Ich hörte gestern eine Generalpachterin, die sehr Ihre Einfalt lobte. Sie haben bey ihr zu Nacht gespeißt: man trug eine Platte mit ganz neuem Gemüsse auf, welche nur hundert Franken kostete. Sie glaubten, man spräche von der Platte, und nicht vom Gemüsse. Sie lachte noch, da sie mich fragte, mit welchem Fuhrwerke Sie sich ausgeschift hätten, und ob Sie wohl verlangten, daß sie Ihnen ihren Silberschmidt schicke.

Und die schöne Figur, die Sie letzthin bey der kleinen Gräfin machten. Man schlug eine Parthie nach dem Haine von Boulogne vor: Sie fragten, ob Ihr Mann dabey seyn würde. Allein er ist Weltmann, und schlug es aus: dies war ein Beweggrund mehr, mit zu gehen, und Sie brachen ab.

Das Sonderbarste in Ihrem Betragen ist, daß Sie glauben, Ihrem Manne zu gefallen. Das ist Ihr Bestreben vom Morgen bis zum Abend. Unter uns, Madam! sind Sie nicht eine Pamela; die ein schnelles Glück erhoben hat? Es ist eine Regel, daß in gewissen Ständen sich ein Mann zum wenigsten einmal des Tages beklagen muß, daß er eine Frau hat. Der Ihrige beklagt sich nur über zu grosse Liebe. Seine Freunde fürchten, daß Sie Ihn endlich noch ganz verderben werden. Er fängt wirklich an, jene Tänzerin weniger schön zu finden, die ihn doch zwanzig Nebenbuhlern vorzog, deren Börsen nicht so gefüllt waren. Man weis, obschon er es nicht gestehet, daß er Sie allein auf sein Landhaus geführet hat. Sein letzter Wagen kostet nur 10000 Franken; und er ist beynahe entschlossen, seinen Läufer abzudanken. Um Gottes Willen, Madam! stecken Sie ihn mit Ihren Lächerlichkeiten nicht auch an! sie vervielfältigen sich unter meiner Feder; ich werde den grösten Theil davon vergessen.

Ist es nicht genug, daß Sie solche in Ihrem Hause zeigen? Ist es nicht schon zu viel, sie gar in die Gesellschaften zu bringen? müssen Sie auch noch die Welt damit bekannt machen?

Sie gehen in die Thuillerie an Operntagen, und die andern auf Palaisroyal. Sie machen es noch schlimmer. Man trift Sie Morgens da. Aber welche Figuren sehen Sie da? Weiber, die auf nichts Anspruch machen können; Politiker, welchen jeder Ort gleich ist, um unsere Feinde zu demüthigen; Philosophen, die sich erhohlen wollen. Fühlen Sie nicht, daß Sie am unrechten Orte sind? Man sollte glauben, Sie besuchten die Spaziergänge blos, um gesund zu seyn. Aber wenn Sie an den bestimmten Tagen, und die schicklichen Stunden da erscheinen, wie sind Sie gekleidet? Sie tragen nur für 100000 Franken Juwelen zu Markte; und die Ehle ihrer Spitzen kostet nur 50 Thaler. Verschwören Sie doch jenen Grundsatz, daß man sich einen Grad unter seinem Stande kleiden soll; er gilt nur jenseits des Meeres. Ich habe es Ihnen schon gesagt. Sie wollen immmer denken: das ist ein Fehler des Lands. Wenn man dem Luxus Schranken setzte, so würden Häuser und Staaten zu lange bestehen. Es ist langweilig, immer dieselben Dinge zu sehen.

Wie schief war Ihr Betragen ein anderes Mal! Es war angespannt, um ins Schauspiel zu fahren. Sie warteten auf Ihren Mann, auf einen französischen Ehemann! Wollten Sie in der Komödie selbst eine Komödie spielen? Er hatte sich in sein kleines Häuschen weggeschlichen; und endlich lernten Sie, daß man ihn da ungestört lassen müsse. Welche Mühe hatte man, um Ihnen begreiflich zu machen, daß eine Dame, die an einem solchen Orte Luft schöpfen will, nie den ihres Mannes wählen müsse.

Sie sollten wenigstens keine Gelegenheit zum Lachen geben, wo man nie lacht. Was machten Sie den letzten Sonntag um 10 Uhr in Ihrer Pfarrkirche? Schon angekleidet?

Hört eine Frau von Stande so, um 10 Uhr, und in ihrer Pfarrkirche die Messe? Ist es wohl wahr, daß Sie der Vesper beywohnen? Der Markis von . . . beschuldigt Sie dessen, und sagt, sie sorgen unterm Gelächter für Ihr Heil.

Einige Predigten könnte man Ihnen hingehen lassen, niemals aber solche, die bekehren. Eine schöne Frau ist nur für schöne Reden gemacht: sie kündigen sich genug an durch die Menge von Kutschen und den Preis der Stühle.

Es ist unedel, sich um 2 Sous zu erbauen. Den ersten Tag in der Fasten, denken Sie an die Andacht der letzten Woche. In einer Kalesche, gemalt nach Gobelins, und auf der Strasse nach Lonchamps müssen Sie Ihre Andacht nähren.

Es ist nicht genug, Madam, Lächerlichkeiten zu vermeiden; es wird auch Grazie erfordert. Die, welche Sie von der Natur bekommen haben, überwiegt lange jene der Kunst nicht. Es giebt Grazie im Kleiden. Ihre Kleider sind geschmackvoll, aber die Garnituren sind nicht von der Duchapt. Ihr Reifrock ist im Durchschnitt um einen ganzen Schuh verpfuscht, und er ist von keiner guten Arbeiterin. Ihre Diamanten sind schön, aber L'Empereur hat sie nicht gefaßt. Alles das fällt in die Augen. Sonst noch könnten Ihre Ohrgehänge um zween Zolle tiefer hängen: könnten Sie einen Kronleuchter an jedes Ohr hängen, so würden Sie vollkommen seyn. Man hat Sie in der Oper à la Cométe aufgesetzt gesehen, da man doch schon zween Tage sich a la Rhinoceros trug.

Es giebt Grazie, die durch eine glückliche Kunst zur Natur werden. Einige sieht man, andere empfindet man. Es ist fest gesetzt, daß unser Geschlecht solche sowohl durch die Nase als die Augen sich eigen machen müsse. Ja noch mehr: die riechenden Wasser versichern den Rang. Man führe mich mit geschlossenen Augen in einen Kreis, bin ich in guter Gesellschaft? Die Nase sagt mirs. Mit den Wohlgerüchen vereinigen Sie die Schminke. Ja, Madam, bearbeiten Sie endlich Ihre Haut. Sie glaubten, diese Schminke sey gemacht, um Runzeln oder Häßlichkeiten zu verbergen; Sie irren sich. Wenn das Alter Sie einstens verunstaltet haben wird, dann wird man Ihnen gern erlauben, sich in Ihrer natürlichen Gestalt zu zeigen. Es giebt auch Grazien der Sprache. Sie haben in unsrer Sprache grosse Schritte gemacht, und Sie verfolgen Sie noch weiter, da Sie La Bruyere, Racine, Montesquien, und Fontenelle lesen. Diese werden Sie lehren, Ihre Ideen ordentlich, deutlich und richtig auszudrücken; aber Sie werden Ihnen jene glänzende Sprache nicht geben, welche der grossen Welt eigen ist. Zum Beyspiele, von einer Sache, die an sich gut ist, sagen Sie ganz grade, daß sie gut sey: eine Dame der Welt würde sagen: „das ist „wunderbar! das ist göttlich!“ Sind Sie ein wenig ermüdet? Man muß ganz dahin, zu Grunde gerichtet seyn. Bringt der Wind eine Ihrer Haarlocken in Unordnung, so werden Sie nur nicht böse, seyn Sie rasend. Sie fehlen durch das ganze Alphabet.

Bey dem Herausgehen aus der letzten Oper sagten Sie à la maison! und neben Ihnen schrie die Frau eines Gastgebers à l'hotel! Erwarten Sie nicht, daß ich Ihnen in einem Briefe ein vollständiges Wörterbuch liefere. Studieren Sie die Damen, welche die schönsten Federn haben, und die Männer mit den rothen Absätzen.

Es giebt auch Grazien des Eigensinns. Sie befahlen, um 6 Uhr soll eingespannt seyn, und um 6 Uhr sieht man Sie auch schon im Wagen. Das Spiel, das Sie vorschlagen, spielen Sie wirklich. Die Person, welche Sie gestern so wohl aufnahmen, empfingen Sie heute wieder so. Sie sind immer Sie selbst. Das ist ewig das nämliche.

Es

Es giebt Grazien, sich wegen des Uebels zu beklagen, das man fühlt. Sie werden Mutter werden. Ahmen Sie doch während Ihrer Schwangerschaft jener besondern Gräfin nicht nach, die Sie so sehr loben, daß sie gehet, sich Beschäftigung macht, und daß sie überall ist. Es ist wahr, daß ihr dieses erbärmliche Betragen glückt; Ihr letztes Kind ist das sechste, das sie glücklich zur Welt gebracht hat. Aber man lacht über die Mutter, und die Fakultät verdammt sie. Wollen Sie es recht machen, so setzen Sie sich bey der ersten Vermuthung bis zum Ende in den Gebärstuhl, und klagen Sie immer.

Es giebt sogar Grazien, sich wegen einem Uebel zu beklagen, das nicht da ist. Sie bringen ihre Tage ohne Kopfweh hin. Dies kann man Ihnen verzeihen. Aber ohne Dunstplage! das heißt die Erlaubniß, gesund zu seyn, gleich einem Marktweibe mißbrauchen. Es giebt Grazien zu erschrecken; aber nicht mit der Art, wie Sie sich letzthin benahmen. Man kömmt, Ihnen etwas ins Ohr zu sagen; Unruhe leuchtet aus Ihren Augen; Sie verlassen schnell die Gesellschaft. Man glaubte Ihr

Hündchen habe ein Bein gebrochen. Man beklagte Sie, man ängstigte sich für Sie. Nichts weniger, Ihr Kutscher war von einem Heuschober herunter gestürzt. Können Sie nicht einmal bey dem geringsten Stosse Ihres Wagens schreyen? Müssen Sie eben so ruhig seyn, wie eine Ihrer Kammerfrauen? dem Stiere, der auf ihrem Landgute Ihnen entgegen kam, giengen Sie mit Zuversicht eines Kerkermeisters zur Seite. Man braucht eben keine grosse Gelegenheiten abzuwarten, um zu erschrecken. Wählen Sie sich ein Thier zum Abscheue, welches Ihnen bey jeder Zeit und an jedem Orte dienen kann; eine Maus, eine Spinne, eine Mücke, wenn man sie schon nicht sieht, so kann man sie vermuthen. Die Geschichte mit dem Nachen, den uns der Zufall auf jenem schönen Kanal darbot, verrieth noch mehr Ihre üble Erziehung. Nicht eine von den Damen war, die sich nicht weigerte, hinein zu steigen, die nicht schrie, und zurück wich; und Sie! Sie sprachen Ihnen Muth ein. Die Schiffersfrau fragte, ob Sie nicht irgend eine gute Bürgerin aus der Gegend wären. Das Ungewitter, welches nach Tische kam, vollendete Ihr Bild. Die Präsidentin rettete sich hinter die 4 Bettvorhänge; die Markisin bot den Blitzen durch Ihr Geschrey Paroli; der Ritter lernte wieder das Kreuz machen: und Sie und Ihre Gärtnerin verlohren die Fassung nicht.

Kurz, Madam, (denn ich bin es müde, Ihnen jedes auseinander zu setzen) sie finden das Geheimniß, ohne Grazien mitten in einer Stadt zu seyn, die gemacht ist, solche zu geben. Sie haben Verstand, Gefühl, und Grundsätze, und sind mit Lächerlichkeiten überladen.

Ich sahe Ihre Einwürfe vor. Der Beste ist hier, keinen zu machen. Sie geben doch zu, das Frankreich das Modell der andern Länder ist? Wenn Sie daran zweifeln, so wird Ihnen die ganze vereinigte Nation solches sagen, und sagt Sie es Ihnen nicht alle Tage, auch ohne vereinigt zu seyn? Wer kann uns besser kennen, als wir selbst? Aber haben wir nicht auch die Stimmen der Ausländer, welchen wir mit unsern Moden, mit unsern Verbeugungen, mit unserer Küche bereichern, die unsere Kutschen, unser Zuckerwerk, unsere Perrücken annehmen? Und sehen Sie nicht, daß Sie stufenweis kommen, sich bey uns zu bilden? Gehen wir zu Ihnen? Gehen Sie von dem Grundsatz ab, und bessern Sie sich!

Fortsetzung des Tagebuchs der Mannheimer Schaubühne, von der Zeit, als die hiesigen Schauspieler nach München berufen worden sind.

Den 2ten Wonnemonat. **Zemire und Azor**, ein Singspiel in 4 Aufzügen. Zum erstenmal. Mlle Brandes sang und spielte heute über allen Ausdruck schön, und wurde nach dem Stück herausgerufen. Herr Pilotti, ein Schauspieler von München spielte den Ali so äuserst niedrig komisch, daß dadurch nur die Galerie belustiget werden konnte; er singt jedoch sehr angenehm.

Den 7ten Wonnemonat. **Die Gefahren der Verführung**, ein Schauspiel in 5 Aufzügen, von Herrn Brandes. Das Stück wurde sehr gut aufgenommen, und der Verfasser am Ende herausgerufen, welcher sich dann die nämliche Nachsicht als Schauspieler von dem Publikum ausbat, die es vor ihn, als Dichter habe.

Das Milchmädchen, ein Singspiel in einem Aufzuge. Zum 4tenmale Hr Pilotti spielte die Rolle des Kaspars, und sang sehr schön. Mlle Brandes spielte und sang vortreflich, wie gewöhnlich.

Den 9ten Wonnemonat. **Die Schule der Damen oder was fesselt uns Männer,** ein Lustspiel in 5 Aufzügen von Stephanie dem jüngern. Da Madam Kummerfeld abgegangen war, so spielte Madam Seyler die Rolle der Frau von Braitfort, jedoch ganz ohne Beyfall. Zum 3tenmale.

Das Milchmädchen, ein Singspiel in einem Aufzuge. Zum 5tenmale.

Den 11ten Wonnemonat. **Richard der dritte** ein Trauerspiel in 5 Aufzügen nach Shakespear von Herrn Weiße. Zum 2tenmale. Madam Brandes erhielt heute wieder als Elisabeth allgemeinen Beyfall; und Mlle Baumann als Eduard gefiel sehr.

Den 15ten Wonnemonat. **Der Galeerensklave** ein rührendes Lustspiel in 5 Aufzügen. Zum 2tenmale. Hr Böck, der die Rolle des Andre übernommen hatte, entschädigte das Publikum wegen dem minder guten Spiele des Herrn Meyers, als das Stück zum erstenmale gegeben wurde.

Den 17ten Wonnemonat. **Tartüffe oder der scheinheilige Betrüger**, ein Lustspiel in 5 Aufzügen, von Moliere. Wenn je ein Stück schlecht auf einer Bühne aufgeführt worden ist, so war es gewiß das heutige. Herr Jfland als Organ und Herr Beil als Tartüffe verdarben ihre Rollen völlig, Hr Backhaus stockte in seiner Rede. Die deutschen Schauspieler überhaupt wollen Original seyn, nie die Art der Franzosen nachahmen, und den Ton der grossen Welt nicht annehmen.

Den 19ten Wonnemonat. **Zemire und Azor**, ein Singspiel in 4 Aufzügen. Zum 2tenmale. Herr Gern, ein angehender Schauspieler hatte die Rolle des Ali übernommen, er singet einen fürtreflichen Baß, muß aber noch sehr gebildet werden.

Den 21ten Wonnemonat. **Das öffentliche Geheimniß**, ein Lustspiel in 3 Aufzügen, von Hrn Gotter, nach Gozzi.

Den 23ten Wonnemonat. **Der Edelknabe**, ein Lustspiel in einem Aufzuge, von Hrn Engel. Zum 3tenmale.

Der Dorfjahrmarkt, ein Singspiel in zwey Aufzügen, von Herrn Gotter, mit Musik von Herrn Benda. Mlle Kirchhöfer spielte heute statt der Madam Pöschel die Rolle der Lene, einer Tirolerin.

Den 26ten Wonnemonat. **Jeanette**, ein Lustspiel in 3 Aufzügen, von Hrn Gotter nach Voltaire. Zum 2tenmale.

Die Komödie aus dem Stegreif, ein Lustspiel in einem Aufzuge. Zum 3tenmale.

Den 28ten Wonnemonat. **Die Wirthschafterin** oder **der Tambour bezahlt alles**, ein Lustspiel in 2 Aufzügen, von Stephanie dem jüngern. Zum 2tenmale.

Ariadne auf Naxos, ein Duodrama von Herrn Brandes, mit Musik von Herrn Benda. Zum 4tenmale.

Den 30ten Wonnemonat. **Walwais und Adelaide**, ein Drama in 5 Aufzügen, von Freyherrn von Dalberg. Zum erstenmale.

Den 1ten Brachmonat. **Die Gefahren der Verführung**, ein Schauspiel in 5 Aufzügen, von Herrn Brandes. Zum 2tenmale.

Den 4ten Brachmonat. **Orest und Elektra**, ein Trauerspiel in 5 Aufzügen, von Hrn Gotter nach Voltaire. Madam Seyler hatte vor dem Antritte ihrer theatralischen Reise (die aber nicht weiter bis Gotha ging) der Madam Brandes die Rolle der Elektra abgegeben Dies reuete sie bey ihrer Zurückkunft, und suchte daher durch allerley Kabalen der Madam Brandes die Rolle zu verderben. Madam Brandes ärgerte sich über das Kleid, welches sie anziehen mußte so sehr, daß sie der Madam Seyler derb die Meinung sagte, und deswegen keinen hellen Ton mehr herausbringen konnte, als sie auf die Bühne trat. Madam Seyler zwang die Jphise zur unrechten Zeit aufzutreten, und verdarb dadurch der Madam Brandes eine ganze Scene; sie selbst gab sich alle Mühe, sie zu überschreyen; und da dieses nichts helfen wollte; so schrie sie dem Hrn Böck einigemale ein lautes Bravo aus den Koulissen zu, welche Unanständigkeit dem Publikum sehr auffallend war. Hr Böck spielte den Orest meisterhaft.

Den 6ten Brachmonat. **Das Duell oder das junge Ehepaar**, ein Lustspiel in einem Aufzuge von Hrn Jestern. Zum 3tenmale.

Azakia, ein Singspiel in 3 Aufzügen, von Herrn Hofkammerrath Schwan, mit Musik von Herrn Franz Danzi. Ein Langweiliges Stück, das keinen Beyfall hatte: die Musik ist schön, und hätte verdient, besser angewendet zu werden.

Den 2ten Brachmonat. **Der Ton der grossen Welt**, ein Lustspiel in 2 Aufzügen, aus dem Englischen des Collmann. Zum 2tenmale.

Der Faßbinder, ein Singspiel in einem Aufzuge. Zum 3tenmale.

Den 11ten Brachmonat. **Eugenie**, ein Drama in 5 Aufzügen, von Hrn v. Beaumarchais. Zum 2tenmale. Das Stück ging heute besser, als das erstemal; jedoch nicht ganz gut.

Den 13ten Brachmonat. **Die Ungetreuen**, ein Lustspiel in einem Aufzuge. Zum 3tenmale.

Azakia, ein Singspiel von Hrn Schwan, mit Musik von Hrn Fr. Danzi. Zum 2tenmale.

Den 15ten Brachmonat. **Die Nebenbuhler**, ein Lustspiel in 5 Aufzügen, aus dem Englischen. Zum 5tenmale.

Den 16ten Brachmonat. **Hamlet**, ein Trauerspiel von Schakespear in 5 Aufzügen, zum 2tenmale. Heute sahen wir den grossen Schröder in der Rolle des Hamlets. Er überdenkt und fühlt, was er spricht. Er bringt das alles in Ausübung, was Hamlet zu den Schauspielern sagt. In seinem Gange ist Anstand, seine Mienen, seine Gebärden und seine Stellungen sind edel; sein Organ ist schön, seine Aussprache deutlich, aber seine Brust etwas schwach. In der Scene, wo er zu der Ophelia sagt; geh in ein Nonnenkloster! erschütterte er die Seelen aller Zuschauer. Die Scene mit der Flöte war meisterhaft, und in der Scene im Kabinet der Mutter mit dem Geiste, war das Spiel des Hrn Schröders schauerlich schön; nur den Monolog: „seyn, oder nicht seyn" verwischte er etwas.

Den 18ten Brachmonat. **Der dankbare Sohn**, ein ländliches Lustspiel in einem Aufzuge von Herrn Engel. Zum erstenmale. Hr Schröder spielte die Rolle des Vaters Tode vortreflich.

Der Geitzige, ein Lustspiel in 5 Aufzügen, von Moliere. Zum 4tenmale. Hr Schröder als Harpagon erhielt den lautesten Beyfall, und besonders in der Scene, wo er findet, daß ihm seine Geldkiste ist entwendet worden.

Den 20ten Brachmonat. **Henriette, oder sie ist schon verheurathet**, ein Lustspiel in 5 Aufzügen, von Hrn Großmann. Hr Schröder spielte den Obersten. In dieser Rolle sowohl, als in verschiedenen andern haben wir hier Schauspieler gesehen, die wenigstens eben sowohl gefielen, als Herr Schröder.

Den 22ten Brachmonat. **Die Holländer, oder, was vermag ein vernünftiges Frau-**

enzimmer nicht? Ein Lustspiel in 3 Aufzügen, nach Goldoni. Herr Schröder spielte die Rolle des van der Höft.

Den 25ten Brachmonat. **Emilia Galotti**, ein Trauerspiel in 5 Aufzügen, von Lessing. Zum erstenmale. Das Stück würde vortreflich besetzt gewesen seyn, wenn Madam Seyler die Claudia, und Madam Brandes die Orsina gespielt hätten. Allein die kranke, schwache Madam Pöschel mußte die Mutter spielen. Das Spiel des Hrn Schröder als Odoardo war meisterhaft, bis auf die letzte Scene, in der mir noch kein Schauspieler genug gethan hat, sie sind mir alle zu kalt.

Den 27ten Brachmonat. **Der argwöhnische Ehemann**, ein Lustspiel in 5 Aufzügen, von Hrn Gotter. Zum 3tenmale. Hr Schröder trat als Licentiat Frank auf.

Den 28ten Brachmonat. **König Lear**, ein Trauerspiel, von Shakespear in 5 Aufzügen. Zum erstenmale. Herr Schröder als Lear, zeigte sich in seiner ganzen Grösse; sein Spiel war der Inbegrif von dem, was die Kunst und die Natur Grosses auf die Bühne brin=

gen können. Herr Böck spielte den Edgar vortreflich. Heute war das Abbonement aufgehoben.

Den 30ten Brachmonat. König Lear, ein Trauerspiel von Shakespear. Zum 2tenmale.

Den 2ten Heumonat. Hamlet, ein Trauerspiel von Shakespear in fünf Aufzügen. Zum 3tenmale. Herr Schröder erschien wieder als Hamlet.

Den 4ten Heumonat. **Zemire und Azor**, ein Singspiel in 4 Aufzügen. Zum 3tenmale. Hr Gern spielte die Rolle des Ali herzlich schlecht.

Den 6ten Heumonat. **Die verstellte Kranke**, ein Lustspiel in 5 Aufzügen, nach Goldoni. Zum 4tenmale.

Den 9ten Brachmonat. **Der flatterhafte Ehemann**, ein Lustspiel in 5 Aufzügen, von Böck. Zum 3tenmale.

Den 11ten Heumonat. **Der Jurist und der Bauer**, ein Lustspiel in 2 Aufzügen, von Rautenstrauch. Zum 5tenmale.

Das Milchmädchen, ein Singspiel in einem Aufzuge. Zum 5tenmale.

Den 13ten Heumonat. **Der Adjutant**, ein Lustspiel in 3 Aufzügen. Zum erstenmale. Herr Meyer spielte die Rolle des Generals mit Beyfall; Hr Jfland gefiel als Regiments feldscherer, wie auch Hr Beil als Lindner. Madam Seyler spielte den Lieutenant Wallin; allein sie hat keine Figur mehr für Mannsrollen.

Ariadne auf Naxos, ein Duodrama von Hrn Brandes mit Musik von Hrn Benda. Zum 5tenmale.

Den 16ten Heumonat. **Die Komödie aus dem Stegreif**, ein Lustspiel in einem Aufzuge, aus dem französischen. Zum 4tenmale.

Die drey Pachter, ein Singspiel nach dem französischen des Monvel in 2 Aufzügen. Zum erstenmale. Das Stück wurde sehr gut aufgeführt.

Den 18ten Heumonat. **Sind die Verliebten nicht Kinder?** Ein Lustspiel in 3 Aufzügen, nach Goldoni. Zum 4tenmale.

Den 20ten Heumonat. **Der Barbier von Sevilla**, ein Lustspiel in 4 Aufzügen, von Beaumarchais. Zum 3tenmale.

Den 23ten Heumonat. **Der Deserteur**, ein rührendes Schauspiel in 5 Aufzügen. Zum erstenmale. Die Vorstellung war sehr gut; allein man hatte das Ende abgeändert, und dem jungen Dürimel Gnade gegeben, wodurch die Rolle der Julie sehr verlor.

Den 25ten Heumonat. **Die junge Indianerin**, ein Lustspiel in einem Aufzuge. Zum 3tenmale.

Die drey Pachter, ein Singspiel in 2 Aufzügen. Zum zweytenmale.

Den 27ten Heumonat. **Der Familienstolz**, ein Schauspiel in 5 Aufzügen, von D. Wagner. Zum 2tenmale.

Den 30ten Heumonat. **Der Adjutant**, ein Lustspiel in drey Aufzügen. Zum zweytenmale.

Der Faßbinder, ein Singspiel in einem Aufzuge. Zum 4tenmale.

Den 1ten Erndtemonat. **Der Westindier**, ein Lustspiel in 5 Aufzügen, aus dem Eng=

lischen des Cumberland. Hr Schröder, der wieder zurückgekommen ist, spielte den Westindier mit dem größten Beyfall.

Den 2ten Erndtemonat. **Der Adjutant**, ein Lustspiel in 3 Aufzügen. Herr Schröder spielte den General. Zum 3tenmale.

Die drey Pachter, ein Singspiel nach dem französischen in 2 Aufzügen. Zum 2tenmale.

Den 4ten Erndtemonat **König Lear**, ein Trauerspiel in 5 Aufzügen, nach dem Shakespear. Hr Schröder spielte heute wieder die Rolle des Königs Lear unnachahmlich. Heute war das Abonnement aufgehoben.

Den 6ten Erndtemonat. **Athelstan**, ein Trauerspiel in 5 Aufzügen, nach dem Englischen. Hr Schröder spielte den Athelstan Herzog von Merna.

Das Milchmädchen, ein Singspiel in einem Aufzuge. Zum 6tenmale.

Den 8ten Erndtemonat. **Das öffentliche Geheimniß**, ein Lustspiel in 3 Aufzügen, von Herrn Gotter nach Gozzi. Zum 3tenmale.

Heute spielte Hr Zuccarini zum letztenmale, und reißte dann mit Herrn Schröder nach Hamburg.

Den 10ten Erndtemonat. Der Ehescheue, ein Lustspiel in 5 Aufzügen, nach Dorat von Hrn Gotter. Zum 3tenmale. Hr Böck spielte den Ritter Terville.

Antwort wegen Kunstsachen

an den Herausgeber des Pfalzbaierischen Museums.

Mannheim d. 16ten Sept. 1786.

Der Herr van Schlichten sagt in seinem Unterrichte für angehende Liebhaber (mich dünkt, diesen sollte man doch etwas sagen, das ihnen eine richtige Idee von den unsterblichen Werken die wir besitzen, geben könnte:) viele Schriftsteller hätten zwar über die Geschichte und Kunst der Malerey geschrieben; allein sie hätten fast immer den rechten Weg verfehlt. — Ich nenne hier nur Winkelmanns Schriften, die für Künstler und Liebhaber fast unentbehrlich geworden sind. Hätte der Herr Verfasser diese gelesen, so würde er nie solche paradoxe Sätze behauptet haben.

Die Geschichte der Kunst und des Erfinders sagt er in seinem ersten Aufsatze weiter, ist mit fabelhaften Erzählungen vermischt. In seiner Vertheidigung nennt er die feinen Linien des Apelles und Protogenes Linien, die eine Zeichnung bedeuteten, warum sagte er dies nicht gleich? Angehenden Liebhabern muß man eine Sache deutlich zu machen suchen.

Ich wäre begierig zu wissen, welchen Weg uns der Herr Verf. dann führen will, wenn alle, die über Kunst geschrieben haben, den rechten Weg verfehlt haben. Doch sagt er im 6ten Hefte, die Regeln, die er gegeben habe, seyen nicht neu; und im ersten Aufsatze steht mit trocknen Worten: „wenn man alle diese Bücher gelesen hat: so ist man um nichts klüger." Also — doch keine Folgerungen!

Er verwirft alles, was schönes über die Kunst gesagt ist; nur des Leonardo da vinci hundert und fünfzig Regeln findet er nicht lächerlich. Ich und viele andere werden doch lachen, daß der Herr Verf. seine Regeln für besser ausgiebt, als alles, was grosse Männer darüber geschrieben haben; am Ende sagt er selbst wieder, die Kenntniß komme vom öftern Anschauen guter Gemälde her.

Das sonderbarste ist, daß Herr von Schlichten behauptet, der Unterschied zwischen den alten und neuen vortreflichen Malern liege blos in der Einbildung.

Langenhöffel.

Merkwürdige Briefe an den Churpfälzischen Hofgerichtsrath Traiteur zu Mannheim über Malereisammlungen in England, Holland, und den Niederlanden, von Herrn von Hofstätter, Lehrer der schönen Künste und Wissenschaften in Wien.

London den 16ten Juli 1786.

Liebster Freund!

Sie verlangen zu wissen, nicht nur, wie ich die Malereyen in England gefunden, sondern auch, bey so verschiedenen Meinungen, als wir heute die Kunst und ihre Werke ausgesetzt sehen, nach welchem Maasstabe ich wohl gemessen habe. So ungern ich auch über Kunstsachen spreche, weil ich weis, wie wenig meine Grundsätze mit den Lieblingsideen vieler Kenner und Liebhaber harmoniren, so ist mirs doch ein wahres Vergnügen, Ihnen, lieber Freund, von dem, was ich sah, Rechenschaft zu geben. Sie lesen meine Bemerkungen, als Freund, und wenn sie gleich anderer Meinung sind, habe ich doch nur Gründe, keine Anzüglichkeiten zu erwarten. Ich läugne nicht, daß es mir nicht darum zu thun war, die Lobsprüche auf Malereyen, wie sie hie und da in Beschreibungen und Katalogen vorkommen, aufzusammeln und in ein Ganzes zu zwingen. Was ich sah, sah ich mit eigenen Augen, rühme, was ich des Rühmens werth fand, und tadle, was mir Tadel zu verdienen schien, nicht um zu tadeln, sondern junge Künstler zu warnen, und Liebhaber auf das Wesen der Kunst aufmerksam zu machen. Wenn wir die Beschreibungen unserer Gallerien lesen, so sollte man glauben, daß wir mitten unter Zeuxen, Parrhasen, Apellen schweben, indeß wir anderseits klagen, die neuere Kunst habe sich noch lange nicht zur Vollkommenheit der Alten erschwungen. Dieses Fehlers, lieber Freund, werden sie mich wohl schwerlich beschuldigen können. Ich suchte in jeder Malerey das wesentliche der Kunst auf, und war unzufrieden, wenn ich es nicht fand. Lobredner des Kolorits, der Schattirung, des Helldunkeln, des warmen und starken Pinsels gab es allerdings genug. Ich wollte deren Anzahl nicht vermehren, und überlasse es denjenigen gern, welche das mechanische Fach selbst bearbeiten. Dieses Fach ist es nicht, worinn die neuere Kunst hinter der blühenden des Alterthums blieb. Vielmehr gebe ich willig zu, daß jene hierinn Fortschritte gethan, die dieses nicht einmal wagen durfte. Wenn wir dem Alterthum einen Vorzug geben, so ist es der, dessen uns meist Statüen, Gemmen, und nur sehr wenige Malereyen überzeugen. Er liegt also nicht in den Zauberkünsten des niederländischen Pinsels: dagegen macht er gerechte Ansprüche auf das Wesen der Kunst, das ist, auf den Ausdruck der Seele in ihrer ruhigen Lage und im Stande ihrer Bewegung. Auf diesen Ausdruck ist mein erstes Augenmerk gerichtet, so bald ich in eine Sammlung von Gemälden eintrete, und deren Werth, oder Unwerth untersuche. Ich bitte sie, lieber Freund, meine Bemerkungen in keiner andern Rücksicht aufzunehmen. Hiemit lasse ich jeder Schilderei, die mir auch nach meinem Maaßstabe nicht behagt, ihren anerkannten Werth, und war hie und da besorgt, bey einem hochgeschätzten Gemälde, welchem es am wesentlichen fehlt, den Ursachen nachzuspähen, die es in Ansehn, und Hochachtung gesetzt haben.

Nichts ist billiger, als daß sie nach dem Stabe verlangen, womit ich gemessen habe. Allein den kann ich so leicht nicht geben, ohne die ganze Theorie der Kunst und alle ihre Grundsätze zu entwickeln. Dies würde viel zu weitläuftig seyn. Nur so viel kann ich hier, wie im Vorübergehn, sagen, daß ich keine wesentlichere Pflicht des Pinsels kenne, als die Seele, das ist, Charakter und Empfindung zu malen. Ich gebe jenen den Vorzug, nicht nur, weil dessen Schilderung ungleich schwerer, auch veil er umfassender ist, und nächst am Ziele der Kunst liegt. Ohne Bewegung der Seele, ich verstehe die ungewöhnliche, die wir Leidenschaft nennen, kann ein Gemälde vortreflich seyn, ohne Charakter unmöglich, so bald es

Figuren zeigt. Keine Menschenfigur ist ohne Charakter, so ohngefähr auch der Pinsel zu Werke geht. Es kömmt also auf dessen Wahrheit und Güte an. Wahrheit allein genügt mir nicht; sie schließt nur Uebertreibung aus, wiewohl auch diese in der Natur so selten nicht zu finden ist. Man nennt sie Auswüchse im Reiche der Körper; im sittlichen, was sind sie anders, als Karrikaturen? Ich weis, daß beliebte Künstler hierinn ihre Stärke erwiesen haben: aber das ändert die Natur der Sachen nicht. Ich kann es so lange nicht billigen, als Wahrheit oder Wahrscheinlichkeit allen Produkten der Erfindung, selbst der poetischen, zum Grunde liegen muß. Wer mit Wahrheit allein zufrieden ist, nimmt die Charaktere an, wie sie unter den Händen der rohen oder alltäglichen Natur entstanden sind. Ich fodere mehr; denn ausserdem, daß sie schon an sich zwecklos sind, finde ich sie auf allen Gassen wahrhafter als mir sie der Pinsel, er sey noch so geschickt, geben kann. Das geringste also, was man vom Künstler verlangen kann, ist, daß er die gemeinen Steige verlassen, und seine Figuren aus der schönern, edlern Natur ausheben soll. Nicht genug; an Gegenständen, die zum all=

gemeinen Muster aufgestellt werden, sey der Charakter nicht in der Natur, selbst in der schönen nicht aufzufinden, sondern fasse vereint in sich, was hie und da in der edlern Natur zerstreut liegt, das ist, sey Ideal. Ein Herkules habe edlere Stärke des Geistes, als je ein Sterblicher hienieden gezeigt hatte, denn er soll alles in sich fassen, was starke Geister je einzeln beseelet hat, weil er das Muster aller vergangenen und künftigen Stärke seyn soll. Ich habe nicht erst nöthig, diesen Begrif auf Helden der Religion zu übertragen: Er leuchtet von selbst ein, wenn er gleich auf den meisten Schildereyen verkannt wird. Sey es nun Ideal, oder schöne, edle Natur, so giebt es der Stufen und Arten so viele, daß sie dem zweckmäßigen Pinsel nicht gleichgiltig seyn können. Das Sanfte und Reizende eines Charakters schickt sich nicht in gleichem Maaße dahin, wo das Edle und Erhabene herrschen soll; und in jeder dieser Hauptarten, wie viel liegt der Mischungen und Unterarten nicht? Deren allseitige Bestimmung nach dem Bedürfniß der Handlung, der Geschichte, des aufgestellten Ziels, und die pünktliche Ausführung dessen, was weislich bestimmt war, halte ich für das Wesen, für die Seele der Kunst. Es ist also das erste, wohin mein Augenmerk gerichtet ist. Ich sehe jeder Figur ins Angesicht, und frage, welcher Charakter bleibt wohl von diesen Zügen aus? und finde ich darinn nichts tröstliches, so spüre ich dem Ebenmaas der Theile und deren Bewegung oder Stellung nach. Hier, lieber Freund, haben Sie alles, was ich Ihnen in Kürze sagen kann. Finden Sie die Reihe meiner Vorstellungen mangelhaft, oder meine Bemerkungen nicht einstimmig damit — ich liebe Zurechtweisung — so sollen mir Ihre Gründe dagegen willkommen seyn. Hie und da werden Sie manches genauer entwickelt finden, was ich hier nur kurz zusammendrängte, um das Ganze in einem Gewebe aufzustellen.

Ich sah nicht alles, was in England an Schildereien vorräthig ist. Ausser London führten mich meine Reisen nur nach Oxford, Blenheim, Milton, und Kingswesten. Lassen sie mich zuerst, lieber Freund, in London bleiben. Wenn es gleich daselbst so viel der Merkwürdigkeiten nicht giebt, als man sich wohl von der Grösse dieser Stadt versprechen sollte, so findet man doch hie und da zerstreut, was allerdings Aufmerksamkeit verdient. Man suche keine zahlreichen Bildersammlungen, wie sie in Wien, Dresden, Mannheim, Düsseldorf, München zu sehen sind. Die Großen von England schleppen die Kostbarkeiten größtentheils nach ihren Landsitzen, wo sie unabhängig und selbst vom Neide frey sich dem Genusse des Vergnügens überlassen können. In London, wo es der Geist der Demokratie gefährlich macht, Aufsehn zu regen, würden ihre mäßigen Palläste den Vorrath von Gemälden und Antiken nicht fassen. Unterdessen wird Jedermann einsehen, wie nachtheilig diese Zerstreuung der Kunstwerke seyn müsse. Künstler, die sich meist, um guter Ursachen willen, in der Hauptstadt versammeln, finden so viel nicht, als sie wohl nöthig hätten, ihre Kenntnisse zu erweitern; und was etwa da ist, kann nicht ohne viele Schwierigkeit gesehen werden. Um nur aus dem Vortheile zu ziehn, was wirklich im Lande ist, sieht sich der Künstler gezwungen, kostbare Reisen zu unternehmen. Wäre alles, was England an Kunstwerken besitzt, in der Hauptstadt beysammen, stünde es in einer oder in mehrern Galerien aufgestellt, und hätte der Zutritt in diese Kunstsammlungen keine andere Schwierigkeit, als die auf Erhaltung derselben hinauszielt, so müßte darinn der Geist brittischer Künstler eine neue Quelle der Nahrung und des Lebens finden. Allein Englands Verfassung, die in andern Rücksichten so viel gutes hat, läst diesen Vortheil nicht erwarten.

Mein erstes Augenmerk in London war auf die Malereyen gerichtet, die im Pallaste der Königinn aufgehangen sind. Da der königliche Pallast äusserst winkelhaft, unansehrlich und unbequem ist, hat die Königinn auf ihre Kosten ein Privathaus erstanden. Es liegt am Ende des St. Janse's Park, und gehörte ehemals dem Lord Buckingham. So klein es war, erhielt es durch Zusätze von Nebengebäuden des Raums so viel, daß es itzt der Lieblingsaufenthalt nicht nur der Königinn, sondern auch des Königs, und der königlichen Familie ist. Ich war nicht so bald in London, als ich mein Verlangen äusserte, die Bildersammlung in diesem Pallaste zu sehen, um so mehr, da die besten Malereyen von Hamptoncourt dahin gebracht worden sind, unter welchen die berühmten

Karton von Raphael gewiß die vorzüglichsten waren. Allein man gab mir wenig Hofnung dazu. Der ausgelassene Pöbel, welcher vor Jahren bey dieser Gelegenheit allerley Unfug trieb, veranlaßte die billige Verordnung, daß künftighin Niemand zugelassen werden soll. Sey es, daß der Unfug zum Theile schon vergessen ward, oder daß man von Fremden sich eben keiner Ausgelassenheit besorgte, ich genoß des freyesten Zutritts.

Es war mir vorzüglich darum zu thun, daß ich Raphaels Kartone mit Bequemlichkeit und Musse sehen könnte. Aber ich fand nebst diesen so vieles, was Aufmerksamkeit verdient, daß diese Sammlung unstreitig den Rang vor allen Sammlungen behauptet, die ich in England gesehen habe. Zwar sind nicht alle die vortreflichen Gemälde, welche einst die Fremden nach Hamptoncourt gelockt haben, hieher übertragen worden: ein Theil ist nach Kew gekommen, ein Theil noch in Hamptoncourt zurückgeblieben; aber die besten zieren den Pallast der Königinn, und was auch in andern Lustschlössern vorzügliches war, wurde hieher geschaft. Diesen schönen Vorrath hat England

Wilhelm dem dritten zu danken, der nicht nur dessen Stifter in Hamptoncourt war, sondern überhaupt der Vater der Kunst, so wie sie nun in England blüht, genannt werden kann.

Ich führe Sie, lieber Freund zuerst vor die berühmten Karton hin. Es sind dieselben, die Raphael für Pabst Leo X gemacht hatte, als Entwürfe, nach welchen die Tapeten in Brüssel gewürkt worden sind. Die Brüßler Arbeit ist nun zu Rom in der sixtinischen Kapelle, Raphaels in London. Ich verstehe nicht, wie Leo so begierig nach den Kopien grif, und der Originale vergaß. Wenn wir Richardson hören, so übertrafen diese Karton alles, was Raphael in Rom gemalt hatte. Aber er mag wohl zu viel gesehen haben. Schon die Bestimmung, Entwürfe für Tapeten zu seyn, läßt uns vermuthen, daß Raphael eben den grösten Fleiß, wenigstens in der Ausführung, nicht angewendet habe. Es sind eigentlich Zeichnungen mit Gummifarben ausgemalt. Wären sie auch bestens ausgeführt, und hätten die Gummifarben auch gleiche Stärke mit den Oelfarben, so müßten diese Malereyen dennoch durch die Zeit, und durch ihre Wanderungen verloren haben; wie denn zu Brüssel während der Arbeit des Tapetenwürkers fünf derselben gänzlich verderbt worden sind: denn von den 12 Tapeten, die noch in Rom aufbewahret werden, sind in London nur sieben Karton zu sehen. Wollen Sie sich indeß, lieber Freund, mit Kupferstichen behelfen, so werden Sie ungezweifelt die Blätter von Dorigny allen übrigen vorziehen.

Diese sieben Malereyen nun hangen alle zusammen in einem ziemlich geräumigen Saale, den sie eben ausfüllen. Das erste Gemälde stellt ein Opfer vor, so die Einwohner von Lystra dem Paulus und Barnabas bringen wollten. Ein Stier, den Nacken gebückt, wartet des Streiches. Der schlachtende Priester holt mit vieler Stärke aus: aber kein edler Zug liegt auf seinem Gesichte: der Charakter sowohl als die Empfindung ist roh und finster, und die Lippen so gepreßt, daß die untere samt dem Kinne gewaltig hervorspringt. Dies ist Ausdruck der Anstrengung, nicht der Kraft; denn diese sinkt in dem Maaße, in welchem jene steigt. Raphaels Stärke soll in der **Bedeutung** liegen: Es mag seyn; aber die Bedeutung hat so ein weites Feld, daß es wohl der Mühe lohnt, engere Grenzen zu suchen. Es gibt eine rohe und edle, eine alltägliche und gewählte, eine natürliche und übertriebene Bedeutung, und eine, wie die andere hat ihre Beziehung entweder auf den Charakter der Personen, oder auf deren Empfindung. Bedeutung im Grunde hat jedes Gemälde, eines Ostade, wie eines Raphael, und wenn es nur um mehr oder weniger zu thun wäre, möchte wohl manchmal Raphael gegen Ostade verlieren. Worinn er sicher gewinnt, ist nichts anders, als der edlere Ausdruck des Charakters und der Empfindung. Nun aber steht zu untersuchen, ob dies Edle von Raphaels Ausdruck vorzüglich im Charakter der Figuren, oder nur in der Empfindung aufzufinden sey. Ich habe hierauf Rücksicht genommen, um so mehr, als dieser Unterschied noch heute die neuere Kunst unter die alte setzt. Empfindungen mit vielem Leben, mit Kraft und Nachdruck, selbst mit edlem Anstand auszudrücken, gelang vielen Künstlern auch in unsern Zeiten. Selbst unter den neuern hat Raphael hierinn noch keinen unbezweifelten Vorzug. Dominikus Zangini macht auch Ansprüche darauf. Andreas Sacchi, und manche andere stehen nicht sehr zurück. Auch der niederländische Pinsel, wenn wir auf Charakter keine Rücksicht nehmen, hat über Stärke und Wahrheit der Empfindungen große Muster aufzuweisen. So oft Rubens der übertriebenen Lebhaftigkeit Schranken setzt, und der weisen Ruhe den gebührenden Vorzug gibt, verdient er allerdings an der Spitze zu stehen.

Ueberhaupt ist Ausdruck der Affeckte wohl ein wesentlicher Theil der Lust, aber noch lange der schwerste nicht. Die Muskeln, welche hierinn das meiste wirken. haben ihre festgesetzte Lage, und ändern diese bey verschiednen Empfindungen nach sichern Grundsätzen: Das Wesentliche hievon verträgt mechanische Entwickelungen, und dem Künstler ist gemeiniglich nur weise Mäßigung zu empfehlen. Die Bedeutung also, wodurch Raphael sich über seine Zeitgenossen und Nachfolger erschwungen hat, mag wohl im Ausdrucke, nicht so sehr der Affekte, als des Charakters seiner Figuren aufzusuchen seyn. Hierin findet die Kunst ihre größten Schwierigkeiten, die nur der philosophische Pinsel heben kann; hierinn

hat

hat das blühende Alterthum die ganze lange Reihe späterer Künstler hinter sich gelassen; hierinn hat Raphael eine größere Stärke erwiesen, als andere seit Erweckung der Kunst bis auf Mengs, und hiemit sich den Ruhm des größten Malers in neuern Zeiten erworben.

Nun erhebt sich eine neue Frage. Der Charakter einer Figur, oder der Geist, welcher im aufgestellten Körper wohnen soll, wird dem Menschenkenner sichtbar durch verschiedene Merkmale. Die Größe, das Ebenmaas und die Formen der Glieder, die Stellung des ganzen Körpers, die Gebärdung einzelner Theile, vorzüglich aber die Züge und Formen des Angesichts nehmen Theil am Ausdrucke des Charakters. Niemand zweifelt, daß in unserm Angesichte der vorzügliche Sitz des Ausdruckes ist, und so fehlt allerdings das Wesentlichste, wenn es da an zweckmäßigen Zügen und Formen fehlt. Wer alle diese Zeichen vereiniget, den Geist seiner Figur, gemäß einem würdigen Zwecke schauen zu lassen, dem hat gewiß auch das blühendste Alterthum keinen Vorsprung abgewonnen. Dies also ist vorzüglich des philosophischen Blickes werth. Ist es die Harmonie des Ganzen, oder die Deutlichkeit des wesentlichen Theiles, wodurch Raphael seine gepriesene Bedeutung oder seinen Ausdruck des Charakters erhielt? Ich entscheide nicht — nur erlauben Sie mir, zu erzählen, was ich bei Untersuchung dieser berühmten Kartone gedacht und empfunden habe.

Der opfernde Priester also, lieber Freund, hat keine edlen Züge; noch weniger derjenige, welcher vorne den Stier an den Hörnern hält: er ist ganz roh. Hingegen unter dem Volke gibt es schöne Charakter. Ein Jüngling, welcher seinen Arm gegen den Priester streckt, ein munterer Kopf, noch am hintersten Stiere, mit Lauben bekränzt, und tief zurück ein sanftes Mädchen, sind zwar nicht Ideal, aber gewählt aus der schönern Natur. Der übrige Haufen ist gemeiner Art, und einer unter demselben, der seine Hände faltet, beinah Karrikatur.

Noch haben wir die Hauptfigur nicht: sie steht über einem Steine zur Rechten des Gemäldes. Es ist Paulus, der über die Ehre dieses Opfers, so ihm zugedacht war, seine

Kleider zerreißt. Stellung, Gebärde, Draperie ist ungemein edel, allerdings Raphaels würdig. Nicht so ganz zufrieden konnten mich seine Gesichtszüge stellen. Sein Gefährte Barnabas ist tief unter ihm: man muß sich wundern, wie die Lystraner auf den Einfall gerieten, ihm Opfer zu bringen. Auf keinem Wege zeigt sich der erhabene Geist, welchen die Bürger von Lystra angestaunt hatten. Unterdessen mag sich das Auge des Beobachters durch die krumme Stellung des Mannes, welcher den Widder festhält, und eines Greisen gegenüber entschädigen. Beyde stehn voll Natur und Anstandes da, welcher beiderley Krümmungen leicht vergessen wird. Zwey Knaben nah am Altare, deren der eine in zwey Flöten bläst, der andere ein Kästchen trägt, haben einen sehr leichten Stand: Unschuld zeichnet ihre Gesichter, Ruhe und sanfte Empfindung ihre Seele.

Ueberhaupt zeigt sich hier Raphaels Vorzug ganz sichtbar. Sein Uebergewicht lag nicht sowohl in den Formen und Zügen der Gesichter, als vielmehr in den Stellungen, Gebärden, Gewändern, Gruppirungen. An diesen zeichnet sich allenthalben, oder gewiß meistentheils edler Anstand, Thätigkeit, Seelenruhe, Kontrast ohne Uebertreibung aus: da hingegen jene nur äusserst selten ideal sind, oft gewählt aus der bessern Natur, nicht selten ganz gemeiner alltäglicher Art.

Vielleicht finden wir diese Wahrheit auf dem zweyten Karton noch deutlicher entwickelt. Er stellt des Ananias plötzliche Bestrafung vor. Der Lügner liegt todt zu Boden. Im Sturze gemalt, und vom Schrecken hingestreckt kann er dem Auge nicht behagen. Die ausgespreiteten Beine und Schenkel, welche nach vollbrachter Krümmung an den Füßen wieder zusammenstossender, linke Arm, worauf er gestützt ist, der zurükgesunkene Kopf, und die emporgedrängte rechte Schulter geben einen widrigen Anblick. Ueberhaupt hat der Pinsel schwere, beynah undankbare Arbeit, wenn er es unternimmt, nur Schrecken zu malen, ohne das sanfte Mitleid eintreten zu lassen. Ananias, wenn seine in dem Augenblick der Vollendung vorzustellen war, mußte entweder gestreckt zu Boden liegen, oder seine Glieder verkürzen lassen. Die letzte Lage mag wohl künstlicher seyn, weil ihre Ausführung schwerer ist, aber dem Auge widrig mochte wohl eine, wie die andere gewesen seyn.

Die Apostel, welche, wie im halben Kreise umherstehn, äussern alle viel Macht des Geistes, und Stärke der Empfindung über diesen unglücklichen Vorfall, mit jener Mässigung welche das Eigenthum grosser Seelen ist, wenigstens den Gebärden nach verbunden; aber ausserdem haben sie auch nichts empfehlendes. Ihre Miene ist düster, und ihre Züge verrathen den wohlthätigen Charakter nicht, der sie zum besten des Menschengeschlechts beseelt hatte. Nur Johann hat, wie gewöhnlich, eine angenehmere Bildung. Pauls Gesichtszüge wollen mir am wenigsten gefallen: sie sind stürmisch, düster, schreckend; wozu die sträubigen Haare, die aufgeworfenen Lippen, und das Weiß der Augen, so man beynah allein gewahr wird, noch mehr beytragen. Petrus ist so ganz finster nicht, aber kein Strahl des Wohlwollens geht von allen seinen Zügen und Mienen aus.

Die weibliche Figur, die im Hintergrunde sich wendet, und weinend ihr Auge abkehrt, dem schrecklichen Anblick auszulenken, ist schön und überaus sanft: nur schade, daß ihr Mantel, vom Arme hervorgestrekt, die schöne Proportion biegt. Vermuthlich ist sie das Weib des hingestreckten Ananias, so nun bald gleiches Schicksal treffen wird. Unter den Zuschauern sind wirklich schöne Figuren. Ein Jüngling dem Todten gegenüber drückt sein Schrecken sehr gewaltig aus: ich kann nicht sagen, daß es Uebertreibung ist, wenn der Mund nicht etwa zu weit aufsteht: allein auch das wird durch empfehlende Züge seines Angesichts gemildert. Hinter ihm ist eine schöne weibliche Figur, die ihr Schrecken mäßiger und edler ausdrückt, ohne an wahrer Stärke zu verlieren. Die übrigen Figuren an dieser Seite des Gemäldes verdienen keine weitere Zergliederung; sie sind gemein, und füllen die Wand.

Zur linken Seite sind zwey gekrümmte Figuren von sehr guter Zeichnung. Der sich mit der einen Hand am Geländer festhält, hat eine sehr schwere Stellung; aber wie schwer sie auch ist, vergibt sie dennoch der Schönheit nichts: eine Sache, die nur ein Pinsel, wie Raphaels, verbinden kann. Die Krümmung seines Rückens und Arms, wie des zurücktretenden Beines bildet die Figur sehr angenehm. Neben ihm steht eine freygebückte Figur. Ihre Stellung scheint etwas gezwungen, wenn sie nicht etwa die Furcht ausdrücken soll, welche zum Rücktritte verräth, indeß der Vorwitz zum Vortritte ladet. Vier Figuren, welche weiter zurückstehen, sind alle betroffen: aber ihr Schrecken ist immer so lebhaft, daß sie Gefahr liefen, in Karrikatur überzugehen.

Ich schließe hier, lieber Freund, und spare die übrigen 5 Kartone auf mein nächstes Schreiben So bald hoffe ich noch das Vergnügen nicht, sie zu sehen, und die schöne Sammlung in Mannheim zu benützen. Ich bin mit wahrer Hochachtung

Ihr

ganz eigener

Hofstätter.

Etwas über Kunst.

An den Herausgeber des Pfalzbaierischen Museums.

Mannheim den 14ten Sept. 1756.

Diejenigen sind die größten Künstler, welche mit einer ganz eignen Leichtigkeit das Schöne und Gute fühlen und beurtheilen; dabey aber immer von einer gewissen Furcht beherrscht werden, die Welt mit ihren Werken nicht befriedigen zu können. Das Gegentheil kann nur bey einem Menschen Statt haben, der nie von der Schönheit der bildenden Künste etwas fühlte, und doch seine sehr beschränkten Kenntnisse Trotz allem, was von den Künsten Schönes schon ist gesagt worden, zum Nachtheil für Literatur und Kunstverständige auskramt. Viele sprechen und schreiben über Malerey, ohne die ersten Grundsätze zu kennen, worauf die schönste der Künste mit Nutzen und Wahrheit gebaut seyn sollte. Wenigstens sollten jene die Anfangsgründe der Kunst wissen, die es wagen, vor dem Publikum darüber zu sprechen; und alle übrige, die nie über die Oberfläche weggekommen sind, sollten von Ausübung und andern Regeln der Malerey schweigen.

Große Männer haben sich hierin geirrt; wie elend muß also das von einem solchen werden, der Dilettanten bilden will, und Regeln für die Kunst angiebt?

Jede Sache, die der Mensch erschaft oder nachahmt, ist der Maasstab seines Verstandesvermögens; und wer über den Werth einer

Kunst, oder über die Werke eines Gelehrten urtheilen, oder in diesen Wissenschaften sich zum Lehrer aufwerfen will; der muß gründliche Kenntnisse davon haben. Besser wäre es, die Lernbegierigen an das zu verweisen, was schon Nützliches darüber ist gesagt worden. Ohne grossen Fleis und ohne scharfe Beurtheilungskraft erreicht man dieses selten; aber, Leider! scheint solcher bey vielen ausser den Grenzen der Malerey zu liegen; die wenigsten sehen ein, daß man ohne die erste Stufe die letzte nicht erreichen kann. Die Philosophie begleitet selten mehr die Kunst. Sie wird meistens als Handwerk behandelt. Der materielle und thierische Geschmack der Menschen beweist hinlänglich, wie schwer es ihnen ist, eine für die Seele schaffende Kunst zu fühlen. — „Plinius sagt; die Künste sind nur für den „Gottesdienst, für die Erhaltung des Andenkens der Helden, oder für die Verbesserung „der Leidenschaften und für die Begeisterung „der Tugend gemacht.“ Man urtheile also nicht, wenn man nicht Kenntnisse genug besitzt.

In Griechenland erreichten die Künste nicht sowohl unter, als durch Perikles und Alexander die höchste Stufe. Diese grossen Männer suchten dem menschlichen Geiste die Künste nothwendig zu machen; denn sie sahen ein, daß sie dem Geiste den wahren Werth, der Nation Würde und Unsterblichkeit gaben. Noch ist die Malerey, wie in Griechenland, das Vergnügen der Menschen, nur sparsamer und eingeschränkter. Die schönste der Künste, die durch Nachahmung die Natur veredelt, und wie Cicero sagt, weit sicherer führt, als die Natur hat einen Theil meines Lebens willig zum Opfer erhalten; auch der andere Theil soll ihr, ohne das Geringste davon zu entziehen, geweiht seyn.

Dank dem Schicksale, das uns so viele Kunstsachen der Alten erhalten hat! Wir können zwar nicht behaupten, daß wir die wahren Originale der Griechen besitzen: und doch überzeugt uns das, was zu uns gekommen ist, von ihrer Vortreflichkeit; wir sehen, wie weit wir noch von diesen zurück sind, und wie tief vielleicht diese noch unter den Originalen sind. Die Römer erwiesen den Künsten die gehörige Achtung nicht; die meisten Kunstwerke wurden von Sklaven verfertiget oder nachgeahmt. Auch jetzt noch halten es Leute, die sich über den Bürgerstand erhaben dünken, für eine

Schande, ihre Söhne dieser oder den andern Künsten zu widmen. Viele Fürsten unterhalten Künstler, nicht wegen dem Nutzen oder Werthe des Mannes; sondern aus Stolz oder weil es so Mode ist.

Selbst der Verstand verscheucht nicht immer die Barbarey. Cato lies in Cypern alle Statuen öffentlich verkaufen; nur die Statue des Philosophen Zeno verschonte er.

Künstler! kommt von den Nebenwegen zurück; schöpfet aus der reinsten Quelle; studiret die Antiken und die Natur. Ihr, die ihr schon grosse Schritte in der Kunst gemacht habt, nähert euch dem Heiligthume, und sucht eure Kunst erhabnen Wesen ähnlich zu machen! Verlaßt die Nebenwege, welche einige gegangen sind, weil sie auf dem wahren Wege zu viele Schwierigkeiten fanden, und deswegen mit hundert und funfzig Regeln die Kunst belästigten.

Die Griechen liebten die Vorstellung unbelebter Dinge nicht. Selbst Plinius und Vetruv, die doch nur Römer waren, haßten den verdorbenen Geschmack an Grotesken und arabesken Landschaften, Aussichten, Seestücken u d. gl. Man sollte glauben, daß durch die Länge der Zeit, und öftere Ueberspannung dieser falsche Geschmack endlich die harmonisch griechische Gestalt wieder annehmen würde: allein wie lassen sich die vielen schlechten Organisationen der Künstler und Vorsteher der Künste erhöhen und verfeinern? Zeiten, Klima und Mischung sind physische und sittliche Ursachen, welche die Menschen so verändert haben und noch vielfältig verändern werden. Nun so wollen wir denn nicht streben, um mit den meisten in Friede zu leben, sie von der Gradation ihrer Kunst zu überzeugen, sondern sie bey den verschiedenen privilegirten und conventionirten Arten ihres Geschmackes ruhig lassen.

Ihr

Ergebener

Langenhöffel.

Schreiben des Consulats von Cadix an Se. Excellenz Herrn Grafen von Fernan-Nunnez königl. spanischen Bothschafter an dem Hofe zu Lissabon, bey Gelegenheit eines lezterem übersendeten Geschenks, für die bey Rettung des untergegangenen Schiffes St. Pedro d'Alcantara geführte Obsorge; samt dessen Beantwortung aus dem Spanischen von einem Freunde des Herrn Grafen.

Euer Excellenz!

Die billige Dankbarkeit, mit welcher unser Konsulat und Handelstand E. E. verbunden ist, bewog selbige, vor die Füsse Sr. Majestät des Königs einen kleinen Abriß desjenigen niederzulegen, was Dieselben durch den Eifer, die Standhaftigkeit, die Klugheit und das Schickliche ihrer getroffenen Maaßregeln bey den Unternehmungen zu Peniche, und bey dem Hofe zu Lissabon selbst, zur Herausziehung der Schätze, welche das Schiff des Königs St. Pedro d'Alcantara führte, und zu deren Zurückbringung auf unsern Handelsplatz beygetragen haben, zugleich aber auch S. M. zu ersuchen, daß Selbige unserer Gesellschaft zu gestatten geruhen möchten, ihre Erkenntlichkeit durch einen geringen Beweis an den Tag zu legen.

Dieses Gesuch nun haben S M. für billig erkannt und uns Dero königl. Genehmigung unterm 31. Oct. bekannt machen lassen, welche allein unser geringes Geschenk der Annahme würdig machen kann, und uns hoffen läßt, daß E. E. nach Dero tiefen Einsichten dieses Unternehmen als eine gutgemeinte Wirkung der Verbindlichkeiten ansehen werden, welche uns die Dankbarkeit, die empfangenen Wohlthaten, und die Ehrfurcht auflegen, und daß Dieselben uns Dero Wohlwollen und Gnade ferner angedeyhen lassen, auch aus der Hand unseres Deputirten Don Pedro de Urraco, dem wir hierzu gemessenen Auftrag ertheilen, den geringen Beweis anzunehmen geruhen werden, welchen unser Handelsstand als ein Kennzeichen von der Fortdauer seiner dankbaren Gesinnungen abzulegen sich bemühet. Gott erhalte E. E. viele Jahre.

Cadix den 7ten Novbr. 1786.

Isidoro de la Torre

Juan Felipo von Oyanzaval und Oloscoada

Francisco del Valle.

Antwort des Herrn Grafen Fernan Nunnez.

Das Vertrauen welches ich von Sr. Majestät verdienet habe, da Selbige die Angelegenheit von Peniche gänzlich meiner Obsorge in diesem Königreiche überlassen haben, und der Antheil, welchen nicht nur jeder Spanier, sondern der ganze Handel von Europa und Amerika an der Rettung so beträchtlicher Reichthümer nahm, waren mehr als hinlängliche Beweggründe um die Kräfte, selbst des lauesten Eifers, zu thätiger Vollziehung eines so wichtigen Auftrages anzufeuern. Der Anblik, daß nach fünf Monaten, seit welchen die Arbeit des Untertauchens angefangen worden, der Verlust sich nur auf fünf von hundert belief, ohne daß bis dahin, noch nachher auch nur die mindeste Uneinigkeit zwischen den Spaniern und Portugiesen von Peniche vorgefallen wäre, ist die wahrhafteste und aufrichtigste Lobrede auf die Gutherzigkeit der Einwohner dieses Orts, und der Unterthanen des Königs unsers Herrn welche sich allda befunden haben, auf die klugen Maaßregeln beyder Souverains und ihrer Minister, auf den Eifer aller die hier angestellt waren, und auf die Thätigkeit und Kenntniße des Brigadier Don Francisco Munnoz und seiner Untergebenen, welchen man, nächst Gott, diese Herauszziehung die wir bewundern zu verdanken hat, und von deren glücklichen Erfolg es vielleicht kein Beyspiel giebt. Diese Genugthuung, und da ich versichert war, daß Se. Majestät, die Nation, und Ihr Handelstand von dem Augenblicke an aus den Vortheilen des Umlaufes dessen was gerettet ward Nutzen schöpfen, wie ich solches dem Könige in meinem Schreiben vom 11 Febr. vorgestellet habe, und den geringen Antheil, welchen ich zu Ihrer Unterstützung beytrug, erkannten, war für mich die vollkommenste Genugthuung und würdigste Belohnung.

Da dem ohnerachtet Eure Herrlichkeiten suchen mir einen Beweis Ihrer Dankbarkeit und Ihrer freundschaftlichen Gesinnungen zu geben, und mir in Ihrem Schreiben vom 7 Novemb. melden, daß Sie dieserhalb um die Erlaubniß bey dem Könige unserm Herrn angesucht, Ihnen auch der Minister von Indien benachrichtiget habe, daß dieser Entschluß Sr. Maj. sehr billig scheine, und Dero königliche Begnehmigung verdiene; so habe ich ohnerachtet ich bis jetzt noch keine Nachricht vom Hofe erhalten habe, mich nach diesen königlichen Gesinnungen fügend, von dem Deputirten Don Pedro Urraco gestern zwey kostbare, von dem berühmten Maler Don Juan Pullements gemalte Schildereyen angenommen, deren eines den Schiffbruch, das andere die Arbeiten des Untertauchens, welchen man die Rettung dieser Reichthümer zu verdanken hat, vorstellet. Der Werth dieser kostbaren Originale wird noch durch die ehrenvollen Innschriften, mit welchen E. H. mir solche zuzueignen belieben, erhöhet, für welches alles ich ernanntem Deputirten auf alle mir nur mögliche Art meine Dankbarkeit und Erkenntlichkeit an den Tag geleget habe. Meine Ueberraschung war nicht gering, als ich nachher erkannte, daß die Stangen, welche auf der Rückseite eines jeden Rahmens sich befinden, und aus welchen zwey Ringe von dem nämlichen Metall zum Aufhängen hervorgehen, von Gold sind, und, wie man mich berichtet hat, 120000 Realen *) an innerm Werthe halten. Diese Pracht, so sehr sie auch der großmüthigen Denkungsart Ihrer Erlauchten Gesellschaft angemessen ist, vermehret dennoch keineswegs den Werth des Andenkens, welches ich E. H. schuldig bin, und da diese Summe ein von dem widrigen Schicksal einiger ehrenvollen und unglücklichen Unterthanen unsers allerdurchleuchtigsten Landesherrn erwachsener Nutzen ist, so scheint es mir sehr billig, selbige zu einer Wohlthat für eben diese Unterthanen umzuwandeln. Ich habe daher solche alsogleich bestimmet, eine alte kleine unbrauchbare und eingegangene milde Stiftung auf meiner Herrschaft Fernan-Nunnez wieder aufzubauen, und die Errichtung eines von mir in der erhabensten Gegend nahe bey diesem Ort ausgezeichneten Gottesackers anzufangen. Die Erfahrung der in den lezten zwey Jahren wüthenden ansteckenden Krankheit hat mein Ver-

*) 1440 fl. Reichwährung.

langen vermehret, diese beyden Stiftungen zu Stande zu bringen, auf welche ich seit langer Zeit vergeblich bedacht war, da mir deren äusserste Nothwendigkeit vor Augen lag.

Die zwey Originalgemälde werden zum Andenken der That sowohl, als meiner Dankbarkeit als ein Fideikommiß bey meinem Hause verbleiben. Ich werde davon zwey Kupferplatten durch einen der Mitglieder der Akademien von St Fernando stechen lassen, um hievon zwey Kupferstiche, einen unter dem Titel: Das unvorhergesehene Unglück, den andern: Das unverhoffte Glück, zu verfertigen, wodurch dem bekannten Verdienst des Malers die schuldige Gerechtigkeit wiederfahren, und nicht nur das Verdienst unserer Professoren, sondern auch meine Erkenntlichkeit für diesen so wohl ausgedachten Beweis Ihrer Zuneigung, wodurch Sie mich Ihrem gesammten Handelsstande verbindlich gemacht haben, bekannt werden wird. Sobald diese Kupferstiche beendiget sind, werde ich Exemplare zur Austheilung unter Ihre vornehmsten Mitglieder übersenden.

Diese einfache Erzählung und die Ausführung selbst, hoffe ich, werden E. Herrlichk. mehr als alle Ausdrücke, deren ich mich bedienen könnte, überzeugen, wie hoch ich Dero Andenken und den Werth, welchen Sie in das Verdienst setzen, das Sie mir zueignen, und das ich bey diesem unglücklichen Vorfalle wirklich zu haben wünschte, zu schätzen weiß. Mein eifrigster Wunsch wird jederzeit seyn, angenehmere Gelegenheiten, als die vergangene war, zu finden, in welchen ich zu dem Wohlstand und Beförderung des allgemeinen Handels der Nation, von welchem Ihre ehrwürdige Gesellschaft einen so wesentlichen Theil ausmacht, beyzutragen vermag. Gott erhalte E. H. viele Jahre, wie ich wünsche. Lissabon den 7. Jäner 1787.

Graf von Fernan-Nunnez.

Ehmals und itzt.

Einst schwebten meine Tage,
So froh und leicht dahin:
Kein Unmuth, keine Klage,
Kam je mir in den Sinn;
Doch seit mich Rosamunde
So freundlich angeblickt,
Hat bis auf diese Stunde
Mich gar nichts mehr entzückt.

Sonst war die Morgensonne,
Der Vögel zwitschernd Chor
Dem heitern Auge Wonne
Und süsse Lust dem Ohr.
Itzt such' ich dunkle Gänge;
Kaum lausch ich noch dem Schall
Der rührenden Gesänge
Der trauten Nachtigall.

Bey meinem Eintritt lachte
Sonst jedermann das Herz;
Denn was ich sprach und dachte,
War Munterkeit und Scherz:
Itzt siz' ich stumm und trübe
Oft halbe Tage lang,

Und fragt man: was ich triebe?
So wird mir angst und bang.

Kaum streckt auf meinem Lager
Ich sonst mich hin zur Ruh,
So schob Freund Hainens Schwager
Mir sanft die Augen zu:
Itzt ruf ich Ihn vergebens;
So manche lange Nacht
Wird, o des Jammerlebens!
In Seufzern durchgewacht.

Du fragst mich, was mir fehlet?
Was mir die Wange bleicht?
O Liebe, was mich quälet
Ist dir zu lindern leicht!
Dein Blick, o Rosamunde
— Erriethst du es denn nie? —
Dein Blick schlug diese Wunde,
Dein Kuß nur heilet sie!

Chr. Creuzer.

Nach bekannter Melodey.

Ich bin dein
Du bist mein
Niemand soll uns scheiden;
Denn in dir
Blühen mir
Aller Himmel Freuden.

Täglich neu,
Stark und treu
Lieben unsre Seelen;
Und es muß
Jeder Kuß
Uns aufs neu vermählen.

Ewiglich
Hab ich mich
Dein zu seyn verschworen.
O ich war
Offenbar
Nur für dich geboren.

Keinen Schmerz
Kennt mein Herz
Als dich einst zu missen.

Könnt ich doch
Jenseits noch
Ueberm Grab dich küssen!

Chr. Creuzer.

Als Sie zu kommen versprochen hatte.

Eilt doch, langsame Minuten,
Lauft ein bisgen schneller nur!
Könnt Ihr ihn denn nicht vermuthen
Meiner Holden, Herzensguten,
Meiner Vielgeliebten Schwur?

Aller Himmel Seligkeiten
Winken mir in diesem Schwur.
Götter müßten mich beneiden,
Kennten Sie von meinen Freuden
Ach! ein Tausendtheilchen nur!

Eilt doch, schläfrige Sekunden,
Lauft, so schnell ihr laufen könnt!
Still! — Sie kömmt! — Itzt, ihr Sekunden
Zögert, werdet ganze Stunden,
Ganze Tage, wenn ihr könnt!

von Dems.

Liebesglück.

Nach dem Französischen des Ritters Florian.

Der Liebe Glück währt einen Augenblick;
Der Liebe Kummer währt durchs ganze Leben.
Ich hätt um Phyllis alles hingegeben!
Sie läßt um eines andern mich zurück!
O Liebestaumel! kurzer Augenblick
Dein Gram und Kummer folgt durchs ganze Leben!

So lange, sprach Sie, hier dies Bächlein rinnt,
Schlägt dieses Herz für dich allein, mein Leben!
Längst hat sie's einem andern hingegeben:
Das gute Bächlein immerzu noch rinnt.
Der Liebe Glück verweht der leichtste Wind:
Der Liebe Kummer endigt mit dem Leben.

von Dems.

An Schloßer.

Emmendingen bei Freiburg,
den 28. Sept. 1786.

O Freund, die Stürme werden wach;
Schon geht der Herbst auf welken Matten,
Schon dünner sind der Bäume Schatten,
Und deiner Laube grünes Dach;
Es scheint der helle **Mühlenbach**,
Mit ihm die **Bretma** sich zu grämen
Daß von den Ufern allgemach
Die Blümlein ihren Abschied nehmen.
Siehst du den öden, grauen Wald
In Nebelwolken sich verstecken?
Er wird mit seinen Blättern bald
Der Erde nakten Schooß bedecken.
Dann schweiget auch der Winzer Lied,
Dann flüstern die entlaubten Reben
Auf kahlem Hügel ohne Leben,
Von dem die letzte Wonne flieht.
Nach wenig Monden schmücket zwar,
Umweht von blüthenvollen Aesten,
Zum Maygesang, zu Frühlingsfesten
Mit neuen Veilchen sich das Jahr;
Ach, aber von den besten Freuden

Wie viele, die auf immer scheiden!
Geschwinder, als das Grün der Weiden,
Verwelket unser liebstes Glück;
Und keine Sonne bringts zurück!
Was sollen mir die Veilchen alle,
Mit denen sich der Hügel krönt,
Wenn in den Thälern, wo ich walle,
Nicht mehr des Freundes Stimme tönt?
Was hilft der Mond im Silberschleyer,
Der auf die junge Blüthenpracht
So schön vom blauen Himmel lacht?
Mir fehlt zur neuen Frühlingsfeyer
Der Jugend holder Genius;
Und mehr als das: ein Götterkuß
Der Muse, zum Gesang der Leier.
Vergieb, o Freund! ich klage nicht;
Will nur die weisen Männer schelten,
Die, täuschte mich ihr falsches Licht,
Da, wo das Schicksal Dornen flicht,
Den Trost des Lebens mir vergällten;
Die großen Lehrer unsrer Zeit,
Die aller Menschen Seligkeit
Ein kurzes flüchtiges Ergötzen
An Erdenglück, zur Gränze setzen;
Die jedes Ahnden beßrer Lust,
In reiner, liebevoller Brust,

Geringer als ein Mährchen schätzen;
Und dessen lachen, welcher kühn
Von Rosen, die so schnell verblühn,
Von schönen Lippen, die erblassen,
Von Freunden, die uns einsam lassen,
Der Wehmuth, stummen Blick erhebt,
Und weiter forscht, und höher strebt.
Sie spotten seines Wahns, und schwätzen
Von allbelebender Natur,
Und ihren ewigen Gesetzen.
Was einst ein weisrer Epikur
Mit seinen trauten Schülern nur
In der geweihten Laube sprach,
Das lallen sie verstümmelt nach.
Wir aber, Freund, wir folgen besser
Zum mindsten treuer, jeder Spur
Der uns belehrenden Natur.
Ein sanfter rauschendes Gewässer,
Ein lindes Wehen durch die Flur,
Bey Sonnen- Auf- und Untergang;
Der Nachtigallen Brautgesang
Beseligt uns auf goldnen Auen;
Daß überall, wo Büsche thauen,
Wo Lüfte säuseln, wir den Gang
Des Unsichtbaren, und mit Dank,

Mit Kinderglauben und Vertrauen
Ein Vorbild künftger Wonne schauen.

Das können jene Grübler nie;
Voll kalter Zweifel wandeln sie
Vertieft in hochgelehrte Fragen,
Zu stolz, an unsrer Hand zu gehn,
Und was uns Thier und Pflanze sagen,
In seiner Einfalt zu verstehn.
Indeß verkünden Pflanz' und Thier,
Auf Bergen, und in Hölen mir
Die große Mutter, deren Hülle
Kein Sterblicher noch aufgedeckt;
Sie die zum Leben alles weckt
Und zum Genuß; die alles nährt,
Und was der kleinste Wurm begehrt,
Begehren kann, aus ihrer Fülle
Mit immer ofnen Händen giebt;
Was jedes sucht, was jedes liebt,
Und lieben kann, ihm beygesellt;
Dazu den Blick in ihre Welt
Dem Falken mehr, dem Maulwurf minder
Geschärfet hat; die Kräfte wägt,
Und nicht in eines ihrer Kinder
Ein trügendes Bedürfniß legt.

Wann sahen wir das Vöglein darben,
Das nimmer sät, das keine Garben
Zur Erndtezeit in Scheuren trägt?
Die Lerche singt, der Finke schlägt,
Weil Liebe sich in ihnen regt,
Im Waizenfeld, im Eichenschatten;
Und beyde finden ihren Gatten.
Wenn dann, wo sie der Wipfel hegt,
Ein angetrautes Paar, zum Neste
Sich den verborgensten der Aeste,
Voll süsser Ahndung auserwählt;
So hat an Moos und Stroh und Reisern
Es nie zu ihren kleinen Häusern,
Noch an des Meisters Kunst gefehlt.
Sogar des Epheus dunkler Traum,
Das schwankend sich nach Hülfe sehnet,
Ist nicht umsonst; das Epheu lehnet
Sich an den nachbarlichen Baum.

So, Freund, so lehrte dich und mich
Natur, die alles mütterlich
Vertheilt; zu seinen Würgerklauen
Dem Tiger Durst nach Blute gab;
Den schwachen Lämmern auf den Auen
Geduld, und Schutz, und Hirtenstab;
Die fernes Aas den Raben wittern,

Das Küchlein vor dem Habicht zittern,
Und Storch und Hänne brüten lies;
Die selber einst, bekränzt mit Aehren,
Um ihren Liebling zu ernähren,
Ihm Karst und Pflug und Sichel wies;
Ihn, keichend sich zur Erde bücken,
Dann aufwärts von den Dornen blicken
Zum Himmel beten, Paradies,
Und, wo die Blumen Gräber schmücken,
Unsterblichkeit erwarten hieß.

Mag spotten, wer da will? Ich glaube
Der nimmer täuschenden Natur,
Die auch dem Käfer, tief im Staube,
Nicht log. In Wüsten auf der Flur,
Wo Zweig, und Gras und Halm gebähren
Will sie den unzählbaren Heeren
Was jegliches bedarf gewähren;
Und er, der Mensch, er solte nur
Des Beßren, was er wünscht, entbehren?
Natur, die Mutter, so verstehn,
Das heißt: ihr großes Wort verdrehn,
Ihr heiligstes Geschenk belachen,
Und sein Gefühl zur Lüge machen.

Laß mich an Deiner Seite gehn;
An Deinem treuen Arm, o lieber,
Aus dieser schönen Welt hinüber
In schönre Gotteswelten sehn!

J. G. Jakobi.

Der Invalide am Sarge Friedrichs des Zweyten 1786.

Da liegt Er, der zur Schlacht uns führte,
Blaß, schweigend, und erstarrt!
Was läuft so heiß mir über'n Backen,
Und bebt am grauen Bart?

Ist's eine Thräne? — ja; — ich weinte
Doch längstens keine mehr;
Beym Grabe Dessaus fiel die letzte,
Doch die ist brennender.

Das Adlerauge zugeschlossen
Liegt Er, als schlief Er, da;
Das Aug', das blitzend auf die Feinde,
Mild auf die Seinen sah.

Das Heldenauge, das uns lehrte
Dem Tod' in's Antlitz sehn;

Der

Der Siegerlohn, der Wundenbalsam,
Der Trost der Sterbenden.

Schöß' es auf meine morschen Knochen
Ach nur noch einen Blick!
Bey Gott! es riß mich schwachen Greisen,
Vom Grabe noch zurück.

Zu fest schloß es der Tod! — ach schlöß er
Auch meins am Sarge hier!
Fest stand ich Fritz! mit Dir im Felde,
Froh fiel ich auch mit Dir!

Johann Friedrich, Freiherr
Binder von Kriegistein.

Der Spleen.

Trank und Speise, Schlaf und Sorgen,
Ewigs, ewigs Einerley!
So giengs Heute, so gehts Morgen,
So kriecht unsre Zeit vorbey.

Was sind dieses Lebens Freuden?
Ach ein einz'ger Frühlingstag
Gegen all das Heer der Leiden.
Wer das fühlt und leben mag!

Zwar ich liebte, wonnetrunken
  War ich, doch bald schwand der Traum!
Spricht ein Aug auch Feuerfunken,
  Fühl ich's leider jetzo kaum.

Auch der Ehre Rose pflückte
  Ich, trotz aller Dornen Drohn;
Kaum daß ich an's Herz sie drückte,
  Ach da welkte sie auch schon!

Doch sie sollte frisch noch prangen,
  Was hätt ich auch deß Gewinn?
Nach der Ehre Rosen langen
  Tausende durch Dornen hin.

Wie wenn ich mich gleich erschösse?
  Das nur schaft God dam! mir Rath. —
Ja, wenn mich's nur nicht verdrösse
  Daß schon mancher das auch that.

von Dems.

Auf eine geraubte Nelke, an meinen Freund D*zi. 1786. *)

Sie stand, kaum reif, mit holdem Reiz'
Von der Natur geschmückt.
Wer gab das Recht Dir, daß Du Sie
So lieblos abgepflückt?

Und kurz war Sie — die Lebensfrist,
Die ihr das Schicksal gab!
Da schnittst Du in der Mitte keck
Den Lebensfaden ab.

Ein Mädchen, fünfzehn Jahr erst alt,
Begoß sie spät und früh,
Denn ihres Gärtchens Zierde war
Und ihre Freude sie.

*) D*zi und ich wohnten zusammen; er brach immer die Nelken die vor seinem Fenster im Garten unsers Freunds wuchsen, ab. Ich zankt ihn drüber aus, er aber versetzte ich sollte das in Versen thun. Er gieng, ich thats. Als er zu Haus kam, fand er dies Gedicht auf seinem Pulte, und ich bey meiner Rückkehr auf die Nacht seine nachstehende Antwort, samt der Melodie für beyde Gedichte auf meinem.

Ein Veilchen noch, und hin ist sie
 Die schöne, goldne Zeit,
Da 's Gärtchen, und ihr Hündchen sie
 Und eine Nelke freut.

Der Liebe Rosenduft verschlingt
 Sie dann mit Nas' und Mund,
Der Liebe Rose pflückt sie, reißt
 Sich Hand und Herzchen wund.

Und langsam heilt die Wunde nur,
 Die ihr die Liebe gab,
Und Narb, und Schmerzen folgen ihr
 Vielleicht bis in das Grab.

Ach sieh die Nelke, sieh herab!
 Sie welkt an Deiner Brust!
Und lebte, pflücktest du sie nicht,
 Und wär des Mädchens Lust.

Antwort.

Jung war sie noch, schön blühte sie,
 Und ich, ich schnitt sie ab.
Doch schöner blüht das Mädchen noch,
 Dem ich die Nelke gab.

Unschuldig ist sie wie die Blum',
Und angenehm wie sie,
Verblühe Nelke immerhin!
Des Mädchens Unschuld nie.

Der Nelke Schicksal ist, sie blüht,
Sie duftet und — vergeht.
Der Mensch kömmt, leidet, handelt, denkt,
Er fühlt, geniest, und geht.

Und ist die Nelke einst verblüht,
Wer denkt der Nelke mehr?
Doch war der Mensch fromm, treu, und gut,
So lohnt ihn Gott der Herr.

Der Blume Raub war für das Kind
Wohl ein so grosser Schmerz,
Doch die, der ich die Nelke gab
Die stahl mir gar mein Herz.

Die Nelke Freund bedauerst Du,
Sie stirbt an Lottchens Brust.
An diesem Orte stürb ich nie
Es wäre denn vor Lust.

Franz Danzi.

München, den 20sten Wonnemond 1787.

Oft denk ich an die goldne Zeit, wo Mädchen schön
Und gut und sanft und edel, wie sie Theokrit
Geschildert, Phidias gebildet, Liebe,
Nur Liebe band an Jünglinge von gleichem Werth;
Da denk ich mir ein Gartenländchen, angebaut
Nach eigner Phantasie so eines holden Paars,
Das, hellen Geists und glühenden Gefühls,
Jetzt die Natur in jedem eignen Reize,
Jetzt durch den Zauber jeder feinen Kunst genießt;
Dann seh ich unter Blüthen, früh entlockt
Dem Pfirsingzweig und unter jungen Blumen
Die Früchte süsser Lieb' an blühender Gestalt
Den Genien des Frühlings gleich, und hierinn
Des Glücks und wahrer Freuden Fülle; o so wars
Nur einst, und so ists nicht mehr, dacht ich heut,
Als ich am schönen Morgen Biederstein *) erblickt,

*) Ein Lustgarten des Herren geheimen Kabinetssekretärs und Regierungs-Rathes von Stengel.

Und alles, alles wie ichs phantasirte,
Hier wirklich sah. Nie, sprach ich jetzt, nein, nie
War eine goldne Zeit; mit solchen Scenen
In der Natur nur einzeln, schmückten Bion
Und Theokrit und Geßner ihre Einbildung
Und bauten ihre schöne Idealenwelt.

Kl.

☆☆☆☆☆☆☆☆☆☆☆☆☆☆☆☆☆☆☆☆☆☆☆☆

An den Herausgeber des Museum die weibliche Erziehungs-Anstalt zu Schnepfenthal betreffend.

Sie haben sich um jene Anstalt gewiß sehr verdient gemacht, durch Bekanntmachung der Nachricht, welche ihr Daseyn anzeigt. Auch in Ihrer Gegend lernt man nun die Existenz eines Instituts, das vielleicht das einzige und erste in seiner Art ist, kennen. So weit ich Deutschland kenne, ist noch nirgends eine männliche mit einer weiblichen Erziehungsanstalt verbunden — unter so günstigen Umständen verbunden. Sie müßten das Lokale selbst gesehen haben, um sich davon zu überzeugen. Die Gegend hat mich entzückt, und das Freye, Offne derselben, war auch Gepräge der Kinder. Sie finden hier Familien und Erziehung, ländliche Unverdorbenheit, städtische Kenntnisse, jenen freyen Geist und guten, bescheidnen Sinn auf dieser Jugend ruhen, unter dessen wohlthätigem Einfluß der Mensch so leicht zu etwas Edlem reifen kann. Prof. Salzmann hat in der Stiftung dieser Anstalt ein Meisterstück, in vieler Rücksicht, geliefert. Er ist unermüdet zu ihrer Vervollkommung wircksam, und die Meynung sehr irrig, daß er keinen Antheil mehr an derselben nehme. Vermuthlich ist dies ein Mißverständniß. Rath Andre, der sich in einem eignen Hause ganz mit der Bildung seiner weiblichen Zöglinge beschäftigt, konnte dabey zugleich nicht länger den Knaben vorstehen und hat daher an der Erziehung derselben weiter keinen Antheil, ob er, ihnen gleich noch Unterricht ertheilt.

Auch ist es von beyden ein unrichtiges Vorurtheil, daß sie keine Zöglinge mehr annähmen. Es sind allerdings noch Plätze offen; wiewohl nur wenige. Dabey kann ich mich der Frage nicht enthalten: Woher es wohl komme, daß unsre guten Erziehungsanstalten in Niederdeutschland so wenig von Oberdeutschen genützt werden, da es doch dort am allermeisten, an solchen fehlt? Sie haben wenigstens als Patriot der Pfalz und Baiern das Gute im Aussenlande bekannt gemacht. Es benutzen, dazu gehört eben so viel Patriotismus. Die Früchte einer guten Erziehung erndtet doch das Vaterland am ehesten.

Ich bin ꝛc.

Schreiben

Ihrer Majestät der Kaiserinn von Rußland an den Herrn Statthalter von Erfurt, Freyherrn von Dalberg, als derselbe zum Coadjutor von Mainz erwählt worden war.

Monsieur le Coadjuteur!

Toutes les voix réunies en faveur du mérite prouvent, que le Chapitre, que vous a elû est parfaitement bien composé; Votre élevation lui fait honneur; la part que j'y prens repond à mon estime, qui vous est acquise depuis longtems.

à Kiovie le 11. Avril 1787.

Catharine.

Auf des berühmten Dr. Stoll Tod erschien ein Gedicht, mit folgender Vorrede:

Wien hat einen fast unersetzlichen Verlust erlitten. Ganz Deutschland wird an dem Tode des grossen Mannes Antheil nehmen, der die Arzneykunst auf einen so hohen Grad brachte, daß sie die Stufe der Vollkommenheit erreicht zu haben schien, und die allgemeine Aufmerksamkeit der Aerzte Europens auf sich zog. Wie viele Schüler hat Stoll nicht gebildet! Er scheute keine Mühe, keine Gefahr; Er war Menschenfreund zu jeder Zeit, mitleidig gegen andere, nur gegen sich schien er kein Mitleid zu haben, indem er seine Geisteskräfte nicht schonte, und so das Opfer der Menschenliebe ward. Bey seinen ausgebreiteten Kenntnissen in der Arzneykunde, verstand er noch die griechische Sprache und las die klassischen Schriftsteller dabey. Er ist dem allgemeinen Besten leider! zu früh entrissen worden. Der Himmel gebe nicht, daß sein Verlust unersetzlich sey. Nur einige Blumen will ich auf sein Grab streuen, dann weggehen und im Stillen den Verlust beweinen, den Wien, Deutschland, die Menschheit erlitten hat.

Das Gedicht endigt sich:

Ein stummer Seufzer sagt: Er ist dahin!
Ihr Schüler weint,
Er war zum Lehrer euch geboren.
Ihr Menschen weint.
Ihr habt den Menschenfreund verloren!

Als Mlle Boudet d. ä. in dem Singspiel **Helena und Paris** den Amor ganz vortreflich spielte, schrieb ein vornehmer Kenner in der Loge folgende Verse, die von Personen vom ersten Range unterschrieben wurden, und schickte ihr solche nach der Vorstellung:

In der Lieb' Gewand gehüllet
Sah Dich Paphos Königinn;
Wähnt den holden Sohn zu sehen,
Sandt die süße Mutterblicke.
Amor lächelnd merkt die Täuschung —

Leiht Dir seinen Pfeil und Köcher,
Küsset Dich, und eilt davon.
Loses Mädchen! und die Pfeile
Sandtest Du in unsre Herzen,
Alles fühlt der Liebe Flammen,
Alles liebt den schönen Amor.

G . . g.
B . . n.
D . . g.

An die Gräfinnen von Fries,
nach der Vorstellung eines Lustspiels auf einem Gesellschaftstheater.

Der Jaquet Withöft *) Kunst, und Warheit und Natur,
Den edeln Anstand und die holden Grazien
Hab ich vereint in Göttinnen der Griechen nur,
Und heut, Bewunderte! in Ihrem Spiel gesehn.

Wien den 29. Apr. 1787.

Kl.

Den 16ten Juny 1787.

Ich träumte mich heut ins Elisium,
Sah mich nach jedem grossen Mann der Vorwelt um;

*) In Mannheim.

Wo sind, fragt' ich die Muse, die mir jeden wies,
Apollo's Günstlinge, die weisen Medicis?
Noch dort, wo man sie unterm Namen Dalberg kennt,
Der Höchste Reichsfürst einen jetzt Gehülfen nennt.

Kl.

Ankündigungen.

I.

Herr Huck, aus Düsseldorf, ein Künstler, der durch vortrefliche Werke in der Schabekunst schon sich bekannt gemacht hat, kündigt das Porträt Sr. Kurfürstl. Durchlaucht zu Pfalzbaiern nach Pompejus Battoni in englischer Schwarzkunst gestochen, an. Der Preis ist für die Subscribenten für einen Abdruck ohne Unterschrift, welche die ersten und schönsten sind, 16 fl. 30 kr., und für einen mit Unterschrift 11 fl. Bey Unterzeichnung des Namens wird die Hälfte der Summe erlegt. Die Subscription dauert bis Ende Septembers; dann ist der Ladenpreis von den ersten 22 fl., und von den letztern 15 fl. Noch im December werden die Abdrücke geliefert. Die Herausgeber der ausländischen schönen Geister nehmen auf dieses schöne Werk mit Vergnügen Subscription an.

2.

Allgemeine Weltgeschichte in Kupfern ist in Wien ganz neu erschienen. Die Gegenstände der Bilder sind die wichtigsten Thaten, die nützlichsten Erfindungen, und die Bildnisse berühmter Personen. Erdbeschreibung wird nach Erforderung mit dem Werke verbunden. Jede Woche werden 4 Kupfer in Octav geliefert, und der Preis ist frey bis Mannheim 6 kr. Ein Landkärtchen in 4. gilt statt 2 andere Blätter. Die Landkarten sticht Hr. Aßner; die Kupfer die Herren Alberti, Junker, Kohl, Mansfeld rc. deren Verdienste, als Künstler, schon so vortheilhaft bekannt sind. Die Erklärungen und alle gestochene Titelblätter werden heftenweise geliefert. Der allgemeine Nutzen, den dies Werk der Aufklärung, dem Unterricht der Jugend, und in Erwerbung nützlicher und nöthiger Kenntnisse verschaft, leuchtet hinlänglich vor. Die Herausgeber der ausländischen schönen Geister nehmen gleichfalls Subscription an.

3.

Sämtliche Gedichte von Herrn Gottlieb Leon, Official an der k. k. Hofbibliotheck in Wien.

Die Gedichte des Herrn Leon sind schon lange durch die Wienerischen, Bürgerischen, Vossischen Musenalmanache sowohl, als das deutsche Museum und andere Journale bekannt. Der Beyfall, den sie einzeln erhielten, bewog Herrn Leon sie zu sammeln, und nun die Sammlung, ungefehr 20 Bogen stark, auf Pränumeration herausgegeben. Schöne Sprache, leichte Versification, glücklich gewählte Gegenstände entscheiden ganz für diese Gedichte. Die Herausgeber der ausländischen schönen Geister nehmen darauf Pränumeration an. Die Pränumerationszeit dauert bis Ende Octobers dieses Jahrs, und der Preis ist 1 fl. 24 kr. frey bis Mannheim. Nachher aber ist der Ladenpreis 1 fl. 45 kr.

4.

Herr Casp. Frid. Jänzsch in Oldisleben kündigt eine Schrift an, die bis Johannistag d. J. erscheinen wird. Sie führt den Titel: Der Bösewicht, oder man beurtheile mich selbst. Das Werk wird in drey Bände getheilt, der erste Band enthält die Geschichte des Bösewichts, die voll von interessanten und unterhaltenden Auftritten ist. Der 2te Band wird in 4 Abschnitte getheilt, und enthält 1) den Wolf im Schafpelze, oder gehört dies auch zur Aufklärung? 2) Die unglücklichen Erben. 3) Die Reise a la Montgolfier. 4) Empfindungen 10 Nothleidender Geschwister bey der Unterstützung von Menschenfreunden und Freundinnen. Der 3te Band führt den Titel: Unterricht alles Vieh, Vögel, Gewürme und Inseckte, welche den Früchten schädlich sind, zu vertilgen, mit praktischen Anmerkungen. Diese Werke werden zum Besten von 10 unerzogenen Geschwistern bekannt gemacht, und man hoft, Menschenfreunde, werden zur Unterstützung dieser Nothleidenden gern den Preis von 3 fl. den Louis d'or zu 5 Thalern gerechnet, bezahlen. Die Herausgeber der ausl. schönen Geister nehmen Pränumeration an.

5.

Ich bin willens folgende 6 Zeichnungen, getreu nach der Natur gezeichnet, stechen zu lassen:

1) Neuwied von der Rheinseite.

2) Ein am Rhein oberhalb Neuwied nicht weit entfernt liegender Hof, Hof Rheinau genannt.

3) Irrlich, ein Dorf unterhalb Neuwied, auch am Rhein.

4) Bendorf, ein Flecken zum Marggräflich-Anspachischen gehörig, in einiger Entfernung vom Rhein.

5) Eine weite Aussicht von einem daselbst liegenden Berge.

6) Eine in dasiger Gegend befindliche Mühle.

Wenn sich eine hinlängliche Anzahl Subscribenten zur Bestreitung der dazu erforderlichen Kosten finden werden.

Jedes Blat wird einen halben Bogen groß, und für alle 6 mit einem Gulden Conventions, erst nach Empfange der Kupfer, bezahlt.

Da ich mir schmeichle, daß solche Liebhabern gefallen, und Kenner finden werden, daß ich von jedem Gegenstand den malerischen und schmeichelhaftesten Gesichtspunkt gewählt habe, so wünschte ich, daß die Anzahl der Subscribenten bald hinreichend würde, um den Kupferstecher sogleich anfangen zu lassen.

Neuwied den 19ten May 1786.

Joh. Junker,
Hochfürstl. Neuwiedischer Hofmaler.

Krieg und Fehdschaften des Edlen Franzen von Sickingen.

Auszüge aus gleichzeitigen Schriftstellern.

Franz von Sickingen, Schweichard von Sickingen Ritters, der seine Wohnung zu Flörsheim hatte, Sohn, ward gebohren im Jahr 1481., ist nachmals ein tapferer Kriegsmann worden, wie hernach zu vernehmen.

Dieser ist in seinen jungen Jahren der Oberamtmann zu Creuznach worden, er hat sein Haus Ebernburg nicht weit von Creuznach an der Nohe herrlich schön und fest erbauet, er hat auch die Herrschaft Landstuhl ganz an sich bracht, ist Kaiser Maximiliani erster Rath worden.

Und als die Stadt Worms viele Jahr ihrem Bischoff Unrecht und Gewalt gethan hatte, dessen und des Stifts Lehmann er war, den Kämmern von Worms ihre Gerechtigkeit, die sie in der Stadt Worms hätten, mit Gewalt entzogen, darzu die Geistlichkeit gezwungen aus der Stadt zu ziehen, und zuletzt etliche ihrer eigenen Burger enthaupten lassen, auch des Bischofs Notarium Balthasar Schlorren verjagt, hat Franz Sickingen aus adelichen und heroischen Gemüth solchen Hochmuth nicht können leiden, des gemeldten Notarii angenommen, ihn gegen Ebernburg ins Schloß genommen, und bey sich behalten, auch auf Mittel und Weg gedacht, wie er die Billigkeit bey denen von Worms erhalten möcht. Inzwischen starb ihm sein Hausfrau Hedwig von Florsheim zu Ebernburg, als sie eben aus dem Kindbett gehen soll, dann sie eines jungen Sohns genesen war, der auch gleich verstorben, hat Franz gemeldte seine Hausfrau gegen Creutznach in das Barfüserkloster gar ehrlich zur Erden bestättigen lassen, welcher reich von einer grossen Menge Volks begleitet und von vielen, sonderlich aber Armen, den sie Guts gethan, herzlich bedauret und beweinet

Es wurden ihr auch die Begängniß nach Christkatholischer Ordnung ꝛc. celebrirt und gehalten, insonderheit aber der Trigesimus der 30te, zu welchem wohl 200. Priester beschrieben wurden, mit singen, Meß lesen, und anderer Andacht Gott dem Allmächtigen die Seel befohlen, welchen man beneben ihrer Praesenz Essen aufgetragen; damals war Franz noch nicht über 36. Jahr alt, war eben im Bau seines befestigten Schloß Ebernburg, welchen Bau die Hausfrau allein geführet, und er sich dessen gar wenig angenommen, darum er so viel betrübter, daß ihm die Hausfrau abgestorben war.

Da fieng Franz von Sickingen an zu denken, wie er den Unglimpf, den die von Worms ihrem Bischof und der Clerisey angethan, möchte rächen, dieweil sie aber diesmals die Frankfurter Meß zu besuchen in der Fasten ihre Waaren und sich selbst, ihrer eine Anzahl zu Schif begeben, und von Worms nacher Mainz gefahren; hat Franz etliche Lauertannen mit Volk beladen mitgenommen, und er selbst mit einem reisigen Zeug aufm Land bey einem Dorf ihrer gewartet, und als sie dahin kommen, sie angegriffen, zu Land gezwungen, und alle Burger von Worms gefangen mit sich nach Ebernburg geführet, sammt allem, was sie bey sich hatten, versah sie mit Essen und Trinken wohl, und welche unter ihnen die Gemeine waren, steckte er in den Rübenkeller; diejenige aber, die von dem Rath, als nemlich Hans von Lautern Bürgermeister und andere, legte er in Thurn, bis sie sich geschätzet haben, darnach ehe die Schatzung bezahlt, hat er sie in die Stuben gelegt, und etliche von Ihnen zum Tisch gefodert, und als sie ihr Schatzgeld entricht, hat er sie hin in ihren Gehorsam ziehen lassen, nichts desto weniger bestreift er die in der Stadt Worms alle Tag herzlich, grub ihnen täglich die Bach ab, und lies ihnen keine Ruhe; die Bürger zohen heraus, nahmen das Wasser wieder, bald grubens die Sickingsche wieder ab, das währte bis zum Herbst.

Sie thaten auch sonst den von Worms in ihren Weingarten und Feldfrüchten grossen Schaden. Eines Tags nach dem Herbst kam Franz mit etlichen Reusigen vor Worms, locket die Burger heraus, und als sie aus der Stadt kamen, und ihren Vortheil hinter der

Landgewehr nahmen, die reusige Franzen Leuth-Bund oder Kappenzipfel macht ein Rennfähnlein daraus, kamen über den Landgraben, und jagten die Burger wieder zur Stadt hinein, wurden ihrer gleichwohl viele verwundt; dieses trieb er fast den ganzen Winter durch.

Des beklagten sich die von Worms bey Kaiserl. Maj. Maximiliano dem ersten, dieses Namens, und verklagten Franzen von Sickingen heftiglich, darum dann der Kaiser über Franzen heftig erzürnet, ihn in die Acht erklärt.

Als dieses Franzen vorkommen, war es ihm wohl etwas beschwerlich, lies sich doch solches nicht hoch anfechten, gab vor, es hätten solche Achterklärung die von Worms durch ihr Geld bey Kaiserl. Hofräth practiciret, sonderlich aber bey Herrn Nicolaus Ziegler, der sie (wie er sagt) in aller Bosheit stärket, und wäre dem Kaiser unbewust; vermeinet auch, wenn der Kaiser deren von Worms ihre böse Händel sollte wissen, macht er ihm kein Zweifel, es würden Ihro Maj. sich solches nicht gefallen lassen.

Darum appelliret Franz von der Acht, und schicket dem Kaiser die Appellation zu, welche gar klüglich gestellet war, darinn er sich, so viel immer möglich, seines Vornehmens halber entschuldiget, und die von Worms der Unwahrheit, und daß sie die Achtserklärung fälschlich practiciret hätten, beschuldiget.

Es feyerten gleichwohl inzwischen die Sickingische nicht, sondern streiften den ganzen Winter auf die von Worms, und liessen den Bürgern keine Ruh bis in den Sommer hinaus; da sammlet Franz ein treflich Kriegsvolk zu Roß und zu Fuß, auf die eilf hundert zu Pferd, deren ihrer 300 Hartmuth von Cronberg geworben, und zugeschickt, auch auf die 6000 zu Fuß.

Zog also gewaltiglich auf die Stadt Worms, belagerte dieselbige 8 Tag lang, schoß gewaltiglich hinein; es meinte Franz, es sollte vielleicht durch das tumultuirende Volk, derer etliche in der Stadt nicht allerdings bös Sickingisch waren, ihm die Stadt zum Raub werden, oder sollten doch die von Worms, zu ihm gefälligen Conditionibus genöthiget werden. Es war gleichwohl nicht weit davon, es hätten ein guter Theil der Burger in Worms angefangen, von Uebergebung der Stadt zu gedenken, vornemlich aber die arme Burger, die liegende Güter auf dem Feld hatten, und sahen also dieselbige verwüsten; so hätte die Geistlichkeit, welche nun lange Zeit von Rath und Burgerschaft viel erlitten, und übel vexiret worden, wohl sehen mögen, daß solches ihnen ein wenig eingetränkt und vergolten würde. Es war aber damals in der Stadt Worms ein Graf von Hag, welcher bey der Kaiserl. Cammer Präsident war, derselbig mit Zuthun des weissen Raths machten eine Zusammenkunft der Burger, und hielten denselben vor, wie sie nicht ohne Verletzung ihrer Ehr und Pflicht, mit deren sie der Kaiserl. Majestät und dem heil. Reich zugethan, diese ihre, und des heil. Reichs Stadt Worms ein solchen geringen und klein mächtigen Feind übergeben könnten, ermahnet darneben dieselben, daß sie vermög ihrer Pflicht und Eyd ihre Waffen zu Handen nehmen, dem heil. Reich und ihnen selbst ihre Stadt beschützen, und ihnen nicht durch Uebergebung ein immerwährenden bösen Namen machen sollten. Mit dergleichen Reden machten sie den Burgern ein Herz, daß sie auch sich betheuerten, ihre Mauren mit Darsetzung ihres Lebens bis zum letzten zu beschützen.

Unterdeß kam endlich Fußvolk aus der Landvogtey Hagenau, so zu Besatzung der Stadt Worms verordnet, und zum Theil das pfälzisch Geleit hatten, deren ward Sickingen gewahr, eilt mit seinen Reutern denselben nach, kamen unter Frankenthal an sie, zwungen sie das pfälzisch Geleit von sich zu werfen, nahmen ihnen ihr Gewehr, liessen sie ziehen; aber die von Worms hielten ihre Pforten zu. Franz von Sickingen hielts nicht für rathsam, länger vor Worms zu liegen, brach er am 7ten Tag auf, lies etliche Weinberge vor der Stadt abhauen. Die Wormser kamen aber nicht aus der Stadt; also zog Franz wieder zu Haus, lies sein Kriegsvolk wieder von sich, und das war das zweyte Jahr, in dem er die Stadt Worms bekrieget hat.

In dem dritten Jahr kam Herr Gangolph Herr zu Gerolseck zu Franzen, und handlet mit ihnen, daß er ihm zugesagt gegen den Herzog von Lothringen Kriegsvolk zu führen, versammlet also ein treflich Kriegsvolk zu Roß bey 1000 Pferd, deren Hartmuth von Cronberg 100 führet, und zu Fuß etliche Fähnlein Knecht, und überzog den Herzog von Lothringen gewaltiglich, gewann das Schloß Schwanenberg bey St. Wendel, und thaten dem Herzog grossen Schaden, zuletzt ward ein Vertrag gemacht, und ward Franzen Geld gegeben vor die Kriegskösten, und zogen also wieder ab, im Abzug haben das Fußvolk dessen von Gerolseck ihren Herrn selbst gefangen, in die Eissen geschlagen, weilen er ihnen den versprochenen Sold nicht bezahlet, als dieses Franz verstanden, schickte alsbald in Eil zu den Knechten, und begehrt ihn ledig; als die Knecht sich solches weigerten, handlet er mit Fleis mit ihnen so viel, daß sie ihn auf freyen Fuß stellten, und der Eissen und Gefängniß ledig geben musten, dessen sich der Herr von Gerolseck höchlich erfreuet, und mit Danksagung wieder heim kam.

Inzwischen gieng der Krieg mit denen von Worms immer fort, und als mitler Zeit Kaiser Maximilian der erste ein Kreistag des römischen Zug gegen Landau ausgeschrieben hat, daselbst zu beratschlagen, wie Franzen von Sickingen zu begegnen wäre, dies verursachet Franzen, daß er den von Landau die Kühe nahm, hub auch an, die Reichsständ anzugreifen, und als etliche Kaufleuth die Frankfurter Meß halten wollten, warf er bey Mainz heraussen zu St. Victor 12 Wägen mit Gütern nieder, führet dieselbe mit Gewalt gegen Ebernburg, daselbst verwahrt er die Güter. Mitler Zeit ward durch Herrn Dieterich von Spätten, und andere seiner Freundschaft so viel beym Kaiser gehandlet, daß Franzen treulich gerathen ward, daß er sich persönlich nach Jnspruck verfügen, und sich persönlich beym Kaiser einstellen sollte, solches würde ihm zu grossem Nutzen kommen.

Es wär zuvor aber Franz in Frankreich beym König Franzisco gewesen, welcher ihn ehrlich empfangen, mit grossem Geschenk abgefertiget, zu einem Diener angenommen, ja ihm viel versprochen, aber wenig gehalten worden.

Als nun dieses Schreiben aus des Kaisers Hof Franzen zukam, beschrieb er etliche wenige Freund gegen Heidelberg, unter denen Herr Philipp von Florsheim Domsänger zu Speyer sein Schwager auch war, mit dem berathschlagt er, was ihm zu thun wär, beschloß also, daß wo es sein Freundschaft zulassen, und vor gut ansehen, wollt er sich beim Kaiser einstellen, zweiflete nicht, er wollte einen gnädigen Kaiser erlangen. Also ritte er nach Inspruck im Jahr 1518 nach Ostern, und es schaft gedachter Herr Philipp von Florsheim, daß er vom Stift Speyer eine Commission an die Kaiserl. Maj. bekam, kam also ehender nach Inspruck, als Franz; als aber Franz von Sickingen ein Meil Wegs von Inspruck war, und es die Bekannten gewahr wurden, zogen ihm dieselbige wohl bey 30 zu Pferd entgegen, von Grafen und Herrn zu ihm in die Herberg, unter denen war auch Herr Dieterich Spätt, und ritten also zu Inspruck ein, und es kamen auch andere Grafen und Herrn zu ihm in die Herberg, unter denen war Graf Emich von Leiningen, der damals in Ungnaden bey Pfalz war, unterdes schickt Herr Nicolaus Ziegler, den Franz vor sein ärgsten Feind hielt, ein Legel voll Wittbacher Wein, lies Franzen damit empfangen, mit Ehrerbiethung, wo ihm Franzen derselbe schmeckt, wollte er ihm mehr schicken, dabey stünd Graf Emich von Leiningen, und sprach: Franz du weißt wohl, wie es Herr Nicolaus Ziegler mit dir gemeint, ich trinke nicht von dem Wein, wann ich wäre als Du, doch magst thun, was du wilst.

Aber Franz von Sickingen lies einen verguldeten Becher bringen, lies ihn voll Wittbacher Wein einschenken, bracht ihn Graf Emichen von Leiningen, dem that nachmals Graf Emich Bescheid, und war das Legel voll Wittbacher Wein in einer halben Stund ausgetrunken. Auf den Abend ward Franzen angezeigt, daß er den folgenden Tag soll vor den Kaiser kommen, das war er willig, und erschien folgenden Tag vor dem Kaiser, und es hatte der Kaiser dazumal niemand bey sich als Hans Rennern seinen innersten Rath, und Franz tratt zum Kaiser mit gebührender Ehrerbietung und sprach:

Allerdurchläuchtigster, Grosmächtigster Kaiser, Allergnädigster Herr!

Ich bin durch viele und merkliche Ursachen bewegt worden, mich eines bischöflichen wormsischen Dieners anzunehmen, welchen die von Worms gewaltiglich aus dem Seinen gedrungen, ihm das Seinige genommen, als er in seines Herrn des Bischofs Geschäften gewesen, weil ich dann des obgedachten Bischofs Lehmann bin, hab ich mich dessen wider die von Worms angenommen, es haben auch die von Worms geistliche und weltliche, auch meine Freund gewaltiglich und wieder Recht angegriffen, und ihnen das Ihrige genommen, darnach sich des Rechtens erboten, welches Recht sie durch ihre böse List schenken und geben, aufgehalten, verzogen, und Wege gesucht, daß sie Ihre muthwillige und unwahrhafte Ursachen möchten bemäntlen, und als andere bey Euer Kaiserlichen Majestät zu Ungnaden, sich aber zu Gnaden bringen, auch wie sie gekönnt und gemöcht, verhindert, damit Euer Kaiserliche Majestät ihres bösen und gewaltigen Vornehmens mit der Wahrheit nicht bericht wurden, damit aber ihre unbillige Sachen an Tag kommen, bin ich verursachet worden, die von Worms, wie sie andere Leuth mit

Gewalt und der That angegrieffen, also sie auch zu suchen, und dahin zu bringen, daß sie forthin nicht mehr gedächten, durch ihre unbillige Händel andere bey Euer Majestät zu vertrucken, wie sie dann Derselben fälschlich eingebildet, als sollte ich sie E. M. zuwider, zu Verkleinerung, und zu Verachtung angegrieffen haben, dadurch sie dann dieselbe E. M. dahin bewegt, daß Sie mir auf das Höchst Ungnädig worden, da mir doch nichts auf Erden beschwerlicheres begegnen können, dieweil aber mein Sinn und Gemüth nicht dahin gestanden, das geringste gegen Euer Kaiserl. Majest. oder deren zu Verkleinerung zu thun, als wieder mein allergnädigsten Herrn, den ich als einer von der Ritterschaft, vor meinen allergnädigsten Herrn erkenne, und als wider Dieselbe etwas vorzunehmen nie gedacht hab, so erscheine ich allhier vor E. Kaiserl. Maj. mich in aller Demuth und Unterthänigkeit zu entschuldigen, und allerunterthänigst zu Bitten, mich allergnädigst für Entschuldigt zu halten, wo ich auch in dem E. M. erzürnet, der Sachen zu viel gethan, und gehandlet hätte, dieweil meine Meinung nie gewest, E. M. etwas entgegen zu thun, so bitte ich, mir solches allergnädigst zu verzeihen, und mir ein allergnädigster Kaiser zu seyn, erbiete mich dargegen E. M. ein gehorsamer Diener zu seyn und zu bleiben, und mich gegen E. M. als ein gehorsamer von der Ritterschaft zu halten.

Auf solche Red und Verantwortung hat der Kaiser Franzen geantwortet; nun, nun Franz was geschehen ist, das seye geschehen, ich will dir ein gnädiger Kaiser seyn, Herr Hans Renner hat Befelch mit dir zu handlen: also hat der Kaiser Franzen die Hand gereicht; denselbigen Tag schickt Herr Hanns Renner Franzen, fragt ihn, welcher gestallten er sich in des Königs von Frankreich Diensten begeben, da sagt Franz: nachdem er vernommen, daß er unverdienter Sach in die Ungnad der K. M. gefallen, wäre er gezwungen worden, anderstwo um Hülf und Rath zu suchen, also habe der König aus Frankreich mit ihneu handlen lassen, daß er sich in eigener Person zu ihm verfügen soll, welches, als er solches gewußt, hab er ihn ehrlich empfangen, ihn und die Seinige wohl verehret, als nemlich Graf Einharden von Solms eine goldene Ketten

300 Cronen werth, Bechtolden von Florsheim mit einer Ketten besser, als 300 Cronen werth, und ihn Franz neben einer Ketten, so besser als 1500 fl. wehrt gewesen, mit einem jährlichen Dienstgeld nemlich 5000 Franken zu begaben versprochen, wie aber dem, so wäre ihm doch an diesem Dienst und Dienstgeld nicht so viel gelegen, er kunt auch denselben mit Fug wieder absagen, hätte auch allbereit Ursach, dann der König von Frankreich zahlt zu langsam, braucht ihn auch nicht sonderlich und dergleichen.

Darauf Renner geantwortet: Franz das wird Ihro K. M. gern hören, und dieweil ihr also mit dem König stehet, so wird Ihre M. euch ihrer Dienst nicht erlassen, und wird euch ein gnädiger Kaiser seyn.

Darauf antwort Franz: er wollte auch ihrer M. gern dienen, es müste aber zuvor ein Weg gemacht werden, daß er ihrer M. nützlich dienen möchte, als nemlich weil er vernommen, daß Churpfalz bey der K. M. in Ungnaden wäre, und wäre er in der Pfalz gesessen, derselben Lehmann, wie auch seine Anhänger, wann dann kunt

kunt bey K. M. erhalten werden, daß er des Pfalzgrafen gnädigster Herr wiederum wird, so kunte er nachmals sagen seinen Freunden und Gesellen ihrer M. nützlich zu dienen, darauf Herr Hanns Renner gesagt: Franz es ist wahr, die Pfalz hat zu allen Ungnaden Ursach geben, aber ehe Ihro Maj. Euer Dienst manglen sollte, werden sie leicht des Pfalzgrafen gnädigster Kaiser werden, und ich von eurentwegen treulich darzu helfen; hat sich also ein wenig bedacht, und gesagt: ich weiß Weg zu diesen Dingen; es ist jetzt ein Reichstag ausgeschrieben, da wollen wir alle bey K. M. mit besserer Gelegenheit anhalten, daß sie den Pfalzgrafen in eigener Person beschreiben sollen, damit er selbst dahin komme, damit laß mich nur schaffen, die Weg seynd schon vorhanden der Pfalzgraf soll bald ein gnädigsten Kaiser haben, das sag ich euch zu, doch will Euere Antwort Ihre K. M. anzeigen, wie dann nachmals geschehen.

Kurz hernach ist Franz von Sickingen, wieder durch Herrn Hanns Rennern beschieden worden, und hat ihn gerühmet, wie der Kaiser seine Antwort zu allen Gnaden angehöret, und ihm auch befohlen zu sagen, so viel die

Pfalz belanget, soll Pfalz ihr K. M. Gnad bald empfinden, und sagt darneben, daß er Befehl habe, eines Dienst halben, so er ihr Maj. thun soll, mit ihr zu vergleichen, darauf habe sich Herr Hanns und Franz mit einander unterredet, daß Franz dem König in Frankreich seinen Dienst aufsaget, und des Kaisers Diener werde, und sich wegen einer Bestallung und Dienstgeld miteinander verglichen, und also ein Abschied genommen, und hat der Kaiser Franz dazumal 300 Ducaten verehret, hat also Franz seinen Schwager Philipp von Flörsheim beschickt, und ihm alle Sachen erzählet, darauf sich Herr Philipp höchlich erfreuet, also ist Franz von Sickingen wiederum mit Gnad vom Kaiser abgeschieden, und hat sich wieder nach Haus begeben.

Nach diesem ist gleich der Reichstag zu Augspurg 1518. angegangen, welcher vielgemeldter Kaiser Maximilian samt anderen Chur- und Fürsten persönlich besuchet; war ein treflicher grosser Reichstag; inzwischen sammlet Franz von Sickingen auf 2000 Pferd und etliche viel tausend zu Fuß, überzog die von Metz gewaltiglich, der Ursachen, daß sie etlichen ihrer Bürgern ohne Recht das Ihrige genommen, aber zuletzt vertrugen sie sich mit ihm, und gaben ihm 20000 fl. daß er abzog.

Nach dem Metzischen Vertrag bekam der von Renneburg einen Unwillen, daß er des Zugs nicht mehr geniessen möchte, wiewohl Franz gern gesehen, daß er ferner mit ihm gereiset wäre, hat ihn doch nicht darzu vermögen können, sondern ist abgezogen, und mit ihm 900 Pferd, wiewohl nun dies Franzen an seinem Vornehmen fast verhinderlich, lies er sich doch nicht irren, und zog mit einem geringen Volk nicht über 500 Pferd und 8000 zu Fuß gleich von dannen, und weil ihm bishero alles glücklich von statten gangen, ward er desto übermüthiger, achtet auch schier niemands mehr, derohalben er auch den jungen Landgrafen Philippen von Hessen feindlich absagen lassen, hat zum Schein vorgewandt, weil hiebevor Landgraf Wilhelm in der Pfalzgräflichen Fehd Franzen und seinen Freunden treflich viel Schaden gethan, mit brennen und nehmen, und haben über ihr vielfältiges Anhalten nicht wieder bekommen mögen, hat darauf die Grafschaft Catzen-Elenbogen feindlich überzogen, er nahm ein Zwingenberg, und Umstadt, und was der Ort und Landgräfisch war, dann er sich mit starkem Volk zu Roß und Fuß, auch allerhand Kriegsmunition versehen, seine Anhänger waren Hartmouth, und Caspar von Cronberg, Johann von Hohenfels, Herr zu Rippolskirch, Werner von Lüder, Philipp von Rüdickheim, Ulrich Ulner, Caspar Lerch von Dirmstein, Emerich Reiffenstein, Caspar Suntrumb, Conrad Schütz, Wilhelm Ganns, Johann Hilchen von Lorch, Joh. von Breitenstein, Conrad von Hutsstein, die Ganerben vou Reiffenberg, und viele andere, eroberten also, plünderten Städt, und brandschatzten Dörfer, Flecken und Schlösser im Gerauer Land; wie auch hernach in der Niedergrafschaft Nastetten und anderen.

Darum zogen des Landgrafen Volk ein ziemlich Anzahl Reuter und 6000 Mann des Landvolks gegen ihn zu Feld, und lagerten sich bey Rösselsheim zwischen Rhein und Mayn; es belagert damals Franzen Volk das Schloß Stein, aber weil sich Johann von Gilsecurt, Heß und Treges Wolf sammt den Ihrigen tapfer wehreten, konnten sie es nicht gewinnen, in Darmstadt und Rösselsheim lagen viele hessischen Edlen, der junge Landgraf lag zu Giesen, Franz von Sickingen fieng an Darmstadt zu belagern, und zu beschiessen, und ängstiget sie also, daß die in der Stadt sich zu vertragen begehrten, unterdessen schickt Marggraf Philipp von Baaden seine Räth dahin, ein Vertrag zwischen den Partheyen zu treffen, ist auch die Sach in 18 Artickel bedingt, und von 80 Personen aus der Ritterschaft der Hessen bewilliget, und schon Theils unterschrieben worden, in welchem Franzen eine treffliche Summe Geld, nemlich 35000 fl. Kriegskösten, und 50000 Brandschatzung versprochen vor seinem Abzug, und sonst etlichen Puncten, die auch in Vertrag gesetzt, davor sie Bürgen worden, und versprachen solche Vertragsartikel zu halten, wo aber in diesen sollte Mangel seyn, sollten und wollten sie sich stellen.

Diese Bürgschaft und Vertrag ist nachmals von Kaiser Maximilian dem ersten caßirt, und außgenommen etliche Artickel, aufgehoben und vernichtet worden; mitlerweil gieng der gedachte Reichstag zu Augspurg fort, dahin kam Pfalzgraf Ludwig, und ward daselbst von dem Kaiser vertragen, wie Herr Renner Franz vertröst hat, und Franz von Sickingen lag damals noch vor Darmstadt, es kamen alle Chur- und Fürsten, und der Abwesenden Bottschafter vor die Kaiserl. Maj. und Marggraf Joachim von Brandenburg thät das Wort vor ihrer aller, und zeigt an, wie Franz von Sickingen, der sich Euer Kaiserl. Maj. Diener nennet, hätte ihren jungen Vettern, Brüdern und Bundgenossen, Landgrafen Philippen mit Gewalt überzogen, liege ihm noch im Land bis dato, nun wären sie Landgrafen Philippen dermassen mit Freundschaft und Bündnis zum Theil zugethan, daß sie ihn nicht könnten verlassen. Nachdem aber dieser Ueberzug unter dem aufgerichteten Landfrieden wäre, so erschienen sie vor Ihrer Kaiserl. Maj. sämtlich mit unterthänigster Bitte, weil Franz von Sickingen Ihro Maj. Diener seyn soll, diesem sein frevelhaftes Vornehmen abzuschaffen.

Darauf die Kaiserl. Maj. Antwort geben lassen, Franz wäre ihr Diener erst kurz worden, so wäre auch dieser Zug des Franzen schon an Ihro Maj. gelanget, sie hätten auch eilends befohlen, Franzen zu schreiben, auch wären die Brief schon fertig, es seye kein Zweifel, es sollte alles zumal abgeschaft werden; also schieden Chur- und Fürsten wieder von einander mit Danksagung.

Nicht lang hernach 1519 starb Kaiser Maximilian der Erste, da wollt nichts destoweniger Franz den caßirten Vertrag gehalten haben, und fodert derowegen etliche Heßische von Adel, laut ermeldetes aufgehobenen Vertrags in die Leistung.

Als nun der Adel sich der unrechtmäßigen Anforderung mit gebührlicher Entschuldigung entschlagen, wurde der vorige Unwillen erneuert.

Gleich nach dem Tod nahm Herzog Ulrich von Würtenberg Reutlingen ein, dadurch der schwäbische Bund bewegt, eine Zusammenkunft zu beschreiben, und einen Krieg gegen den von Würtenberg fürzunehmen, in diesem Zug hat Franz von Sickingen 800 Pferd bestellt und geführt, auch dem Bund so treulich und wohl gedienet, daß sie ihm über seine Bestallung die Neuburg mit ihrer Zugehör, so bey dem Willbad liegt, eingegeben.

Als nun der Bund eine grosse Anzahl zu Roß und zu Fus versammlet, überzogen sie Herzog Ulrichen gewaltiglich und verjagten ihn aus seinem Land.

Aus diesem Zug zog Franz mit vielen Herrn, als den Grafen von Nassau, Herr Georgen von Fronsberg, Gemingern, Caspar Winzen und anderen, und ritten nach Speyer, zogen bey Herrn Philippen zu Florsheim ein, lagen bis am 4ten Tag da, hatten alle Mahlzeit bey 8 Tisch, da stellt Herr Philipp seinem Schwager Franzen einen Parmesankäs für, welchen ihm Franz geschickt, als er die Wagen bey St. Victor zu Mainz niedergeworfen, zu einem Beutpfenning, er hätte den auf ihn behalten, er sollte ihn helfen essen, da sagt Franz überlaut, und erzehlet, wie er die Wagen niedergeworfen, hab er damals Pfalzgrafen Ludwigen einen ganzen Parmesankäs aus unterthäniger Meinung zugeschickt, aber der Pfalzgraf hab denselben nicht wollen annehmen, sondern ihm denselben verächtlich wieder nacher Haus geschickt. Er fand auch damals Hannsen von Florsheim seinen Schwager zu Bett krank liegen, den besucht er, Hanns von

Flörsheim sagt zu ihm! Sohn, unser Herr und gnädiger Gott geb dir viel Glück, seye ihm dankbar, überheb dich desselbigen nicht, hab lieb die Gerechtigkeit, und verschon der armen Leuth, so wird es dir nicht übel gehen. Franz danket ihm freundlich, und nahm darnach Urlaub, und sein Schwager lebte nicht lang hernach, und starb zu Speyer in der Domsängerey, und ward sein Körper vom Rath und der ganzen Clerisey begleitet bis ans Thor, und ward nach Lautern geführet, und daselbst begraben.

Als nun Franz hinweg reisen wollt, schickt er zu seinem Schwager Herr Philipp den Domsänger, wollte mit ihm lassen abrechnen, was er samnit den Herren bey ihm verzehret hätte, das wollt er bezahlen, aber Herr Philipp sagte, er wäre kein Wirth, darum begehret er nichts von ihnen.

Da dies Franz vernahm, verehret er ihm ein Trinkgeschirr, das über 50 fl. werth war.

In diesem Jahr 1519 ward Karl der 5te König in Spanien zu Frankfurt zum römischen

König erwählet, da haben des neuerwählten Königs Commissarii, als der Erzbischof von Pfalzburg, Pfalzgraf Friederich, der Bischoff zu Lüttich, Marggraf Casimir von Brandenburg, Graf Henrich von Nassau, Herr Johann von Bergen, und andere, Franzen von Sickingen zu ihnen gegen Höchst beschrieben, um seines Dienst halben, den er von voriger K. M. hatte, ferner mit ihm gehandlet; als nun im folgenden Jahr 1520 der erwählte König Carl seine Königl. Crönung zu Aachen gehalten, ist Franz von derselben Majestät auch dahin beschrieben, gar gnädig von derselben gehalten, und selbst angesprochen worden.

Von der Crönung ist der Kaiser stracks nacher Worms zum Reichstag gezogen, weilen aber Franz mit den von Worms noch nicht vertragen, hat ihn der Kaiser gegen Neuhäussen beschrieben, ihrer Majestät fürnehme Räth zu ihm dahin geschicket, und ihm folgends eigener Person zu ihrer Maj. gegen Mainz zu kommen beschieden hat, und als eben damals ihrer Majestät an Geld abgangen, ihrer Maj. eigener Person so viel mit Franzen gehandlet, daß er derselben 20000 fl. ohne einiges Unterpfand auf Ihro Maj. Treu und Glauben, und derselben blose Handschrift frey und ganz umsonst geliehen, und das war etwas von einem Edelmann. Und als damals Klag unter der Ritterschaft war, daß ein jeder von seinem nächsten Nachbar, der gewaltiger und stärker als er, bedrangt würde, ist Franz aus Bitt bewegt worden, etliche von der Ritterschaft gegen Landau zu beschreiben, sich daselbst zu besprechen, wie einer neben dem andern bleiben könnte, und keiner wider Recht gedrungen würde.

Also seynd viele von der Ritterschaft erschienen, von dieser Materie tractieret, auch Hauptleuth geordnet, und Abschied gemacht, durch welches Franz treflichen Undank bey Chur- und Fürsten verdienet, dann die Sachen seyn viel anders getheilet worden; dann ihre Meinung mag gewesen seyn, besonders weil Franz persönlich zugegegen gewest, und dies Werk getrieben hat.

Um diese Zeit kam ein neuer Glaub auf durch einen Mönch Martin Luther genannt, und Herr Ulrich von Hutten, that sich zu Franz gegen Ebernburg, und bracht zuwegen, daß er sich auch desselben Glaubens annahm, wie Hartmouth von Cronberg, also daß ein ausgesprungener Mönch aus Bayern mit Namen Oecolampedius St. Brigitten Ordens, den er als treulos verlassen, gen Ebernburg kam, und predigt daselbst, darzu auch einer Buzerus, die machten Aenderung in der Meß, schaften das Salve ab, das Fasten und andere Sachen, und wurden auch böse Bücher gedruckt, zu welchen Sachen Franz zugestimmt.

Dies bracht allen den Dienern ein Schrecken, besorgten, es würde ihnen dadurch ihr gehabtes Glück entzogen, und davor alles Unglück kommen, wie auch geschehen.

Als nun der Kaiser Carl zu Worms auf dem Reichstag gewesen, hat ihn der König von Frankreich durch Herrn Ruprechten von Arenberg in seinen Erblanden angegriffen; seynd also Ihro Kaiserl. Maj. verursachet worden, sich in Gegenwehr zu schicken, und mit Franzen von Sickingen, der damals in Wildbad gelegen, handlen lassen, daß er ihm Volk zu Roß und zu Fuß bestelle, und damit er desto eher bewegt, dem Kaiser zu dienen, war er mit Credenz und Silber von ihm verehret; also williget Franz, ritte von Wildbad gegen Speyer mit 50 Pferden, lag über Nacht bey Hn. Philipp von Florsheim seinem Schwager, darnach ist er mit 3000 zu Pferd, und mit 12000 zu Fuß Kaiserl. Maj. zu Dienst, und auf derselben eigenes Versprechen zu Roß und zu Fuß kommen, den König in Frankreich überzogen; die Stadt Massier ward über seinen Willen belagert, und auch beschossen, dann Franz viel lieber mit seinem Volk in das Land der Cron Frankreich gezogen wäre, da er verhoft, dem König mehr Abbruch zu thun, dann also die Stadt vergeblich zu beschiessen.

Aber Graf Henrich von Nassau, so von dem Kaiser Franzen zugeordnet war, hat solches verhindert, und ist also vergeblich vor Massier gelegen, sein Kriegsvolk ward nicht bezahlt, er bekam auch Befehl sein Kriegsvolk zu beurlauben, und sich alsbald persönlich zum Kaiser zu verfügen, welchem Befehl er gehorsamen müssen, das Volk beurlaubt, etliches bezahlt, das andere auf sein Versprechen abgezogen, und ist Franz zum Kaiser geritten, daselbst lange Zeit gelegen, zuletzt der Bezahlung wegen Abschied nehmen müssen, und kein Geld empfangen, und ist man damals über 96000 fl., dafür er versprechen müssen, schuldig blieben, welches ihm nicht wenig beschwerlich gewesen. Nun kam Franz von Sickingen in Erfahrung, daß auf dem Reichstag zu Augspurg Erzbischof Reichard von Trier, der da war des Geschlechts von Greiffenclau von Vollraths, welcher ihm doch seiner Hausfrau halber nahe verschwägert, sollte Franzen halben viel geredet haben vor andern Churfürsten, weil Franz den Landgrafen von Hessen überzogen hatte, es seye zu viel von Franzen vorgenommen, jetzt eine Stadt, dann die andere, dann auch die Fürsten selbst anzugreifen, was zuletzt daraus werden sollte, wann man solchen Sachen sollte zusehen, er gebe solches Herrn und Fürsten zu bedenken, und wann man ihm gefolgt hätte, mehr Ernst gegen Franzen wär vorgenommen worden: als nun aus diesem und anderem hat Franz Ursach genommen, dem Erzbischof offene Briefs ihme zu befehden zugeschrieben, und ihn mit 500 Pferden, und 5000 zu Fuß überzogen, hat sich für das Städlein St. Wendel gelegt, dasselbige beschossen, und die

Bürger in der Stadt ziemlich geängstiget, daß wo nicht Erzbischof Reichard in eigener Person in die Stadt Trier kommen, es nahe gewesen, er hätte die Stadt gewonnen, der Erzbischof aber, welcher ein verständiger Herr, und auch selbst etlicher massen des Kriegs erfahren, macht eine solche Anstellung der Gegenwehr in der Stadt, daß Franz nicht lang säumte, sondern mit fliegenden Fahnen aus dem Feld zog, dann es schickt Landgraf Philipp von Hessen dem Erzbischof 100 Pferd, und 3 Fähnlein Knecht, alle gelb gekleidet, und Pfalz hatte Einnung mit dem Erzbischof, das wuste Franz wohl, darum hatte er sich nicht lang aufgehalten, sondern begab sich den nächsten Weg nach Ebernburg, bezahlte sein Volk, und lies sie heimziehen. Es hatte gleichwohl Franz keine Gedanken, daß ihm Pfalz deswegen ungnädig seyn sollte, ob er gleich mit Trier in Einnung stund, darum er auch an Churpfalz geschrieben und begehret, daß sein Kriegsvolk, welches er jezt abgedanket und bezahlet, so durch die Pfalz ihren Weg heimwerts nehmen würden, passiren zu lassen, sie würden allenthalben ihre Zehrung bezahlen: als sie aber in die Pfalz kamen, seynd ihrer etliche erstochen, die anderen der Güter, so sie im Erzstift Trier bekommen, wiederum beraubt und geschlagen worden.

Der Erzbischof ist gleich, nachdem Franz von Trier abgezogen, mit seinem Kriegsvolk vor St. Wendel gekommen, darinn Hanns von Sickingen, Franzen 2ter Sohn mit etlichen Reutern lag, welche, als sie vermerkten, daß sie darinn sollten belagert werden, brachen sie in der Nacht ein Loch durch die Mauer, zogen ihre Pferde dadurch heraus, kamen also davon, und nahm der Erzbischof St. Wendel wiederum ein; nach diesem vereinigten sich wieder alle Chur- und Fürsten, nemlich Reichard Erzbischof und Churfürst zu Trier, Ludwig Pfalzgraf Churfürst, und Philippen Landgraf zu Hessen, und zogen mit Heerskraft vor Cronberg, weil Hartmuth von Cronberg nicht allein Franzen zu seinem Ueberziehen geholfen und Vorschub gethan, sondern auch den Landgrafen bekriegen, und sein Land verderben helfen, und belagerten also das Schloß und Städtlein, und Hartmuthen von Cronberg darinn, aber er hatte einen heimlichen Gang, dadurch entgieng er ihnen; als ihnen, als sie aber durch Schiessen dasselbige anfiengen zu beängstigen, ward ihnen Schloß und Städtlein aufgeben; Also behielt Landgraf Cronberg, von der Zeit an, da es gewonnen ward, nemlich 1522, wohl auf 20 Jahr lang; er kauft auch Jacoben von Cronberg sein Antheil erblich ab, aber letztlich als die von Cronberg den Landgrafen und seinen Nachkommenen ein ewige Erlösung benennter Stadt und Schloß Cronberg angelobet und etliche haben Landts zu Eschborn gelegen, den Landgrafen und seine Erben zum Eigenthum aufgetragen, und ihn wiederum zum Mannlehen empfangen, hat ihnen Landgraf Philipp Cronberg samt aller Zugehör um leidliche Mittel wiederum übergeben, und zugestellet im Jahr 1541.

Als nun Franz von Sickingen vernommen, wie man mit Hartmuthen von Cronberg gefahren, hielt er und seine Helfer ein Tag zu Schweinfurt, und ob er wohl den ganzen Winter daselbst zubracht, so giengen doch alle seine Anschläg zurück, und musten also unverrichteter Sachen von einander reuten.

In diesem Abzug wurden ihrer etliche von den heßischen Reutern angefallen, und Franzen Sohn Hanns von Sickingen, Johann Silchen von Lorch und Brunsberg samt anderen niedergeworfen, desgleichen geschahe auch denen, so in seinem Dienst gewesen, hat auch etliche zum Abtrag gedrungen, die andere citirt und beschrieben, daß sie sich verantworten sollen, als Friedrich von Florsheim, welcher doch Franzen abgewehret, Trier zu überziehen, dann weil Pfalz mit Trier in Einnung gestanden, möchte Pfalz damit offendiret werden, aber Franz vermeinet, daß obschon Pfalz bey Trier der Einnung halber das Sein thät, würde er darum nicht ungnädig seyn, sondern er versehe sich nichts destoweniger aller Gnaden zu Pfalz, dann er gegen Pfalz zu handlen nicht gedacht wäre, also ist Friedrich von Florsheim gen Ebernburg kommen, allein das Haus zu bewahren helfen, so ist auch Pfalz im wenigsten nicht daraus beschädiget worden, doch ist deshalben Friederich gegen Heidelberg citirt, und als er erschienen, samt seinem Bruder, ist ihm vorgehalten, daß er wider den Landfrieden gehandlet, Franzen Helfer gewesen, derowegen in die Pön des Landfriedens gefallen seye, darum Pfalz verursachet, ihn an Leib und Gut zu strafen, jedoch wollte Pfalz seine alte treue Diensten bedenken, und ihn bey einem gnädigen Abtrag bleiben lassen, und ob sich schon Friederich und sein Bruder Philipp, so viel sie immer gekönnt, entschuldiget, hat er doch Churpfalz 1000 fl. zum Abtrag geben müssen, und ward den von Florsheim andere Gerechtigkeit entzogen.

Als die 3 Churfürsten von Cronberg abzogen, ward auch Geilhausen und Rinkingen durch Aufgebung eingenommen, auch des Mainzischen Marschalls Trobin von Gutenstadt, und Schloß Salmünster erobert, Churpfalz fieng auch an andern Freund in Gesellschaft Franzen zum Abtrag zu bringen, als Weyrich von Kemmingen, Diethern von Kemmingen, und Georgen von Bach, und andere mehr, weil er sich an Franzen selbst nicht zu erholen wußt, muste er es an der Freundschaft suchen, doch ward kein Abtrag mehr gezahlt, dann deren von Florsheim, wie obgemeldt, und Weyrichs von Gemmingen, Bechtolf von Florsheim, ward darüber seines Amts entsetzet, so fiel Conrad Kolb von Wirtenberg der

Pfalz-Amtmann zu Dirmstein den Gebrüdern von Florsheim, in das Schloß zu Laumersheim, nahme ihnen, was er daselbst fande, wohl auf 1000 Malter Korn, und 25 Fuder Wein, samt Hausrath und anderen, und fuhr solches gegen Dirmstein, darum Herr Philipp von Flörsheim, Coadjutor des Stifts Worms, dem Pfalzgrafen schrieben, und beklagten sich des Gewalts, dieweil er mit seinen Brüdern in unzertheiltem Gut stünde, und bracht also zuwegen, daß solch Gut, so von Pfalz genommen, wieder gegen Laumersheim geführt ward, doch nicht alles, doch ward deshalben ein Tag gegen Heidelberg bestellt, den die Freundschaft deren von Florsheim heftig besuchten, daselbsten alles in Güte zu vertragen; nachdem nun die 3 Fürsten Cronberg die Oerter erobert hatter, legten sie ihre Reuter gegen Creutzenach, und gen Lautern, streiften den ganzen Winter auf die Sickingische, als aber Franz von Sickingen solchen Ernst gegen ihn befand, rüstet er sich zur Gegenwehr, lies sein ältesten Sohn den Schweickard der Pfalz sein Dienst aufsagen, bewarb sich allenthalben um Hülf in Böhmen, Schwaben und Franken, nahm das Schloß Bocksberg ein, welches der Bund der

Pfalz zugesellt hatte, machten nun ein trefflichen Anschlag auf das Schloß Lützelstein, daselbig durch seinen Sohn Hannsen ersteigen zu lassen, welcher auch davor kommen, die Leitern angeschlagen, aber weil dieselbe zu kurz, und die im Schloß solches ziemlich innen worden, musten sie ohnverrichter Sachen wieder abziehen, und die Leiter dahinten lassen, kame also wieder nacher Ebernburg. Bald darnach kam Franz Sickingen, Johann Wilhelm von Lorch, Augustin von Braunsberg gen Kallenfells, von dannen wollten sie auf Landstuhl zu reuten, dies ward Wilhelm von Zabern, der Fauth zu Heidelberg und nachmals Pfalz Marschall worden, gewahr, so damals zu Lautern war, nahm seine Reuter zu sich, eilt auf die Sickingische, erwischt sie ganz spat, und griff sie also an, daß sie ohngeschlagen voneinander nicht kommen möchten; die Sickingische wehrten sich ritterlich, sonderlich Hanns von Sickingen zu Roß, und nachmals zu Fuß also mannlich, daß er etliche Wunden in Kopf empfieng, also daß ihm der Schweis über das Angesicht ablief, daß er nicht wohl sehen konnte, sie wehrten sich so lang, bis sie übermannt sich letztlich mussten gefangen geben, also wurden sie mehrentheils gefangen, doch getröst, daß sie nicht anders dann ritterlich Gefangene wohl gehalten, und allein der Churpfalz Gefangene seyn sollten.

Auf solches gelobten sie dem von Zabern, daß sie sich, da sie gemahnet würden, gegen Lautern stellen wollten, ritten also auf Landstuhl, fanden Franzen daselbst, der des Unglücks schon zum Theil bericht war, und wie wohl ihm diese Sache nicht gefiel, hielt er sich doch unerschrocken. Wilhelm von Zabern schrieb solches, und wie er dann von Sickingen obgesieget, nach Heidelberg, dessen man daselbst hoch erfreuet, erlangt auch hiedurch grossen Ruhm und etliche Verehrung, bekam auch Befehl die Gefangene gegen Lautern zu nehmen, welches er auch that. Als sich aber Hanns seiner empfangenen Wunden halber nicht stellen kund, ward ihm ein anderer Tag bestimmt, auf welchem sie erschienen, nach ihrer Ankunft zeigt ihnen Wilhelm von Zabern an: Nachdem er seinem gnädigsten Herrn zugeschrieben, den Verlauf zwischen ihnen, und wie er ihnen ein ritterlich Gefängnis zugesagt, hat Churpfalz ihm geantwortet, was ihnen zugesagt, das soll ihnen gehalten werden, hat ihm auch befohlen, dasselbe ihnen zuerst von neuem zu versprechen; dessen haben sich die Gefangene bedankt; nach etlichen Tagen seynd die Gefangene nach Heidelberg gebracht, daß sie etliche Wochen in einem Wirthshaus gelegen, von dannen nach Hermesheim, auch in einem Wirthshaus; mitlerweil haben beyde Theil nicht gefeyert, Herr Diether Spött ist zu Franzen kommen gen Landstuhl, hat sich mit ihm unterredet. Schweickard der älteste Sohn ist in Schwaben geschickt, Hartmuth von Cronberg zu den Böhmen, und sich zu dem besten beworben, damit sie den künftigen Sommer gerüst wären.

Die Fürsten haben auch nicht gefeyert, haben mitler Zeit das Schloß Wartenburg eingenommen und verbrandt, und ohne Unterlaß auf die Sickingische gestreift, desgleichen die Sickingische aus Neustuhl, Ebernburg, Kallenfells, Drachenfells, Hohenburg und Linzenburg, hinwieder aber die zu Bocksberg den Sickingischen mehr Schaden, dann Nutz gewesen, weil sie so weit voneinander zertheilt gewesen, und dies ist geschehen im Jahr 1522.

Hernach das folgende Jahr 1523 gleich nach Ostern sammleten sich die zwey Churfürsten Trier und Pfalz, und dann Landgraf Philipp von Hessen, kamen stark zusammen zu Roß und zu Fuß mit treflichem Geschütz, und allem, so zu einer Belagerung nothwendig, und als sie gewahr worden, daß Franz von Sickingen zu Neustuhl war, zogen sie eilends dahin, belagerten das in eigener Person, und so bald sie das Schloß belageret hatten, schossen sie gewaltig hinein von 3 Orten; als Franz sahe, daß er also überzogen und belagert war, hielt er sich gleichwohl unerschrocken. Es ward ihm auch gerathen, er sollte sich aus dem Schloß begeben, kunt aber hierzu nicht beredt werden, er wandte vor, daß ihm solches übel ausgelegt würde, wann er also aus seinem Haus flüchtig sollte werden.

Item, was auch seine Diener von ihm halten würden, darum wollte er bey ihnen stehen und halten, dieweil er aber seinen jungen Sohn Franzen Conraden aus dem Schloß, und etliche Brief, daran ihm nicht wenig gelegen, bey sich zu Landstuhl hatte, ward er zu Rath, schickt einen mit Namen Balthasar mit seinem Sohn Franzen Conraden aus dem Schloß, welche auch von den Feinden angerannt wurden, kamen aber doch mit Gottes Hülf alle davon, die Fürsten schossen für und für, und also ernstlich und geschwind, als je an einem Ort möcht geschehen seyn. Es waren auch die Mauren zum Theil noch neu, welches dem Schloß nicht wenig Schaden bracht, und am 6ten Tag der Belagerung, als sich Franz an ein Schießloch gelegt, die Gelegenheit der Belagerung zu besehen, unterdeß geschahe ein Schuß eben in das selbige Schießloch, darvor stund ein Hagelgeschütz zum Sturm gericht, dasselbig ist durch den Schuß Franzen auf den Fuß gefallen, darauf Franz zurück geschlagen, und auf etliche Hölzer, so darunter gelegen, schwerlich und hart gefallen, und als er da gelegen, hat er zu seinen Dienern gesagt; sie sollten kein Geschrey daraus machen, und sie haben ihn auf einer Tragbahr hinein getragen, und in ein Gewölb gelegt.

Als er nun befand, daß der Fall ihm am Leben schaden würde, und der Schmerz heftig zunahm, befahl er gegen die Fürsten, so vorm Schloß lagen, ein Frieden hinaus zu rufen, und ein Gespräch mit ihnen halten zu lassen, und ließ ihnen Franz sagen, sie hätten ihn überzogen, und gleich, als sie vor sein Haus kommen, angefangen zu schiessen, ohne einige Forderung, noch angezeigt, warum sie dieses gethan, oder was ihr Begehren wäre, das wäre ja wieder Kriegsrecht, sie möchten an ihn begehret haben, sie hätten gute Antwort von ihm bekommen, hätten das Schiessen also nicht bedärft.

Darauf thäten die Fürsten ihr Begehren, nemlich daß ihnen Neustuhl samt allen, was darinn wäre, sollte zugestellt und übergeben werden, nach Inhalt etlicher Artickel, so deshalben gestellt worden, welches Begehren dann Franz vorbracht, dieweil dann Neustuhl also heftig beschossen, daß es zum Sturm nunmehro bereit, auch Franzen Schmerz je länger je mehr dauret, bewilliget Franz die Artickels inhaltend, daß Franz ihr der Fürsten Gefangener seyn sollt, und sprach, ich werd ihr Gefangener nicht lang seyn, dann er wohl befunde, daß der Tod nicht fern war; auf dieses wurden die Artickel bewilliget, Neustuhl aufgegeben, und alle, so darinn begriffen, wäten in Gelübd genommen, allein die Burger und Fußvolk mit dem Ihrigen hinweg gelassen, und die von Adel und der Capellan Johann Nicolas Merxheimer gen Lautern verlegt, Ulrich Spöt war noch jung, und ein Knab, und den hat Herr Reinhard von Neuneck gebeten, unbenannt seines Stammes und Namens hies Ulrich Spöten, Dietrich Spöten Sohn, der ward ihm gegeben, der ihn auch förderlich hinweg geschaft, und ist der Caplan Hr. Nicolas ein ganz Jahr und 9 Monat zu Lautern gelegen.

Es kamen auch die zwey Churfürsten Trier und Pfalz samt Landgraf Philipp von Hessen in eigener Person in das Schloß, und begehrten Franzen anzusprechen; also lag Franz in obgedachtem Gewölb, und hatte bey ihm seinen Caplan Hn. Nicolas, und die Churfürsten traten zu ihm, da reicht er seine rechte Hand herfür, mit der linken griefe er an sein Haupt, und bote die Hand Pfalzgraf Ludwigen, der Pfalzgraf gab ihm die Hand, und sprach zu Franzen, was hast du dich geziemet: Franz antwortet: ein oder zwey Wort, aber den anderen nemlich Trier und Landgrafen nahm er sich nicht an, und der Churfürst von

Trier sagte: Franz, was hast du mich geziehen, daß du mich und mein Erzstift überzogen, und so sehr beschädiget hast, dem antwortet Franz, nicht ohne Ursach, er hätte jetzt mit einem grossen Herrn zu reden, da sprach der Landgraf: Franz, was hab ich dir gethan, daß du mich in meinen jungen Jahren so überzogen, und so sehr beschädiget hast. Dem antwortet, und sagt der Pfalzgraf, seht ihr nicht, wie seine Sachen stehen, was wollt ihr machen, und fragte Hn. Nicolaus den Caplan, ob Franz gebeichtet, und mit denen Sacramenten versehen worden. Darauf hat Nicolaus Franzen gefragt von Beichten, darauf hat Franz geantwort: ich hab Gott in meinem Herzen gebeichtet, er möchte ihm die Absolution geben, und das heil. Sacrament zeigen; darauf hat Nicolaus die Absolution gesprochen, und das Sacrament geholt, und ihm geben und gezeiget.

Unterdessen nahet sich die Stund und Zeit des Tods, und Herr Nicolaus redet ihm zu; da knieten die 3 Churfürsten nieder auf ihre Knie, und bald verschiede Franz, das war der 7. Tag May um die 12. Stund im Jahr 1523, und wie er in Zeit seines Lebens ein männlich und trutzlich Gemüth gehabt, das hat er biß in seinen Tod behalten. Als er nun verstorben, hat Pfalzgraf Ludwig Churfürst gefragt Hn. Nicolaus den Caplan, ob er vielleicht gen Creutznach zu seiner Hausfrau seelig sollte begraben werden, das wollte er gern zulassen, auch den Caplan mit lassen, doch auf wiederstellen. Da antwortet der Caplan, er Franz habe gesagt, er sterbe an welchem Ort er wolle, da solte man ihn auch begraben, also wurde er in Neustuhl im Flecken in die Capell begraben, der Leiche folget Hr. Reichard von Neune Ritter, und sonst wenig Leut. Nach diesem nahmen die 3 Churfürsten Neustuhl ein, was sie von Adlichen und Reisigen im Schloß fanden, die nahmen sie in Gelübd, daß sie sich, wann sie gefordert würden, stellen sollten; das Fußvolk liessen sie ziehen, doch musten sie geloben, in 3 Monaten nicht wider die Fürsten zu dienen, von Neustuhl wurde alsobald Sigmund von Bönneburg mit 3 Fähnlein Knechten auf Drachenfels geschickt, hat es auch in 10 Tag einbekommen, und verbrandt, desgleichen Hohenburg den 14ten May, darinn sie Hanns Darneben funden, und dies auch verbrandt, darneben auch Dankstein, das wurd belagert;

dieweil aber dies des Stift Speyer Eigenthum ist, nahm sich Herzog Georg Bischof zu Speyer Pfalzgrafen dessen an, und ritte in eigener Person zu den 3 Fürsten, und trafen ein Frieden mit ihnen. Fürters haben sie Neuen und Alten eingenommen, wie auch Liezelburg oberhalb Elsaszabern gelegen; weil nun Franz von Sickingen todt war, beschrieben sich etliche seiner Freundschaft, nemlich Conrad von Sickingen, Diether Cämmerer von Worms Herr von Dalberg, und Bischof von Flörsheim, die kamen zu Speyer in der Domsängerey bey Herrn Philippen von Flörsheim zusammen, von dannen zogen sie gen Schlattebach, da hat Pfalzgraf Ludwig in der Dankſteinischen Belagerung sein Kriegsvolk liegen, und sie wurden in Ludwigs von Fleckenstein Zelt beherbergt.

Ludwig von Fleckenstein zeigt sich bey den Chur- und Fürsten an, daß sie von wegen Franzen Kinder da wären, welche mit dem Krieg nichts zu schaffen hätten, dann die Söhn alle unter ihren mannbaren Jahren wären, wie auch die Töchter. Sie liessen auch durch Herrn Philippen von Flörsheim, den Domsänger zu Speyer Herzog Otto, Henrich den Pfalzgrafen ansprechen, der damals auch im Lager war, daß er als ein Liebhaber des Adels bey den 3 Fürsten, sollt wegen des Franzen Kinder Bitt einlegen, Herzog Otto Henrich hört die Freundschaft gnädig ab, gab ihnen auch zur Antwort, er hätte zwar ihre Bitt gehört, aber es legë ihm das Hemd näher als der Rock; welche Antwort die Freundschaft mit ziemlicher Beschwerd vernommen, sie warten also dieselbige Nacht, den anderen Tag auch, um 1 Uhr Nachmittag kam ihnen eine Antwort, als nemlich es hätten die 3 Chur- und Fürsten, der Freundschaft deren von Sickingen sie zu hören und ihnen Audienz zu geben gänzlich abgeschlagen, und sie hätten einen Weg für, dem wollten sie nachgehen, darnach wüsten sie sich zu richten.

Als bedacht sich die Freundschaft, und ordneten Hn. Philipp von Flörsheim und Dieterich von Dalberg, daß sie den Churfürst von Trier bitten liessen, daß doch Ihro Churfürstl. Gnaden sie möchten hören, der Churfürst bewilliget, und kam zu ihnen auf den Kirchhof zu Schlottenbach, da ward er von ihnen bericht der Unschuld der Kinder, und gebetten, daß er nachmals helfen wollt, daß die Freundschaft möcht gehöret werden. Darauf antwortet ihm der Churfürst, wie man ihm doch das möcht zumuthen, Franz und seine Freundschafe hätte das nicht um ihn verdient, jedoch wollt er der Freundschaft nicht verhalten, er wär zwar dabey gewesen, da ihnen die Herren abgeschlagen hätten, sie zu hören, es hätte doch bey ihnen gestanden zu thun und zu lassen. Er erzählt auch viel von der Sachen, wie unbillig er überzogen wär, und wie schwerlich er und seine arme Unterthanen beschädiget worden wären, und nach langer Red beschloß er, wo schon die Freundschaft lang bleiben würde, würde es doch alles vergeblich seyn, wande sich also von ihnen, und gieng hinweg.

Nach diesem als Dankstein aufgeben, Lützelburg eingenommen, Drachenfells und Hohenburg geschleift, zogen die Fürsten nach Creutznach und belagerten Ebernburg. Hiezwischen schickten die Freundschaft Bechtolfen v. Flörsheim zu Schweickard v. Sickingen, zeigten ihm an, was der Freundschaft von den Fürsten seiner Geschwister begegnet, wollten darauf gern sein Bedenken hören; der ihnen antworten lies, daß er möcht leiden,

leiden, daß die Freundschaft sich in einen Vertrag gebe, wofern es mit Ehren geschehen könnt; also beschrieben sie sich gegen Speyer, und hielten beym Bischof an, ihnen zu helfen und zu rathen, damit ein Vertrag möchte gemacht werden, da wurden Diether von Dalberg und Herr Philipp von Flörsheim zum Erzbischof von Trier gesandt, die ritten zu ihm gen Ebernburg, suchten ihn in seiner Zelt, funden ihn aber nicht darinn, über ein Weil kam er mit 2 Landsknechten daher, und hot ein Elendshaut an, empfieng sie, und gab ihnen die Hand, und sagte, er habe den Ort besichtiget, da er sein Lager haben sollt, das war jenseits des Flusses Alzens, welcher der Ort in die Na lauft, dann die Fürsten machten eben damals die 3 Läger und Schanzen vor Ebernburg; also zeigten sie an, warum sie da wären mit unterthänigster Bitt, daß Ihro Churfürstliche Gnaden, die Ungnad, so sie auf den von Sickingen hätten, von seinen Kindern wollte fallen lassen, weil doch nun Franz der Vater todt wäre, und hätten, so doch ohne das den Kindern alles genommen wäre, mehr Anstöß, dann so bald das Regiment von Würtenberg vernommen, daß Franz todt wäre, so hätten sie die Neuburg (dahin geordnet) alsbald eingenommen, die Töchter spöttlich hinweg gerissen, welche gen Sickingen kommen, Schweickard Hausfrauen aber gen Händschuchsheim zu ihrem Vater und Mutter; als solches Erzbischof von Trier vernommen, sagte er, er wüste nicht, was seiner Mitconsorten Pfalz und Landgrafen Gelegenheit seyn würde, aber vor meine Person frag ich: stehn auch die von Sickingen frey, daß sie sich ohnverhindert mit jemand vertragen mögen? Darauf antwortet Dieterich von Dalberg:

Gnädigster Churfürst und Herr! Ich will Euer Churfürstliche Gnaden nicht verhalten, es hat die Sickingische Freundschaft Bechtolfen von Flörsheim zu Schweickarden von Sickingen geschickt, von ihm zu erforschen, ob ihm vielleicht sein Vater mit jemand verbunden, und ob er samt seinem Bruder frey stehen; hab er Schweickard darauf geantwort, er wüste von keiner Verbündnis, und als er ferner gefragt, ob er auch vor seine Person frey wäre, hat er Ja geantwortet.

Ferner hab er gefragt, ob er auch ein Vertrag in dieser Sachen leiden könnte, darauf er geantwort, Ja, so fern in derselbigen, Ehrlich aber sollt er sich vertragen, und sollten alle ehrliche Gesellen, so seines Vaters wegen in diesen Krieg kommen, auch zum Theil das Ihrige verlohren haben, eines Theils noch Gefangen liegen, nicht vertragen seyn, das deucht ihn, es würde ihm nicht ehrlich seyn; in diesen seinen Reden fiel ihm der Erzbischof in seine Red, Ja, Ja das ist recht, das ist, was ich gern gewust hätte, ob nemlich Franz den Krieg von sich selbst mit mir angefangen hat, jetzund hör ich, daß man einen Bund mit mir gemacht hat, und mich unterstanden zu verjagen; allein Gott und die wehrliche Hand hat mich davor behüt, wird mich auch noch nicht verlassen, es ist recht, daß ich das weis, darauf antwortet Dieterich von Dalberg:

Gnädigster Herr! Ich weis von keiner Bündnis, ich hab auch nie von keiner gehört, Schweickard weis auch von nichts, allein bedenkt er als ein junger Gesell sein Ehr, und was ihm deshalben zu thun sey.

Es ist genug, ich verstehe es wohl, sprach der Erzbischof, wir wollen ihm Recht thun, und als sie ferner um Vertrag anhielten, sagte er, er könnte ohne seine Mitkriegsherrn nichts thun, er wäre derjenige, der im Schaden lege. Also schieden die Gesandten der Sickingischen Freundschaft von ihm ab, und ritten nach Creutznach. Darzwischen hat der Bischof zu Speyer mit Hülf Herzog Johann von Simmern Pfalzgrafen der Vater, der auch da war, angefangen ein Vertrag zu suchen, und entboten der Freundschaft, sie hätten eine Sach angefangen, und so viel vernommen, wo die Sickingische Freundschaft auch von Hartmuth und Cronbergs wegen Handlung und Vertrag suchen wollen, daß man in der ganzen Sache nichts schaffen würde, dann die Chur- und Fürsten wollen von Hartmuth von Cronbergs wegen nichts hören noch wissen, darnach hätte sich die Freundschaft zu richten; darauf die Freundschaft geantwortet, Hartmuth wäre auch ein gesipter Freund, und wo sie etwas von seinetwegen könnten handlen, das ihm zu gut käme, das wollten sie gern thun. Darauf ward Ihnen geantwortet, daß sie sollten schweigen, und seiner nicht gedenken, sonst lege die Handlung gar, also ward Philipp von Flörsheim und Dieterich von Dalberg vor Ebernburg erfordert, und ihnen angezeigt, wo die Freundschaft willigen würde, und so viel mit den von Ebernburg handlen, daß sie den 3 Chur- und Fürsten das Schloß eingeben, so wollten sie alle, die im Schloß wären, mit dem Pfelg auf die gemeine Urpfed abziehen lassen. It. es soll dem von Sickingen werden und bleiben alle fahrende Haab, so im Schloß wären, ausserhalb Pulver, Geschütz, und was zur Wehr gehört, das wollen Chur- und Fürsten vor sich behalten, sie wollen auch alle neue Mauren, so zur Ebernburg gemacht worden, zerbrechen und schleifen, das alte Gebäu soll stehen bleiben, darnach Ebernburg samt allen, was Franz verlassen, ausgenommen Neustuhl und Hornburg, so mit dem Schwerd gewonnen, den Seinen wieder werden; es sollen auch alle Gefangene, ausgenommen Hansen von Sickingen und Johann Silchen von Hoch, zu allen Theilen ledig werden, doch auf gewisse Maas, dieweil sie Hauptleuth des Kriegs gewesen; wolle auch Schweickard in diesem Vertrag seyn, das soll ihm frey stehen; womit gedachten Chur- und Fürsten sich Sein und der Seinen wohl zu erwehren. Nach diesem hub Wilhelm von Zabern zu Dietrich von Dalberg an, und sprach; Dieterich ich hab geschanzt, und ein solch Schanz gemacht, so ihr diese sehen wollt, werd ihr eine schöne Schanz sehen, die im Schloß haben noch keinen Schuß heraus gethan, sondern haben mich nach allem meinem Willen schanzen lassen; ich weis die Ursach nicht, vielleicht haben sie das Pulver sparen, und ihr Schiessen nützlicher anlegen wollen, ich hab wohl von Franzen gehört: sollte man ihn belageren, und unterstehen zu schanzen, es müste einem sauer werden, und wandte sich zum Schloß, und sprach, was wird noch aus diesem Ding werden? Antwort ihm selbst, was soll daraus werden; da der Landgraf in der Bayerischen Fehd die Junker auf dem Gau brandt und verderbt, da sagt auch jedermann, was wird daraus werden, der Adel wird es nicht ungerochen lassen, was ist daraus worden, wann ein Ding geschehen ist, so ists auch verthädigt. Darauf antwortet Dieterich von Dalberg, du fragst, was daraus werde? das will ich dir sagen, hätte der Landgraf von Hessen den Adel auf dem Gau nicht gebrandt, so hätte den Landgraf Franz nicht überzogen, so wäre der Landgraf nicht vor Ebernburg kommen, darauf der von Zabern, wende dich mein Han, ritten also wieder nach Creutznach, die zwey nemlich, Herr Philipp von Flörsheim, und Dietrich von Dalberg. Da hielt Herr Philipp von Flörsheim der Freundschaft vor, was ihnen begegnet war, und war sein Rath; dieweil alle Ding in diesem Vorschlag auf denen stünd, die noch im Schloß Ebernburg waren, sollte man zu ihnen schicken, ihnen dies vorhalten, da würde man doch zum wenigsten hören, was sie im Sinn hätten, ob sie halten, oder nicht halten wollten, auch ob sie eines Sinns untereinander wären, darnach kunt man sich besser in die Sach schicken, wiewohl er gedacht, es wäre umsonst, daß sie sich im Schloß zu unterhalten unterstehen wollten, dann wann sie es dem Churfürsten aufgeben, so erhielt man doch, daß die Gefangene ledig würden, und den Kindern, was ihnen genommen, wieder würde. Dies und andere dergleichen Bedenken, hat Herr Philipp von Flörsheim, und ward Conrad von Sickingen zum Theil auch Herrn Philippen Meinung, aber alle andere beschlossen darauf, daß sie es Ehren halben nicht thun könnten, gaben Herrn Philipp die Sach zu bedenken, und Conrad von Sickingen vermeint, wann die andere Freundschaft auf ihrer Meinung verharret, wird ihnen beyden darum übel nachgeredt werden, daß sie sollten bewilligen, ein solch stark wehrhaftes Schloß so leichtlich zu übergeben, dann es die Fürsten viel Arbeit kostet, solches zu eroberen, so wären etliche Gesellen darinn, die würden sich ohne Zweifel ehrlich und ritterlich halten. Also verglich sich die Freundschaft miteinander, daß sie Ehren halben den vorgeschlagenen Weg nicht annehmen könnten, aber gleich den anderen Tag ward Ebernburg eingenommen, und was darinn gefunden vertheilt, und alles zerrissen und zerbrochen, und die Sach blieb also unvertragen, bis dieselbe Handlung nach vieler Müh und Arbeit auf dem Reichstag zu Speyer im Jahr 1542 endlich vertragen ward. Schweickard hielt sich im Oberland bey Basel, Balthasar Schlorer suchten Weg, wie sie möchten Vertragen werden, der Franz war zum Bischof zu Bissanz gethan, Hanns von Sickingen und andere lagen zu Germersheim, der konnte sich niemand annehmen, sie zehrten beym Wirth, waren viel schuldig, der Wirth wollt bezahlt seyn, die Gefangene begehrten sich umzuthun, Geld aufzubringen, sie konnten aber keins erlangen, doch mittler Zeit macht der Erzbischof von Cöln den August von Braunsberg ledig, dem von Trier waren die Gefangene von Neustuhl zugestellt, der nahm sie gen Coblenz in Herberg, musten ihren Wirth selbst bezahlen, welcher nichts zu bezahlen hat, dem gab man Wasser und Brod, ein Theil wurde in Thurn geworfen, nachmals setzten die Chur- und Fürsten ein Tag nach Frankfurt, und besuchten denselben in eigener Person, dahin kam Herr Philipp von Flörsheim, Franzen Schwager, und Dieterich von Dalberg, sonst niemand von der Freundschaft, diese hielten wieder an wegen Franzen Kinder um einen Vertrag, kunten aber nichts verrichten; nach diesem Tag lies Churpfalz mit Conrad von Sickingen und Hn Philipp von Flörsheim handlen, daß sie Bürg wurden, und den Wirth zu Germersheim bezahlten, darauf den Gefangenen ein Tag zugelassen; also hat sich der Churfürst von Trier mit seinen Gefangenen auch verhalten, damit aber Hr. Philipp von Flörsheim und Conrad von Sickingen nicht in Schaden legen, haben sie etliche von der Freundschaft gen Brüssel beschrieben, als den von Dalberg, Gemmingenbach, und deren sich jeder bewilliget, 50 fl. an der Zehrung zur Steuer zu geben, das ist Hr. Philipp und Hr. Conrad worden, das übrige haben sie aus dem Säckel bezahlen müssen. Es erlanget auch zuletzt Hr. Philipp bey dem Bischof zu Speyer Pfalzgrafen, daß er bey dem Churfürsten zu Heidelberg erlangt, wie wohl schwerlich, dann er sagt, wann es Franzen gerathen, und seine Anschläg angangen, so wäre er samt ihm verjagt worden, weilen aber der Bischof nicht nachliesse, erlangt er zuletzt, daß ihnen der Freundschaft vergönnt war, einen gütlichen Tag vorzunehmen; der Tag war gegen Brüssel bestimmt, im Jahr 1524 und von allen Theilen emsiglich besuchet, aber die Chur- und Fürsten wollten sich nicht zum Vertrag, so der Freundschaft beheglich, bewegen lassen, doch war zuletzt vorgeschlagen, daß der von Sickingen 4000 fl. vor alle Erforderung werden sollen, und der Erzbischof von Trier und Bischof von Speyer sollten und wollten Franz Conraden, Franz von Sickingen Sohn, also versehen, daß er auch ein Auskommens hätte.

Dieser Vorschlag betrübt die Freundschaft der von Sickingen also hoch, daß Dieterich von Dalberg in vollem Rath der Freundschaft mit weinenden Augen sagt, er habe dem Churfürst von Trier und Landgrafen von Hessen nicht vor übel, daß sie also hart hielten, aber das beschweret und bekümmert ihn herzlich, daß Churpfalz die Sach dahin mitlen ließ, daß das ehrliche Geschlecht, welches so viele Jahr her in den höchsten Aemtern bey Churpfalz als Marschall und Hofmeister gewesen, sollten aus der Pfalz verstossen seyn, die man doch billiger mit Gold und Silber ins Land kaufen sollt; dieses schmerzet sehr die ganze Freundschaft, und gienge dieser Tag ohne Frucht ab. Unterdessen starb Schweickard seine Hausfrau zu Basel, und ward also durch den Bischof von Speyer ein anderer Tag gen Speyer bestimmt, auf welchem nicht allein deren von Sickingen Freundschaft, sondern auch ihnen zu Ehren erschienen Graf Wilhelm von Fürstenberg, Herr Jörg Truchseß, Herr Wolf Dieterich, und sonst mehr Grafen und Herrn, diese Tagleistung bis an 8 Tag, und wiewohl Bischof Georg von Speyer Pfalzgraf in eigener Person mit allem Fleiß den Vortrag sucht, kunt er doch nichts erhalten, und muste man ohnverglichen also abscheiden.

Hiezwischen erhub sich der Bayern Krieg im Jahr 1525, da suchten etliche Haufen der aufrührischen Bauern bey Hannsen von Sickingen, Franzen Sohn, an und begehrten, er sollt ihr Hauptmann werden, mit vorgeben, sie wüsten wohl, daß seinem Vater Franzen und Ihm von den Fürsten Gewalt geschehen seye, sie wollten ihm zu allem dem Seinen wieder helfen, aber Franz entschlug sich der Aufruhr, und begab sich zu der Fürsten Bund wieder die Bauren, und blieb bey ihnen bis zu End des Baurenkriegs; bald nach dem Baurenkrieg kam Erzherzog Ferdinand des Kaisers Bruder gen Diepurg, und die Freundschaft von Sickingen vermochten Herrn Philipp von Flörsheim den Domsänger von Speyer dahin, daß er zu ihrer Durchläuchtigkeit ritte, und bathe um Wiederzustellung der Neuburg, welche die Oestreichische Regierung nach Franzen Todt zu sich genommen hat, und im Fall sie das Schloß ja nicht wieder bekommen sollten, daß ihn doch der vor ein Vergleichung möcht geleist werden, und lag Hr. Philipps bis in die Läng wohnen daselbst, erlangt auch ein Vertrag, daß den von Sickingen für Hauptsumma und Interesse 24000 fl. davor erlegt ward.

Nach diesem war ein Reichstag zu Speyer welchem auch gedachter Ferdinand des Kaisers Bruder persönlich besucht, und fügt sich eben, daß er sein Logement in der Domsängerey bey Hn. Philipp nahm; als aber die Freundschaft von Sickingen vernahm, suchten sie dadurch einen Zugang, und weil Churpfalz und Hessen und Trier den Reichstag auch besuchten, bathen sie Erzherzog Ferdinand, daß seine Durchlaucht eine Fürbitt bey Trier, Pfalz und Hessen einlegte, damit die Sickingische möchten zum Vertrag kommen, und der Erzherzog wandte sein bestes vor, begehrte an die 3 Chur- und Fürsten, daß sie ihm die Sachen sollten heimstellen, und übergeben, die 3 Chur- und Fürsten nahmen solches zu bedenken, er hielte noch heftiger an, die 3 Chur- und Fürsten schlugen solches ab, und sprach der Churfürst von Trier: was wollt ich mich zeigen, mein

Stift und ich bin schwerlich von ihnen beleidiget worden und beschädiget. Ueber das hat Schweickard von Sickingen einen von meinen Amtleuten angegriffen, und ihm sein Haus vom Grund abgebrandt. Dieses hörte Hr. Philipp von Flörsheim, gieng zu Ferdinand, und sagt in Beysein der 3 Chur- und Fürsten:

Gnädigster Herr!

Euer Churfürstliche Gnaden wollen doch Ihro Durchleuchtigkeit die Sache heimstellen, die von der Freundschaft wollen emsiglich daran seyn, damit der Amtmann zufrieden gestellt werde, die Chur- und Fürsten sahen ernstlich Hn. Philippen an, und schlugen dem Erzherzog sein Begehren völlig ab. Hr. Philipp gieng mit dem Erzbischof von Trier nacher Haus, und redete viel mit ihm, daß er sollte einen Vertrag zulassen: aber er sagte, es stünde nicht allein bey ihm, und wiewohl neben diesem grosse Fürbitt von dem Erzbischofe von Cöln, und Chursachsen grschahe, so halfe doch alles nichts, und ritte der Landgraf von Hessen von Speyer heimlich hinweg, und die Sach bliebe ohnvertragen.

Darnach im Jahr 1529 starb Bischof Georg von Speyer, der ein guter Freund der Sickingen war, kunt aber nichts helfen, daß die Sache wäre vertragen worden.

Anstatt Georgen wurd der Herr Philipp von Flörsheim zum Bischof zu Speyer erwählt, der schickt alsobald nach Trier, und lies ihn bitten, daß der Erzbischof das Best thun wollt, da lies ihm der Erzbischof von Trier viel Glück wünschen, und dabey anzeigen, er sollte befinden daß die v. Sickingen sein geniessen sollten, er wollt auch seinetwegen mehr thun, als er willens gewesen. Bald hernach starb der Erzbischof von Trier auch, und ward Herr Johann von Mezenhaussen der Domprobst zum Erzbischof erwählt. Bald darnach schickt der Bischof von Speyer seinen Bruder Bechtolfen nach Trier, lies ihm Glück wünschen, und bitten ein gnädigster Herr von denen von Sickingen zu seyn; es ware aber auf vieles Bitten kein endliche Antwort; zuletzt ward Herzog Wilhelm von Bayern erbetten, daß er eine ansehnliche Bottschaft zum Erzbischofen Johann gen Trier schickt; er war aber auf vieles erbetten ganz unlustig, und schub die Sache auf Churpfalz und Hessen, ward auch diesesmal nichts erlangt.

Hernach im Jahr 1539, als der Kaiser etliche Commissarien gegen Frankfurt geordnet, dahin Pfalzgraf Ludwig, Marggraf Joachim als Commissarii, und Herzog Ernst, Friederich von Sachsen, alle 3 Churfürsten, auch Landgraf Philipp; auf den Tag schickt sich Hanns von Sickingen auch, und bearbeitet sich also viel durch Fürbitt der Churfürsten; dardurch Hartmuth von Cronberg und Hanns von Sickingen also viel erlangt, daß des Landgrafen Gemüth geändert, und sich bewilliget eines Vertrags, und sonderlich des Cronbergs, und Hanns von Sickingen, dadurch die ganze Sach vertragen ward; nach diesem kam Ferdinand der römische König gen Hagenau 1540. Da auch Churtrier und Pfalz auch hinkamen; da ward auch von denen von Sickingen, die persönlich waren, gehandlet, aber wie der Landgraf nicht da war, ward dieses aufgeschoben. Bald darnach starb der Erzbischof von Trier auch, und ward Joh. Ludwig von Hagen Domprobst zum Erzbischof ernannt; zu dem schickt auch alsobald Herr Philipp von Flörsheim sei-

seinen Bruder mit Credenzschreiben und Instructionen, lies ihm auch zu seinem Antritt Glück wünschen, mit Bitt, zu helfen, um einen Vertrag der von Sickingen; worauf sie eine gute Antwort bekommen; darnach ritten die von Sickingen mit Henrichen von Fleckenstein zu Churtrier, und hielten ernstlich und bittlich um einen Vertrag an, welwelcher dann gute Antwort ertheilet.

(Die Fortsetzung folgt künftig.)

Fortsetzung der merkwürdigen Briefe an den Kurpfälzischen Hofgerichtsrath Traiteur zu Mannheim über Malereysammlungen in England ꝛc. von Hn. von Hofstätter.

Zweyter Brief.

Ohne sie aufzuhalten komme ich nun zum dritten Karton, wozu Elymas der Zauberer Stof gab. Er wird eben durch Pauls Wunderkraft mit Blindheit geschlagen, im Angesichte des Sergius, römischen Prätors. Nicht leicht erscheint ein Apostel edler und würdiger. Stellung, Gebärde, Draperie verkündigen den grossen Geist. Sein Angesicht ist in keinem vortheilhaften Lichte: vielleicht gewinnt es dabey, denn es scheint den übrigen Zügen nicht zu entsprechen. Den Sergius kann ich nicht eben so empfehlen: er sitzt auf seinem Prätorstuhle, und staunt über die Blindheit des Elymas. Seine Gesichtszüge verkündigen nichts weniger, als eine grosse Seele. Sie sind klein, und roh, wie seine Empfindung. Man denke sich einen finstern Blick des halbgeschlossenen Auges, ein aufgehobenes Kinn, und Lippen, fest aufeinander gepreßt, deren die unterste vorspringt, und schließe auf die Lage des Geistes. Dagegen hat Elymas edlere Züge. Zwar macht ihn die plötzliche Erblindung, das vergreifen der Arme, der forschende ungewisse Schritt beim ersten Anblick einer Karrikatur ähnlich; aber sie sehen gar bald, lieber Freund, daß er in seinem Zustande nicht anders kann.

Nächst dem Blinden unglüklichen, steht ein Mann; dem noch vieles bis zur Verfeinerung fehlt. Er ist wohl gerührt von Empfindung des Mitleids, oder vielmehr des Staunens, aber seine Züge sind eben so, wie der Ausdruck seiner Empfindungen rohe, ungeweihte Natur. Zurück beschäftigen sich mit diesem Vorfalle theilnehmende Zuschauer von allerlei Charakteren. Der eine, welcher dem Sergius am nächsten ist, sieht nach dem Volke um, und deutet auf den blinden Elymas. Ein Weib voll ängstliches Schreckens zeigt hin auf Paul den Urheber, ein paar Greißen, und ein dicker, fetter Kopf sind noch unentschlüßig, was sie daraus machen sollen: aber ein Naseweiser ganz am Rande des Gemäldes dünkt sich eben das Räthsel erklärt zu haben. Dazwischen kommen noch ein paar Figuren vor, die eine eines Jünglings, die andere eines Mütterchens, deren keine sehr bedeutend ist; doch nehmen sie lebhaften Antheil an der Handlung.

Von den Figuren an Pauls Seite läßt sich kaum was anders sagen, als daß ihnen des Elymas Unglück nicht gleichgiltig ist: nur ein Kopf am äussersten Rande verdient Aufmerksamkeit. Er ist wohl gebaut, und die Empfindungen des Staunens, des Mitleids, und der Erwartung (die Augen sind nach dem Sergius gerichtet) liegen gemischt auf seinem Gesichte.

Ich stelle mich nun vor die beyde Gemälde hin, und frage — worinn liegt Raphaels Vorzug? — In der Ausführung? — Das kann wohl der Fall bey Kartonen nicht seyn — also gewiß in der Anordnung, und im Ausdrucke. Ich verweile bey dem Leztern, als dem wesentlichsten Vorzuge. Auf beyden Gemälden herrscht einerley Ausdruck des Affectes. Staunen, Schrecken weckt die Strafe des hingestreckten Ananias, wie des erblindenden Elymas. Jedesmal stellt sich die schreckliche Begebenheit plötzlich ein, und trift um so mehr, wiewohl der Tod mächtiger, als die Erblindung. Man kann nicht läugnen, daß die Empfindungen auf beyden Malereyen nicht nur stark genug, auch nach ihrer gehörigen Abstufung ausgedrückt werden. An beyden Vorfällen nehmen die Anwesenden Theil, mehr oder weniger, je nachdem die Begebenheit ihre Herzen gestimmt, und vorbereitet fand. Der erschreckte Jüngling dem todten Ananias gegenüber, der Zweifelnde ob er auch vortrean soll, die fürchterliche Scene näher zu schauen, ein andrer, der sich herüber krümmt, die zwey weibliche Figuren, voll des mächtigen Schreckens, und die ganze Reihe staunender Apostel giebt der Handlung eine ausserordentliche Feyerlichkeit. Das Staunen über die Blindheit des Elymas ist nicht geringer, wenn gleich das Schrecken mäßiger ist. Von Sergius an, bis auf das unbedeutende Mütterchen ist alles betroffen, alles so voll der Theilnehmung, und der Empfindung, daß wohl derjenige, welcher Karrikatur und Uebertreibung haßt, nichts heftigeres verlangen wird. Kurz, der Ausdruck der Affeckte auf beyden Malereyen ist stark und kraftvoll. Allein gab es nicht der Künstler viel, mit und nach Raphael, die ihm an Stärke dieses Ausdrucks nicht nachgaben? — Ich glaube allerdings — wichtiger ist es, wenn sich Würde des Ausdrucks zur Stärke gesellt. Hierinn hat Raphael weniger Nebenbuhler: der Anstand, womit sich seine Figuren auch im heftigen Affeckte benehmen, ist nicht jedes Pinsels Sache, der stark und lebhaft genug, oft zu stark und zu lebhaft ist. Aber diesen Vorzug hat Raphael nicht immer, auch hier auf diesen Malereyen nicht.

Pauls Empfindung über den Tod des Ananias hat jenen edlen Anstand nicht, den ich erwartete, und der aufstehende Mund des erschreckten Jünglings dürfte sich mäßiger geöfnet haben. Des Elymas Erblindung, und Pauls Wunderkraft sollte Sergius anstaunen ohne der Würde eines Prätors zu vergeben — und wäre gleich bey Raphael der Ausdruck der Empfindungen jedesmal edel, würdig, abgewogen, dürfte er auch darum andern grossen Maleren vorgezogen werden? Ich denke, der sterbende Hieronymus eines Dominichino, die Kreutzabnehmung eines Daniel von Volterra, und viele andere berühmte Meisterstücke dürften wohl wenigstens in Koncurrenz kommen. Selbst Rubens, dem man hierinn nicht ohne Recht Uebertreibung zur Last legt, steht nicht immer zurück: Ich fand durch Holland, Niederland, England hie und da Malereyen, die sich von weiser Ruh und edler Mäßigung empfehlen. Nicht ohne Bewunderung sah ich in Brüssel das Altarblatt in der Kapuzinerkirche, so den grossen Todten vorstellt, wie er eben vom Kreutze herab genommen ward. Ich rühme die Characktere nicht; sondern die feyerliche Stille bey dieser Jammerscene, die Ruhe der Stellungen und Gebärden auch bey den tiefen Krümmungen Franzens, und Magdalenen, den stummen edlen Schmerz Marien und allenthalben so viel Stärke des Ausdrucks mit so weisem Maaße gemildert, daß wir ungerecht seyn müßten, wenn wir diese Schilderey nicht, wenigstens in Ansehung des Affecktes, unter die besten zählen wollten. Aber man vermenge die sehr verschiedenen Arten des Ausdrucks nicht, die eine der Empfindungen, die andere der Characktere. Nur in der Letztern zeigt sich Raphaels Uebergewicht.

Characker ist des Geistes gewöhnliche Lage, ohne Rücksicht auf irgend eine Veranlassung zu dieser oder jener Empfindung. Auch der sanfteste wird bisweilen aufgebracht; aber Hitze ist sein Characker nicht. Wie die Bewegung der Muskel vorzüglich den Affeckt zeigt, so klärt sich der Characker durch deren gewöhnliche Wirkung und Lage auf. Davon hangen die Formen, uud die Züge des Angesichts ab. Ich rede von dem Sitze, worauf die Seele des Menschen am vorzüglichsten erscheint. Der Bau des ganzen Körpers, die Harmonie der Glieder, die Art ihrer Bewegung sind gleichfalls Merkmaale, welche auf die Lage des Geistes deuten, und zwar auf die alltägliche, in so weit sie keine gegenwärtige Veranlassung zum Grunde haben. Allein das Angesicht bleibt immer der Sitz des Ausdruckes. Es mag Fälle geben, worinn die Züge des Angesichtes keine grosse Wirkung versprechen, zumal bey grossen Entfernungen, in welchen nicht sowohl einzele Glieder als das Ganze auffällt. Aber ich rede von dem gewöhnlichsten, und hierinn überzeugt uns die Erfahrung, daß wir mit Widerwillen gewahr nehmen, wenn uns die grössern Theile durch ihre Disharmonie mit dem edelsten getäuscht haben. Raphael unterschied sich durch den Ausdruck edler Characktere. Man untersuche den Bau des Ganzen, die Uebereinstimmung seiner Theile, und vorzüglich den Anstand, die Leichtigkeit, oft die Feyerlichkeit ihrer Bewegung, gerne wird man hierinn ihm den Vorzug geben. In dieser Rücksicht ist Paulus vor dem Prätor die würdigste Figur, die man sehen kann, und den unglücklichen Ananias glaubt man in einer Schule edler Philosophen zu finden. Aber man rücke näher, sehe den Männern ins Angesicht, forsche nach dem Ausdrucke auf den Hauptsitz der Seele: Hier ist die Scene geändert. Pauls Angesicht liegt im Schatten, und des Sergius Züge entehren den Prätor: Selbst die Schule der Philosophen verschwindet, und an deren Stelle stehen Männer aus der rohen, alltäglichen Natur da. Raphael sah allerdings die Pflicht des Pinsels, Characktere zu malen: aber es scheint nicht, als hätte sie entwickelt in seiner Seele gelegen. Künstler, die einem Archimed den Kopf ihres Gönners geben, und Bildnisse der Prinzen, ihrer Freunde, selbst ihr eigenes hinstellen, um eine Schule von Athen zu bezeichnen, sind entweder nicht überzeugt, daß die Zeichnung des Characktcrs die wesentlichste Pflicht des Pinsels ist, oder gewis nicht, daß sie vorzüglich in der Zeichnung des Kopfes liegt. Allein der allgemeine Begrif, edle und würdige Characktere aufzustellen, so unentwickelt er etwa in gewissen Rücksichten seyn mochte, lag gewis in Raphaels Seele. Seine Apostel und Philosophen sind Zeugen dieser Wahrheit; oft haben seine weibliche Figuren eine ausnehmende Schönheit: selbst unter dem Haufen der Zuschauer zeichnen sich Figuren, durch Anstand, Schönheit, Würde aus. Dürfte Raphael nicht neben den besten Künstlern des Alterthums stehn, wenn ihm die Pflicht, Charackter zu malen, nach ihrer ganzen Bestimmung eingeleuchtet hätte?

Auf dem vierten Karton erscheint der wunderbare Fischfang im Evangelium. Christus sitzt in einem der Schiffe, und Petrus kniet vor ihm tief gebückt, ich weis nicht, zu bitten, oder zu danken, oder was der Handlung angemessener ist, durchdrungen vom Gefühle seiner Wunderkraft. Andreas zurück voll Ehrfurcht und Staunens fühlt eben so warm nicht. An diesen drey Figuren hängt die ganze Handlung: Ich kann sie aber nicht sonderlich empfehlen, am wenigsten ihre Charaktere. Christus erscheint hier kleingeistiger, als man ihn von Raphael erwarten sollte. Die kleinen Züge des Angesichts, das zurücktretende Kinn, und der vorstehende spitze Bart, zeigen gewis keinen Gottmenschen. Das Uebel wird durch die hochgespannte Wölbung des Auges nicht geheilt; vielmehr bestätttigt sich die Idee eines kleinen ängstlichen Geistes. Aber die Ruhe, und der Anstand, womit er im Schiffe sitzt, die Wendung und Stellung des ganzen Leibes, die ruhige grosse Gebärde, der um den Leib geworfene Mantel, und dessen edle simple Draperie söhnen den Denker ganz wieder mit Raphael aus. Ich wiederhole nicht, was ich oben angemerkt habe, aber ich glaube, in dieser Figur einen neuern Beweis gefunden zu haben.

Petrus und Andreas gränzen mir zu nah an die rohe Natur. Ihr sträubig Haar, der verworrene Bart, die Gesichtszüge, besonders an Petrus, und selbst seine bittende Stellung will mir nicht gefallen. Mag er doch ein roher Fischer gewesen seyn: die Kunst hat nicht nur das Recht, hat auch die Pflicht, das Rohe der Natur zu mildern, das Unangenehme wegzuschaffen, und Stärke allein ohne Rohheit zurückzulassen. Welchen Herkules würde auch das weise Alterthum überliefert haben, wenn es diese Pflicht nicht gekannt hätte? — Dagegen verdienen die drey Fischer auf einem andern Nachen um so mehr Aufmerksamkeit. Zwey edle Jünglinge stehen artig gebückt, und heben das Netz aus dem Wasser: über dem Vordertheil des Schiffes sitzt ein Greis, dem Neptun Virgils nicht ungleich, dessen Bild Raphael vielleicht aus der bekannten Gemme abgenommen hat. Nur schade, daß der edle, er Ausdruck nicht vorzüglich die Helden des Gemäldes traf.

Ich komme nun zu dem fünften Karton, dessen Held abermal Paulus ist. Er predigt zu Athen. Das Feuer des Redners ist vortreflich ausgedrückt; aber Bildung und Stellung ist so edel nicht, als sie vor Sergius war. Da er beyde Arme beynah auf gleiche Höhe hebt, erhält sein Mantel keine vortheilhafte Lage, die Draperie nimmt sich nicht wohl aus, und die Glieder des Leibes liegen darunter versteckt. Drey Figuren zurück, stehen voll Aufmerksamkeit und Rührung da: Nur der dicke, satte Zuhörer dicht hinter dem Redner gefällt mir nicht. Vor sich hat Paulus der Zuhörer mehr: sie sitzen, oder stehen viel tiefer, als er: daher sie auch kleiner erscheinen, ich weis nicht, ob nicht zu klein für diese Entfernung. Alle Gesichter sind aus der bessern Natur gehoben, ihre verschiednen Stellungen machen eine herrliche Wirkung, und an Aufmerksamkeit und Rührung fehlt es der Versammlung nicht: aber ausgezeichnete Characktere suchte ich vergeblich.

Der sechste Karton stellt die Heilung des Lahmen an der Pforte des Tempels vor. Zwey Säulen, die mitten aufstehen, theilen das Bild in drey Theile: die vielen übrigen welche tiefer zurück stehn, machen zu dieser Theilung nichts Mitten ist Petrus, welcher den Lahmen heilt. Der Held des Gemäldes ist steif, und gemeiner Natur, und die Bildung des Lahmen bis zum Eckel getrieben. Desto edler erscheint Johannes hinter ihm. Schönheit, Grazie, Sanftmuth liegt auf seinem Gesichte, und in allen Gliedern. Seine Stellung und Gebärde ist gar schön; dagegen wollen die übrigen Köpfe dieser Abtheilung nicht viel sagen. — Zur rechten Seite drängen sich einige Männer herbey, deren Stellungen sehr gut sind: zurück stehen ein paar weibliche Figuren. Die erstere hat viel Grazie und Leichtigkeit in ihrer Stellung. Unter den Kindern scheint mir das Vorderste etwas verdreht: aber das hinterste hat der Grazie viel, und wahre kindische Schalkheit liegt im Blicke des Auges, und in der Wendung des Kopfes. — Zur linken zeichnen sich zwey Figuren nicht mit gleichem Vortheil aus: die erste ist eine wüste Karrikatur eines alten, eckelhaften Kranken, weder die Lumpen, womit er halb gedeckt ist, noch die wilden Züge seines Angesichts empfehlen ihn. Hinter demselben steht eine Mutter mit ihrem Kinde: sie ist wirklich schön, und wird durch die edle Stellung, und durch ihre sanfte Rührung noch reizender. Die übrigen Figuren, sind von gemeinem Schrote. Ihre Pflicht ist, was sie nie allein sollte, die Lücken zu füllen, und die Farben harmonisch zu binden.

Das letzte dieser Gemälde ist die feyerliche Uebergabe der Bindeschlüssel. Petrus kniet vor dem Heiland, von dem er eben die Schlüssel empfangen hat. Zur Rechten des göttlichen Mittlers sind Schafe, worauf er mit der einen Hand weiset, indeß die andere nach den übergebenen Bindeschlüsseln gerichtet ist. Christus hat ungemein viel sanftes und liebreiches auf seinem Angesichte, aber der Hoheit des Geistes lange so viel nicht, als ihm gebührte. In der Stellung des ganzen Leibes liegt der Würde mehr. Nur die Gebärde, da er mit beyden Händen auf verschiedene Seiten nach Gegenständen zeigt, die gleich tief stehn, ist wohl hier bedeutend genug, aber nicht eben so angenehm dem Auge, und selbst der Stellung nachtheilig. Die Bildung empfiehlt den knieden Petrus nicht; er ist klein an Statur, und eben so klein an Zügen. Seinen düsteren Blick verträgt die gegenwärtige Handlung nicht: sie ist eine Belohnung der Liebe des eifrigen Apostels gegen seinen Meister. Wäre er noch in den Augenblicken der Ungewißheit, was die wiederholte Frage des Heylands zu bedeuten habe, so möchte wohl der düstere Blick Furcht und Verworrenheit anzeigen. Nun aber hält er bereits die Schlüssel in der Hand, und die Sache ist entschieden.

Hinter ihm stehn zehn Apostel, deren keiner sich von Seite des Characters auszeichnet: selbst Johann hat so viel Reiz und sanfte Schönheit nicht, als ihm Raphael sonst gab. Allein das Schlanke ihrer Figuren, die schönen, edlen, wechselnden Stellungen, der einfache Schlag ihrer Gewänder, die Aufmerksamkeit auf alles, was vorgeht, die heilige Empfindung tief in der Seele, und sichtbar in jeder Gebärde, vorzüglich im Auge, machen das Bild schätzbar. Sie stehen reihenweis hintereinander; aber demungeachtet gruppiren sie sich gut, und das Ganze macht vortrefliche Wirkung. Das Kolorit überhaupt empfiehlt diese Malereyen nicht: es sind Gummifarben, denen es an Stärke und Lebhaftigkeit, wie an der leichten Vertreibung fehlt. Hie und da sieht man Ritzen am Grunde, wo die Farbe springt. Aber dies schadet der Hauptsache nicht, und sie bleiben nichts desto weniger schätzbare Denkmäler von Raphaels Pinsel, und eine Zierde des königlichen Pallastes.

Hier haben sie, lieber Freund, alles, was ich Ihnen von diesen berühmten Kartonen sagen kann. Daß es so in meiner Seele vorgieng, wie ich es nieder schrieb, dafür stehe ich. Ob mich kein Geist der Einseitigkeit, oder des Vorurtheils getäuscht habe, davon sollen sie selbst urtheilen, so bald sie Gelegenheit haben werden meine Bemerkungen an Raphaels Werke zu halten.

Ich bin ꝛc.

Ueber ein angebliches wichtiges Aktenstück.

In des Herrn Hofrath Schlözer Staatsanzeigen Heft 34. 9. 6. (Göttingen 1786.) 228. S. steht ein Aufsatz, der im Innhalte so angezeiget ist:

„Von Hrn. P. *Mat. Hell* Sedis romanae Missionario apostolico, und dessen Werken gegen Jansenisten und Freymäurer.„ Eine Anmerkung dabey heist: "Den Herrn Herausgebern der Berliner Monatschrift ist dieses wichtige Acktenstück (falls ich nicht sehr irre) unbekannt geblieben. Mit Vergnügen theile ich es ihnen zum weitern Gebrauche mit. S."

Der Aufsatz fängt sich so an;

Lectori Salutem

(gedruckt auf 4 Quartseiten)

Eodem anno, quo celeberrimus Anglus D. *Green* in insula *Otaheite* ad Polum Antarcticum transitum Veneris ante discum Solis, a facie seu *ab ante* observavit, ego annuta superiorum *memorabile iter maritimum drontemio Wardohasium* versus polum arcticum suscepi, ut Planetae huic ad mentem Societatis à tergo adstarem & in momento *coitus* cum Sole à *parte posteriori* penitius inspicerem, curiosius lustrarem.

Otaheite und zwar Ponit *Venus* wo *Green* den Durchgang der Venus durch die Sonne beobachtete, hat 17 Grade 29 M. 17 S. südliche Breite.

The orginal Astronomical observations made in the Course of a Voyage tovvards the South Pole ond round the World in his Majesty's Ships the Resolution and Adventure in the Years 1772. — 1775. *by William Wales* and *William Bayly* London 1777. p. 94.

Ein Ort, der noch nicht 18 Grade geographische Breite hat, liegt gewiß in einer heisen Zone, südlicher oder nördlicher, nachdem seine Breite ist. Von einem Orte in einer heisen Zone wird kein Mensch, der weiß, was Pol ist, geschweigen denn ein Astronom sagen: am Pole.

Paris liegt mehr als 48 Grad Nordwärts des Aequators: wie würden die Franzosen jemanden ansehen, der eine pariser Observation so anzeigte: ad polum arcticum. Freylich aus Europa nach Otaheite zu kommen, erfordert eine Reise gegen den Südpol; so widerspricht der Titel der Sammlung von Beobachtungen, auf die ich mich berufe, meiner Erinnerung nicht. Auch gieng die Reise bekanntermassen weit über Otaheite nach dem Südpole zu.

Für die wichtigsten Beobachtungen, bey einem Durchgange der Venus oder des Merkurs durch die Sonne, werden die beyden innern Berührungen, die erste beym Eintritte, die zweyte beym Austritte erklärt.

De la Lande Astronomie 8214. der II. Ausz.

Diese Beobachtungen, wie sie auf Otaheite angestellt worden, bringt Hr. Hell bey, und vergleicht sie mit den seinigen eben solcher Berührungen

Appendix ad Ephem: anni 1773. de Parallaxi Solis p. 45.

Wenn er also eben so was bey der Venus in der Sonne gesehen hat, wie Green; wie konnte er Greens Beobachtungen a Facie und seine a Tergo nennen? Hinter der Sonne die Venus bey ihrem Durchgange zu sehen . . . fällt doch wohl keinem Menschen ein. Also konnte durch vorne und hinten nur Eintritt und Austritt, oder allenfalls innre und äusere Berührung jemand unterscheiden, der sich mit Fleiß närrisch ausdrücken wollte. **Närrisch** aber sollte der Ausdruck nicht seyn, sondern **schandbar**. Die **Gesinnnungen der Gesellschaft**. *Coitus*, ein Wort, das als astronomisches Kunstwort ganz anstössig ist, und die diesem Worte beygefügte Redensart, alles ist zusammengesetzt, an einen Vorwurf zu erinnern, der den Jesuiten oft ist gemacht worden. Damit der Witz ja vom Leser bemerkt würde, sind die Stellen, die nach des Verfassers Meinung die saftigsten seyn sollten, mit anderer Schrift gedruckt.

Noch kömmt weiter hin 230. S. Telescopium P. P. Max. Hell. e. s. j. à Speculatione rerum *circa Venerem* reducis & resipiscentis . .

Das übrige ist nicht astronomisch. Was aber auch Hr. Hell von Jansenisten und Freymäurern urtheilen mag, so kann er sich darüber nicht so einfältig und plump ausdrücken. Es sind Schriften genug von ihm bekannt, aus denen man seinen Styl sehen kann, wenn er heftig schreibt.

Wie mich aber das übrige nicht angeht: so erkläre ich aus dem mitgetheilten Anfange den Aufsatz für das Werk eines Menschen, der Hrn. Hell hat wehe thun wollen, und nicht gewußt, wie er es machen sollte.

Hr. Hell hat astronomische Streitigkeiten gehabt. Diese könnte man auf eine ihm nachtheilige Art erzählen, ohne daß das eben wider ihn entschiede; denn was läßt sich nicht auf eine nachtheilige Art erzählen. Aber dazu hätte etwas astronomische Gelehrsamkeit gehört: und der Mensch verstand nichts, als über ein wichtiges astronomisches Geschäft Sauzoten zu reisen.

Hell ist also gewiß der Verfasser dieses Aufsatzes nicht.

Schmähschriften eines Ungenannten werden meines Wissens in keinem Gericht als

Aktenstücke gegen den Geschmähten oder dessen Mitgenossen angesehen.

In welcher Bedeutung wäre also das Ding ein wichtiges Aktenstück: und wie gehört es unter die Rubrick: „Aus Wien . . von neueinbrechender Finsterniß.“

Freylich in den Köpfen mancher Leute, die gern spotten wollten, und nichts als lügen und lästern können, sieht es finster aus; aber diese Finsterniß ist immer gewesen, bricht nicht itzo neu ein.

Göttingen im Jänner.
1787.

Abr. Gotthelf Kästner.

Ueber einen Versuch,

der beweisen soll, in dem Wasser sey keine innere Bewegung.

---

1. Die Akademisten zu Bonnonien warfen mit gehöriger Vorsichtigkeit, Küchensalz, etwa einen

Zoll hoch in eine 48 Zoll hohe gläserne Röhre, gossen sachte Wasser darüber, und ließen an einem gemäßigten Orte diesen Apparat einige Monate ruhig stehen. Am Ende fand sich nur die unterste Schichte Wassers mit Salze verbunden, die oberste hatte noch kein Stäubchen aufgenommen.

2. Baader vom Wärmestoff III. Abhandlung 32. S. der Ausg. Wien 1786 führt diesen Versuch zum Beweise an: daß in den flüssigen Materien der Motus internus nicht vorhanden sey, den man für das Wesen der Flüssigkeit halte.

3. Daß Auflösungen, wenigstens zu ihrer Beschleunigung, Wärme, und ihm Auflösungsmittel und der aufzulösenden Materie mechanisch erregte Bewegung, verlangen, ist bekannt, und so wäre der mühsame und weitläufige Versuch (1) wohl nicht nöthig, die Folgerung (2) darzuthun, wenn sie aus ihm folgte; denn die gemeine Erfahrung (3) reicht schon zu.

4. Aber fließt denn die Folgerung auch aus dem erzählten Versuche?

5. Es wird nicht gemeldet, daß etwa unten in der Röhre unauflößliches Salz geblieben

sey. Also darf man wohl annehmen, es sey alles aufgelößt worden.

6. Freylich wäre dieses zu entscheiden, daß man die Originalerzählung nachsähe; aber Herr Baader führt keine Stelle an, nicht einmal ob der Versuch in den Commentariis Bononiensibus zu finden wäre.

7. Vom Steinsalze ist die eigne Schwere 2,143. Muschenbröck Introd. ad phil. nat. §. 1417. p. 555.

8 Wenn ich annehme, Salz erfordere zu seiner Auflösung noch nicht dreymal so schwer Wasser:

9. Und das Salz (1) habe so dichte gelegen, als Steinsalz, welches freylich nicht war:

10. So hat es weniger als 6,429. Zoll Wasser gesättiget.

11 Ueber diesem Wasser hat also noch vieles können stehn bleiben, dem die 6. Zoll Salzwasser kein Wasser abgegeben haben, weil sie alles selbst halten konnten.

12. Daß ungesalzenes Wasser übergesalzenem nach hydrostatischen Gesetzen stehn bleibt, ist eine bekannte Sache. In Reisebeschreibungen wird gemeldet, daß man in Gruben am Ufer des Meeres oben süsses, trinkbares Wasser schöpfen kann, das über Meerwasser steht, welches sich in diese Gruben gezogen hat. Rütteln darf man das Wasser freylich nicht. Labat. Voy. aux isles Françoises de l' Amerique T. V. ch. 13. p. 307 T. VI. ch. 13. p. 375. der Ausg. Haag 1724. 8.

13. Also beweisen dergleichen Erfahrungen nur, daß die Wassertheilchen der obern Schichten ohne Rütteln nicht hinabsteigen, sich unten Salz zu holen; aber nicht daß sie unter sich keine inneren Bewegung haben.

14. Als Wien 1683. entsetzt wurde, kamen die Pohlen zuerst in das türkische Lager und plünderten da. Die Sachsen, die zum Plündern erst nach ihnen kamen, erhielten sehr wenig. Waren deswegen unter den Sachsen nicht auch Bewegungen, die ihnen freylich nichts von dem verschaften, was die, vielleicht noch nicht einmal saturirten Pohlen fest hielten? denn Sachsen und Pohlen durfte man nicht untereinander rütteln.

15. **Etwas** bekamen die Sachsen freylich. Und ich sehe in der Erzählung des Versuches nichts, das versicherte: das obere Wasser habe **kein Stäubchen aufgenommen**. Der Geschmack könnte vielleicht Stäubchen nicht anzeigen, und versieden darf man wohl hier nicht vermuthen.

16. Dieses nur zuzeigen: der angeführte Versuch beweise nichts **wider** die innre Bewegung der Wassertheilchen. **Börhave** schließt aus Auflösung der Salze, die **ruhendes** Wasser bewerkstelligt, auf **innre Bewegung** der Wassertheilchen. Chem. P. I. de aqua p. 471. edit. Lipſ. 1732. Mechanische Bewegungen durch Umrühren, Rütteln u. dg. beschleunigen die Auflösung dadurch, daß sie Wasser und Salztheilchen mehr aneinander bringen, aber daß dadurch allein keine Auflösung entsteht, weiß jeder, der Schlamm im Wasser angerührt hat.

17. Anziehende Kräfte der Wassertheilchen gegen einander sind vorhanden. Wo Kraft ist, entsteht Bewegung, oder Gleichgewicht, oder Druck auf Hinderniß, die nicht nachgiebt.

Die letzte war im Wasser der Röhre (1) doch wohl nicht. Hatte es also keine innre Bewegung; so waren seine Theilchen alle aufs genaueste im Gleichgewichte. Wer da weiß, wie lange eine nur mäßig empfindliche Wage schwankt, wie sie endlich nur wegen Friction zur Ruhe kömmt, und wie leicht sie aus solcher gebracht wird, der wird sich schwerlich ein vollkommenes Gleichgewicht unter den Theilen einer flüssigen Materie vorstellen, das noch dazu lange anhielte. Zu unserm Gebrauche ist genug, daß keine stärkre, uns in die Sinne fallende Bewegungen vorgehn. Wer aber im Ernste glaubt, in einem Glase voll Wasser sey alles ruhig, der kömmt mir vor, wie jemand der einen Aequilibristen in der Entfernung sähe, und glaubte, der Strohhalm auf der Nase oder der Degen auf der Stirn stünden stockstill.

Göttingen im Apr.

1787.

Abr. Gotthelf Kästner.

Orpheus

Von Orpheus ward sein Weib
Euridice geliebt;
von ihr ertönte seine Leier;
von ihr erscholl in Thälern
auf Hügeln und in Hainen,
an jedem Silberquelle sein Gesang;
nach ihrem Tode dringt der Kühne
zum Tartarus, und scheuet nicht
des Zerberus drey Flammenrachen;
gerührt von seinem Flehn ergab sich selbst
der nie gerührte Höllengott,
und siegend nimmt der Sänger vor
ergrimmten Furien sein Weib;
und endlich als den Liebetreuen
die Weiber Thraciens mit Wuth zerrissen,
ward er zum Märtirer für seine Frau;
Von Wort zu Wort erzählet
dies große Beispiel meine Damen!
die Fabel — Leider!
nicht die Geschichte.

Auf einen schlechten Prediger.

Wer leugnet, daß Petron sein Volk bewegeget sieht,
Da es im Herzensdrang bey seiner Rede flieht.

Mannheim.

Die kurfürstliche deutsche gelehrte Gesellschaft hielt den 11ten Heumonath öffentliche Sitzung, und beschloß damit den 12ten Jahrgang ihrer Versammlungen. Herr Kirchenrath Kaibel las eine Abhandlung über die Nothwendigkeit des Studiums der schönen Wissenschaften für Prediger; Hr. Prof. Klein über die Frage: Hat Lessing den Peter Corneille unpartheyisch beurtheilt.

Derselbe las hierauf das Urtheil der Gesellschaft über die in diesem Jahre eingesandten Preisschriften über die Frage: Hat die deutsche Sprache Vorzüge vor der griechischen und lateinischen? welche sind diese? und haben die lateinische und griechische Sprachen Vorzüge vor der Deutschen? welche sind diese? Unter sieben eingesandten Abhandlungen über diesen Gegenstand zeichnen sich zwo vor den andern bey weitem aus.

Die erste mit dem horazischen Denkspruche Scribendi recte Sapere est & principium & fons, ist mit Scharfsinne, Gründlichkeit und in einer reinen, der Sache angemessenen Schreibart abgefaßt. Der Verfasser dringt mit philosophischem Geiste in das Innere der griechischen, lateinischen und deutschen Sprache, entwickelt und bestimmt die verschiedenen Eigenheiten einer jeden, macht seine Vergleichungen durch anpassende Beyspiele einleuchtend und erschöpft den ganzen Gegenstand. Diese Abhandlung ist ein Meisterwerk, welchem die Gesellschaft einstimmig den Preis zuerkannt hat.

Die zweyte mit dem Denkspruche Feliciores fingendis nominibus graeci ist ebenfalls tief in die Frage und Absicht der deutschen Gesellschaft eingedrungen, und verräth einen Verfasser von heller Uebersicht des ganzen, richtigen Einsicht in die Sprachtheile, vollkommener Kenntniß des Eignen jeder Sprache und des Ganges, welchen dieselbe bisher genommen hat. Dieser Schrift hat die Gesellschaft das accessit zuerkannt.

Se. Excell. Freyherr von Dalberg, Obervorsteher der Gesellschaft, eröffnete hierauf die verschlossenen Zettel mit den Namen beyder Verfasser.

Der Verfasser der ersten Schrift ist: **Herr Johann Georg Trendelenburg**, Professor der griechischen und morgenländischen Litteratur zu Danzig. Der Verfasser der zweyten: **Hr. J. H. Ristenmaker** Lehrer der Philologie am Gymnasium zu Münster in Westphalen.

Zum Beschlusse der Versammlung las Hr. Professor Klein die Preisfrage für das künftige Jahr:

Haben die Deutschen in einigen Gattungen der Dichtkunst und Beredsamkeit die Römer und Griechen erreicht oder übertroffen?

Auf die beste Abhandlung über diese Frage setzt die Gesellschaft einen Preis von 25 Dukaten. Die Preisschriften müssen zu Anfange des Aprils 1788. mit verschlossenen Namen und der Ueberschrift eines Denkspruches an den Geschäftverweser der deutschen Gesellschaft den kurfürstl. geheimen Sekretär und Professor Klein in Mannheim eingesendet werden.

Die von der deutschen Gesellschaft gekrönten Abhandlungen werden den gesellschaftlichen Schriften beygedruckt, wovon nächstens die drey ersten Bände erscheinen werden.

Mannheim.

Am 4 Brachm. hielt die Churpfälzische Akademie der Wissenschaften eine öffentliche Versammlung, in welcher unter andern der Erfolg einer im Jahr 1784. aufgestellten Preisfrage von der im XI. und XII. Jahrhundert üblich gewesenen rechtlichen Nachfolgungsweise sowohl in der Pfalz als in dem Herzogthum Baiern, bekannt gemacht würde. Es waren 4 Preisschriften, 2 für die

die Pfalz und auch so viel für Baiern, vorhanden, davon aber keine dem Sinne der Akademie ein Genügen geleistet hatte. Jedoch hat diese derjenigen, welche mit dem Denkspruch Res ardua, vetustis novitatem dare, dubiis fidem, bezeichnet war, wegen großem daran verwandten Fleiß eine Belohnung von 25 Dukaten zuerkannt. Da in solchen Fällen, wo der ganze Preis von 50 Dukaten nicht ertheilet wird, der Namen des Einsenders verschlossen zu bleiben pfleget, bis derselbe sich selbst um die ihn bestimmte geringere Belohnung meldet und zu erkennen gibt, so erfuhr die Akademie erst am 11. dieses durch ein an den beständigen Secretarius derselben gestelltes Schreiben, daß der Verfasser jener Preisschrift der Herzoglich-Wirtenbergische Bibliothekär, Hr. Petersen, zu Stuttgard sey, welchem auch besagte 25 Dukaten sogleich übermacht worden sind.

Auf das künftige Jahr hat die Akademie es der Wahl eines jeden überlassen, eine wohlgeschriebene Abhandlung über einen ansehnlichen Historischen oder Geographischen und Genealogischen, vornehmlich aber die Rheinlande betreffenden Gegenstand aus dem mittlern Zeitalter einzuschicken, mit der Zusage, einer jeden solchen Abhandlung nach Verhältniß ihres Inhalts und wahren Werthes eine gebührende sichere Belohnung zu ertheilen. Die Einsendung muß mit verschlossenen Namen der Verfasser vor dem 1 Jul. nächstkünftigen Jahrs geschehen.

Neue auswärtige Mitglieder sind bey dieser Gelegenheit aufgenommen worden Hr. D. Samoilowiz Rußisch-Kaiserl. Landphisicus in Cherson, Hr. Geheimer Secretarius Widder zu München, und Hr. Abbt Mann, beständiger Secretair der Kaiserl. Akademie der Wiss. zu Brüßel.

I.

Collectio Processuum Synodalium & constitutionum ecclesiasticarum Diœcesis Spirensis ab anno 1397 usque ad annum 1720. Typis impressa anno 1786. folio.

Schätzbar müssen uns Schriften und Urkunden seyn, die uns näher mit den Sitten, Gewohnheiten, Rechten, Verhältnissen, Nationalcharaktern unsrer Voreltern bekannt machen; woraus wir sehen können, wie die Nation stufenweise bis zu der heutigen Verfassung gekommen ist. Solche Werke sind interessant für den Geschichtschreiber, Denker und Forscher.

Die Speyerischen Synodale ließ Se. Hochfürstliche Gnaden der Herr Fürstbischof sammeln, der durch die Verbesserungen der Stiftungen seiner erleuchten Vorfahrer und durch selbstgemachte Einrichtungen das Glück seiner Unterthanen zu erhöhen sucht. Die Beweise davon sind das Fürstbischöfliche Seminarium, wo junge Männer zu Priestern und Seelsorgern gebildet werden; die Trivialschulen zur Unterweisung der Lehrer für das Landvolk; das Zuchthaus, wo zum Arbeiten taugliche Leute aufgenommen und Verbrecher bewahrt werden; das Krankenhospital der barmherzigen Brüder in Bruchsal und Deudesheim; die Pflege armer Kranken in Bruchsal; das Pfründnerhospital in Altenburg; die Stiftung der Wittwenkasse; die prästinarische Stiftung; das Bruchsaler Stadthospital; die Siechen- oder Gutleuthausstiftung; die Allmosenkasse; die Ordnung der deutschen Schulen im Hochstifte Speyer. Diese Stiftungen hat der Herr Fürstbischof zum Theile bereichert, zum Theile neu errichtet und aus seiner eigenen Schatulle die Fonds hergegeben *). Auf Veranstaltung Sr. Hochfürstlichen Gnaden ist nun die Sammlung der Synodale gedruckt wor-

*) Siehe Pfalzb. Mus. 2tes Heft S. 204.

den. Eine kleine Uebersicht über das Werk wird beweisen, wie nützlich diese Sammlung in mancherley Betracht ist.

Die Verordnungen des Erzbischofs zu Trier und Bischofs zu Speyer Rabanus von Helmstädt machen den Anfang. Er regierte von 1396 — resignirte seine Würde 1438 und starb in demselben Jahre. Die Verordnungen setzen die damaligen Sitten der Geistlichkeit in ein helles Licht. Anständigkeit in den Gebärden und der Kleidung wird befohlen. Die Geistlichen sollen die Wirthshäuser, Spiele, Tänze und Zusammenkünfte meiden, und das Concubinat als das häßlichste Laster fliehen. Dieses Uebel muß unter den Gott geweihten Männern sehr eingerissen gewesen seyn; denn es ist kein Synodalschluß, wo es nicht scharf verbothen wird. Es wird mit dem Banne bedroht, so auch der, welcher sich mit Zaubereyen u. d. gl. abgibt. Fast jede Synode erinnert die Geistlichen, verdächtige Weibsleute aus dem Hanse zu schaffen.

Mathias von Ramung von 1464. 1478. Verbesserung der Sitten der Geistlichkeit ist abermal der Hauptinhalt. Kartenspiele, Beyschläferinnen, Schuhe mit Schnäbeln werden streng untersagt; dem Uebertreter ist Kerker und Verlust der Güter gedroht. — Nur auf Frohnleichnamstag soll das Hochwürdigste öffentlich herumgetragen werden. Die Priester sollen nicht von freyen Stücken Ablässe ertheilen, von falschen Schwüren, Todtschlägen, gegen angebotenes Allmosen lossprеchen; weder Wasser, noch Brod seghen. Der dritte Theil des Allmosens soll nicht dem Procurator zufallen, sondern das Ganze zu andächtigem Gebrauche verwendet werden. Dann ist eine weitläufige Verordnung für die Benediktiner und andre Mönche.

Ludwig von Helmstädt von 1478. — 1504. Die ersten Synodalen wiederhohlen die Gebote der vorigen Bischöffe. Eine fürchterliche Beschreibung der Folgen des Lasters der Unzucht und der unanständigen Kleidung ist in einer Synode, um die Geistlichen zu ihrer Pflicht zurück zubringen. In der 31ten Synode wird von den Mißbräuchen am Aschermittwoche gehandelt, und unter andern vom Kindbette: „Auch als dye Frawen yn den „Kintbetten, an etlichen enden pflegen schenken zu „haben. Unnd deshalb kosten zu thun. Sollich „schenken sollen hinfür gentzlich abe syn. Will „aber eyn Frawe Ein Kintbetterin gesehen. Doch „nit in eynem gemeynen zusammen komen. Unnd „ire eyn mahß Wyns, eyn kappün, eyn Hune oder „ein fiertel eyer und nit darüber schencken. Unnd „mit yr eyns drincken. Unnd zu undern essen „zymlich. Daß soll sye zu thun macht hon. Uñ „ungeüerlich halten. Uñ wer. sollichs überfert. „Ist es die Kindbetterin es sy mit dem kirchganck, „oder dem schenke halten. Die soll zwey pfundt „heller. Uñ die persone dye schenckt fünf schilling „pfenninge zupene verfallen syn."

Philipp von Rosenberg von 1504 — 13. Gleich in der ersten Verordnung eifert der Bischof gegen die Trunkenheit, den Hoffart, die Unkeuschheit und die Spielsucht der Geistlichkeit; gegen die unanständige Kleidung und befiehlt heiliges Stillschweigen in Rücksicht auf die Beichte. Ueberhaupt wird hier ernstlich wiederhohlt, was die vorigen Bischöffe verordnet hatten. Also war die Geistlichkeit sehr zügellos, das die Bischöffe in einem Jahrhundert die Besserung der Sitten nicht bewirken konnten.

Georg, Herzog von Bayern von 1513 — 29. Alle Synodalschlüsse erneuern die vorigen Verordnungen; dehnen solche nach Zeit und Umständen aus; und suchen die Untergebenen vor der neuen Lehre Luthers zu sichern.

Philipp II. von Flörsheim 1529 — 52. Die Simonie durch Vertauschung, Abtreten, oder Erlangung der Pfründen, wird verbothen; und die ältere Verordnungen gegen die Laster der Geistlichkeit wiederhohlt. Dann folgt ein merkwürdiger Brief dieses Bischofs an den Herzog von Würtemberg, die Aufrechthaltung der katholischen Religion und einiger daselbst befindlichen Klöster und Stifter betreffend; wie auch die berühmte Formula reformationis Caroli V. Imperat. in Comitiis augustanis. a. 1549.

Rudolph von Frankenstein von 1552 — 60. Die Sitten der Geistlichen waren so verderbt, daß der Dechant und das Kapitel sede vacante mit den schärfsten Drohungen sie kaum im Zaume halten konnten. Rudolph klagte, als Bischoff, in jeder Synode darüber.

Marquard von Hattstein ward Coadjutor 1559 † 1581. Alle Synodalen zielen dahin, die Geistlichen gesittet und zu Seelsorgern tauglich zu machen.

Eberhard von Dienheim von 1581 — 1610. Gleich das erste ist ein Edikt, welches bestimmt, was jene, die Heurathen wollen, zu beobachten haben. Das 2te ist eine Ermahnung an die Geistlichkeit und das Volk, das Beste der Kirche, des Staats und der Seele während den kriegerischen Unruhen im Reiche nicht ausser Acht zu lassen. Die folgenden Synodale handeln von Vertilgung der herrschenden Laster unter der Geistlichkeit, und von dem Unterrichte der Seelsorger.

Phil. Christ. v. Sötern Erzbischof zu Trier und Bischof zu Speyer ward Coadjutor 1609 † 1652. Das Decret des tridentinischen Concilium gegen den Geiz der Geistlichkeit ward erneuert. Immer noch wird die Tugend der Enthaltsamkeit den Priestern empfohlen. Den 25ten Jänner 1616. erschien ein Verbot gegen die Mummerey ... Spielleute und andere Mißbräuche und üppige Faßnachtspiele.

Lothar Fried. Graf von Metternich Erzbischoff zu Mainz, Bischoff zu Worms und Speyer, von 1652 — 75. Die Verordnungen enthalten Lebensregeln für die Geistlichkeit und Anweisungen zu ihren Pflichten.

Joh. Hugo von Orsbeck Erzbischof zu Trier, Bischof zu Speyer von 1675 bis 1711. Die ersten Synodalen ermahnen die Priester abermal, ihre Pflichten zu erfüllen, besonders werden geweihte Kreuze, Zettel u. d. g. verboten, welche einige Pfarrer ausgetheilt und dadurch den Aberglauben des Volks genährt hatten. Ein merkwürdiges Dekret bestimmt die jura stolae. Eine Verordnung die armen Kirchen betreffend. Die Landschulen werden verbessert. Den Kurpfälzischen Dechanten und Pfarrern, die in die Speyerische Dioces gehören, wird befohlen, von der weltlichen Obrigkeit ohne Vorwissen des Vicariats keine Befehle anzunehmen.

Heinrich Hartard von Rollingen von 1711 — 19. Die erste Verordnung betrift die genaue Abhör und Einsendung der Rechnungen der Kirchenjuraten. Die 2te erlaubt wieder Spielleute bey Hochzeiten urd Kindtaufen; die Erzbischof Philipp von Sötern im vorigen Jahrhunderte streng verboten hatte. Die 3te befiehlt den Beamten und ihren Weibern ernstlich, sich bey Kirchenstrafe nicht von öffentlichen Bittgängen und Opferfesten der Pfarrkirche zu entfernen. Die jure Stolae werden abermal bestimmt. Die Geistlichkeit wird feyerlich, verschiedene Laster vorzüglich zu meiden, Anstand in Kleidungen, Würde in ihren Handlungen zu beobachten und eifrig ihre Pflichten zu erfüllen ermahnt. Eine feyerliche Synode wird gehalten den 18ten April 1719. Dann folgt die lateinische Rede, welche P. Conrad Herold aus der Gesellschaft Jesu in dieser Synode in Beysenn des Bischofs hielt. Die Pflichten der Geistlichen werden in der 12ten Synode weitläufig erklärt; die 13te bestimmt die Weise, wie Kranke öffentlich versehen werden sollen.

Das ganze Werk ist mit zwey Registern versehen, mit einem Realregister und einem nach alphabetischer Ordnung. Es fehlt also nichts, was zur Deutlichkeit oder Richtigkeit etwas beytragen könnte.

Aus dieser Zergliederung ist klar, welches Licht durch diese Sammlung auf die damalige Verfassung des Staats sowohl, als die Statistick der Kirche in diesem Theile Deutschlandes geworfen wird. Der Herr Fürst-Bischof hat sich durch diese aufgelegten Synodalschlüsse den Ruhm und das Verdienst erworben, viele Stellen in der Geschichte von Deutschlands Verfassung aufgeklärt zu haben. Das Litterarische Publikum des Vaterlandes wird dieses Werk hoffentlich mit Vergnügen aufnehmen und dem erhabenen Fürsten dafür danken.

Das Werk besteht aus 7. Alphabeten, kostet 10. fl. ist zu haben in allen Buchläden Deutschlands; unmittelbar wendet man sich an die Herausgeber der ausl. schönen Geister in Mannheim.

2

Die Verirrungen des Philosophen, oder Geschichte Ludwigs von Seelberg herausgegeben von Freyherrn von K*** 2 Th. Frankfurt in der Andräischen Buchhandlung 1787.

Unter den neuen in der letzten Messe erschienenen Schriften verdient dieses Werk unstreitig eine der ersten Stellen. In jeder Rücksicht zeichnet es sich äusserst vortheilhaft aus. Die Folge der Begebenheiten sind natürlich; die Charaktere richtig und wahr; die Schreibart leicht, angenehm, warm; Menschenkenntniß streut Bemerkungen und Lehren ein, die jeder Leser ohne fernere Prüfung für Lebensregeln nehmen kann. Die Charakterschilderung von Ludwigs Vater gleich im ersten Kapitel, und jene seiner Mutter sind Meisterstücke: die Farben trugen philosophischer Scharfsinn und geprüfte Menschenkenntniß auf. Ludwig ist das Bild eines Jünglings, bey dessen Erziehung versäumt wurde, ihm jene Festigkeit des Geistes zu geben, die den Mann charakterisiren soll; er hat große Talente und Fähigkeiten, scharfe Beurtheilungskraft; aber zu wenig Entschlossenheit; denn sein Vater bekümmerte sich um seine Erziehung wenig; er wuchs unter seiner Mutter Aufsicht bis zum achten Jahr heran, die sanfte Weiblichkeit dieser herrlichen Frau theilte sich Ludwigs Charakter mit, und verhinderte ihn oft, so zu handeln, wie er als fester Mann hätte handeln sollen. Nach dem Tode seiner Mutter kam er unter die Aufsicht einiger Hofmeister, denen Bildung eines jungen Herzens und Geistes nicht sehr wichtig schien. Ludwig lernte also wenig. Sein Vater starb, und Ludwig kam unter die Vormundschaft seines Groß-Oheims des Majors von Krabheim; dieser schickte ihn auf ein Gymnasium, wo der Recktor ein vortrefflicher Theoretiker in der Erziehung war, dem aber hinlängliche Ausübung und Kenntniß der Menschen und der grossen Welt mangelten, um gewisse Neigungen im Aufkeimen zu ersticken, andern jene bessere Richtung zu geben, die zum Glücke des Lebens führt, wieder andere unentwickelte zu entwickeln. Dadurch und durch die widrige Behandlung, die er bey seinem Vater erduldete, ward Ludwig mißtrauisch und leichtgläubig; offen und zurückhaltend; der Hang zur Satire erwachte in ihm; er ward ausschweifend im Denken; er liebte nur das Ausserordentliche und verachtete das mitlere Gute. Die Menschen waren ihm verächtlich. Er bezog nun die Universität; man gab ihm einen Hofmeister mit, der zu nichts weniger taugte, als Menschen zu erziehen. Ludwig lernte hier Julien von Grätz kennen, und liebte sie. Julie gieng mit ihrem Vater wieder auf das Land, und Briefe füllten die Lücke der Trennung. Allein der Vater und Ludwigs Vormund machten der Corespondenz ein Ende. Sein Hofmeister wurde fortgejagt, ein anderer angenommen, und Ludwig mußte nach Göttingen abreisen. Wasserhorn (der neue Hofmeister) ist äusserst wahr geschildert. Erfahrung ersetzt das bey ihm, was ihm an Talenten fehlt; er ist geschmeidig, kriechend, zu allem fähig, um seinen Zweck zu erreichen. Nachdem er Ludwigen hat kennen gelernt, formt er sein äusserliches nach dessen Launen; lockt ihm das Geheimniß seiner Liebe ab; verspricht ihm, seine Briefe an Julien zu bestellen, die Hofdame an dem Hofe ist, in dessen Nähe ihres Vaters Landgut liegt. Wasserhorn, um seinen eignen Neigungen ungescheut folgen zu können, sucht Ludwigs Moralität zu untergraben. Ludwig lernt nach und nach das weibliche Geschlecht verachten, und wird darin ganz bestärkt, als er einen Brief von Julien erhält, der in ziemlich kaltem Tone geschrieben war. Wasserhorn überredet ihn, eine Reise nach der Residenz zu machen, wo Julie Hofdame ist. Sie reisen auch wirklich hin. Da Ball bey Hofe ist: so gehen sie in Maske darauf. Ludwig stellt sich an die Thüre; endlich kömmt der Hof und Julie mit ihm. Ludwig staunt; denn Julie ist nicht mehr das blühende, naive Landmädchen; ihr Gesicht ist hager, ihr Blick unstäe und wild; Schminke birgt die natürliche Farbe; jede ihrer Bewegungen ist gezwungen. Ludwig staunt, folgt seinem Hofmeister zu einer sichern M. Brinkler; Weibertreue ist nun bey ihm eine Chymäre und in den Armen der M. Br. siegt Wollust über Ludwigs Tugend. Bey seiner Zurückkunft nach Göttingen, macht er neue Bekanntschaften mit ausschweifenden jungen Leuten, und wird dadurch in seinen Grundsätzen bestärkt. Während dem stirbt sein Vormund: ein weltlicher Advokat übernimmt die Vormundschaft; Wasserhorn kömmt weg und Ludwig muß sich einschränken, da er durch Prozeß mit seinen Verwandten einen Theil seines Vermögens verliert. Allein er hatte schon Schulden vorher gemacht, und war der Einschränkungen nicht gewöhnt. Unter seinen Bekanntschaften war ein junger Graf Storrmann, begabt mit vielen Talenten, die er aber unrecht anwandte. Dieser nahm Ludwigen einst mit auf das Landgut des Hrn. v. Wallenholz, der zwey Töchter hatte. Storrmann liebte die älteste, und Luise die jüngere war in jeder Rücksicht ein vortreffliches Geschöpf. Sie liebte Seelbergen, und er schätzte sie jetzt nur hoch. Sein Glauben an Weibertugend ward wieder stärker; allein er war Luisens jetzt noch nicht werth. Storrmanns Vater starb; der junge Graf verlies Göttingen, henrathete nachher das Fräulein von Wallenholz, und Ludwig kam auf die Einladung zu Storrmann. Dieser gab ihm die besten Lehren und Warnungen; und beyde Freunde schieden. Ludwig hatte zwey Liefländer kennen gelernt; der eine überredete ihn, einen Wechsel, den er aufgenommen hatte, zu unterschreiben. Er verlies bald nachher Göttingen; in Leipzig kam der Jude mit dem Wechsel, den Ludwig nicht zahlen konnte, und er mußte ins Gefängniß. Ein Brief von dem Liefländer überzeugte ihn, daß er betrogen war. Doch den andern Tag ließ ihn der Jude frey, ohne daß Luwig wußte, warum. Ludwig hatte im Gasthofe mit einem Hrn. v. Leuchtenburg Bekanntschaft gemacht, der ein Vetter des Hrn. v. Wallenholz war; Graf Storrmann mit seiner Gattin und Luisen reisete durch Leipzig und erfuhr Ludwigs Lage durch Leuchtenburg: ließ den Juden kommen und sprach gut für Ludwigen. Dieser reiste nun nach Hause, brachte seine Sachen in Ordnung; kehrte zurück nach Leipzig und gieng mit Leichtenberg auf Reisen. Als sie nach Prag kamen, trafen sie Storrmann an. Luisens Liebe erwachte mit neuer Stärke, Storrmann überredete Ludwigen, seinen Reiseplan aufzugeben, Dienste an einem Hofe zu suchen und dann Luisen zu heurathen. Ludwig folgte diesem Rathe. Luise ward seine Gattin; er ward Kammerherr an einem gewissen Hofe, und schwang sich bis zum Minister. Der Leibmedicus des Königs starb; und Ludwig bracht einen Universitätsfreund, Allwerth an diese Stelle; auch Leuchtenburgen schafte er eine Kompagnie unter der Garde. Ludwig und Allwerth arbeiteten nun grosse Plane auszuführen, die sie schon mit Schwärmerey auf der Universität gemacht hatten. Allein die fremden Höfe wurden aufmerksam; die Gesandten laurten auf alles, und eben Leuchtenburg verrieth seinen Wohlthäter. Man legte dem Könige alles vor, und Ludwig wurde gefangen auf eine Festung geführt. Seine Luise blieb traurig über seinen Fall in der Residenz. Leuchtenburg, als Vetter, besuchte sie täglich, tröstete sie, und durch Ränke besiegte er ihre Tugend. Ludwig, dem man keine Niederträchtigkeit vorwerfen konnte, erhielt die Freyheit wieder und entschloß sich auf seine Güter zu gehen. Er kam unvermuthet Nachts in die Residenz, gieng in sein Haus, ins Schlafzimmer Luisens und traf sie in Leuchtenburgs Armen. Schrecken und Zorn bemeisterten sich seiner; doch mäßigte er sich, nahm einen Pantoffel seiner Gattin und einen von Leuchtenburgs Schuhen mit, eilte aus der Stadt, und schickte von der nächsten Station solche an seine Gattin mit dem Befehle zurück, auf eines seiner Güter abzureisen; Luise befolgte alles, und starb aus Gram und Reue nicht lange nachher. Ludwig ward nun besucht von Allwerth; sie machten eine Reise miteinander; in einem Städchen ward Ludwig krank; Allwerth brachte ihn zu einem Kaufmanne, der nur eine einzige Tochter hatte; diese las ihm vor; gab ihm die Medicin; pflegte ihn so lange er krank war. Ludwig liebte deswegen das Mädchen und heurathete es. Allein seine neue Gattin hatte hundert Launen, war eigensinnig, eifersüchtig, und Ludwig unglücklich. Aus Verdruß reiste er nach Schwalbach; dort erhielt er die Nachricht, seine Frau sey sehr krank; er eilte nach Hause, und fand sie todt. Um sich zu zerstreuen besuchte er Allwerthen, und beyde entwarfen den Plan, Weltrefomatoren zu werden. Jede abentheuerliche Ideen wurde gefaßt; sie dachten nichts, als Aufklärung, Weltenumschaffung, Riesenplane und dachten nicht, daß zur Ausführung auch Riesen gehörten. Die Gräfin Storrmann (ihr Gemahl war schon einige Jahre todt) kam mit ihren Kindern in die Stadt, um ihnen die Blattern einimpfen zu lassen. Ludwig und die Gräfin sahn sich mit Freude wieder, die Gräfin überzeugte ihn nach und nach von der Zwecklosigkeit seiner Plane. Ludwig sah es ein; gieng auf seine Güter; ward mehr Menschenfreund; besuchte die Gräfin auf ihren Gütern; hielt um ihre Hand an, und erhielt sie, und mit ihr alle Ruhe und Zufriedenheit der Seele, nach der er so lange trachtete.

Dies ist ein kurzer Begriff der Geschichte. Die vortreflichen Bemerkungen über Erziehung, Hofleben, Staat und andere Gegenstände erhalten Abwechslung, machen das Werk angenehm, und es muß Nutzen stiften, wenn es nur mit etwas Aufmerksamkeit gelesen wird. Wir aber schliesen hier mit dem herzlichen Wunsche: Alle neue Romane möchten in einem solchen Kleide erscheinen, so würden unsere Sitten- und Kunstrichter nicht mehr so laut gegen das Verderb schreyen, das durch Romane entsteht.

Fortsetzung des Kriegs und Fedschaften des Edlen Franzen von Sickingen.

Bald hernach gab Gott sein Gnad, daß Churpalz sein Gemüth auch verändert, also daß eins aus den andern folget, daß Cronberg vertragen und der Landgraf von Hessen zu Regenspurg 1541. erbetten, daß er sich vor einen Mittler zwischen Trier und Pfalz, auch denen von Sickingen gebrauchen ließ, die langwürige Irrung dahin mitlet, daß dieselbe zuletzt nach vielgehabter Mühe und Arbeit zu Speyer auf dem Reichstag 1542. endlich vertragen ward, und den von Sickingen alle genohmene Häuser von den 3 Chur- und Fürsten zugestellet wurden; dieses ist also kürzlich die Handlung des kühnen Heldens Franzen von Sickingen, welcher wann er seine Mannheit hätte recht angelegt, hätte sich die ganze Freundschaft

Y

eines Achillis und sehr weisen Manns rühmen können, und hat er gleichwohl seinen Vater, Herrn Schweickart von Sickingen, auch ein nützlicher herber Ritter in der Stadt Cölln etwas wider die Stadtordnung, doch unwissentlich gehandlet, haben die von Cölln einzunehmen, wie zu sehen in der Cöllnischen Crönick; er ist der Pfalz-Hofmeister gewesen, und zu Landshuth im Bayrischen Krieg in gestanden.

Das dem edlen, muthvollen und tapfern Ritter Franz von Sickingen in der alten Pfarrkirch zu Landstul errichtete Grabmal ist bey Erbauung der jetzigen neuen Kirch einstweil unter den Glocken-Thurm zur Verwahr gebracht worden.

Franzen geharnischtes Bildniß in Lebensgrösse aus Stein gehauen verdient allerdings wieder ergänzet und an einen schicklichern Ort mit der noch wohl behaltenen Inschrift aufgestellt zu werden; diese haben wir vor der Hand nach dem Original in Erz graben, abdrucken und dem Untergang entreissen lassen.

HIE LIGT DER EDEL VND ERENVEST FRANCISCVS
VON SICKINGE̅ DER IN ZEIT SEINS LEBENS KAYSER
KAROLEN DES FVNFFTEN RATHE CAMERER V̅D HAVPT
MAN &C GEWESEN VND IN BELEGERVNG SEINES SCHLOSS
NANNSTAIN DVRCH DAS GESCHITZ TODTLICH VERWVNDET
VOLGENDS VFF DONERSTAG DEN SIEBENDEN MAY A̅NO
M·D·XXIIII·VMB MITAG IN GOTT CHRISTLICH VON
DISER WELT SELIGLICH VERSHIDTEN ✠R·I·P·✠

Unter besagtem Thurm liegt noch ein Sickingisches Denkmal, welches wegen seiner nicht eingegrabenen sondern erhabenen Schrift merkwürdig ist; sie lautet also:

Nach Cristi Geburt im 1564 iar
Den 25 Septemb. glaub Fur-
war
Beschloß ir end hie Christenlich
Die edel dugentsam Fraw Se-
liglich
Aluerta von Sickingen war ir Nam
Geborne dochter des Edlen Mi-
lenducks stam̃
Ganz vngern man sie hie verlor
Dan sie in Zeit ires Lebens zwor
Gegen arm vnd Reich sich hilt
dergstalt
Das sie wurt geklaget manig-
falt
Ir Ehegemahel in herzlichem leidt
Hat die Eherentreich hieher ge-
leidt
Mit ganz traurigen geberden

Die Seel ist Gottes der leib der
erden
Nun Immer in Ewigkeit ergeben
O Jesu Christ verley vns . . .

Anmerkungen.

Obige Nachrichten von Franz von Sickingen hat uns eine alte Handschrift überliefert. Noch vieles hätte erinnert, angemerkt und beygesetzt werden können; allein, wir wollten diese neue Arbeit einem Gelehrten, welcher rühmlich beeifert ist, in der Geschichte täglich grössere Schritte zu machen, lieber überlassen; damit derselbe aber in seinem Unternehmen erleichtert und solches bald zur Reife bringen möge, geben wir Ihm einige Beyträge an die Hand.

1) Liefert de Gudenus Codic. Diplom. Tom. IV. p. 594. den Bestätigungs Brief der von Schweicken von Sickingen und Margaretha von Hoeburg, dessen Gemahlin, vorgehabten von Franz von Sickingen, dessen Sohn und seiner Gemahlin Hedewig von Flörsheim wieder errichteten, Clausen,

die Trumbach genannt, ohnweit Sponheim, f r sieben Personen unter der Regel des heil. Augustins ꝛc. Vom 2ten Jänner 1518. Es sind sodann wohl zu benutzen

2) Johann Scheckmann Benedictiner zu S. Maximin bey Trier: Historia excidii Maximiniani an 1522. in bello Francisci à Sickingen.

3) Bartholomaeus Latomus, welcher in Versen beschrieben hat: Actionem memorabilem Francisci à Sickingen cum Trevirorum Obsidione, tum exitum ejusdem. Schardius hat diese Beschreibung den Scriptoribus Rer. Germ. Tom. II. einverleibt.

4) Jodocus Lesuranus Maximiner Mönch: Historia M. S. Obsidionis Trevirensis per Franciscum à Sickingen.

5) Hubertus Thomas Leodius de Francisci à Sickingen Rebus Gestis et calamitoso obitu. In Frehers Sammlung Scriptor. Rer. Germ. Tom. III.

6) Caſpar Sturm Relatio Germanica de expugnatione arcium Sickingi et foederatorum. Schardius loc. cit.

7) Honthemius hiſtor. Trevir. Diplom. Tom. II. pag. 876 ſq. Compoſitio inter Electores Trevirenſem et Palatinum ac Fratres de Sickingen. Item pag. 691. ſq. 697 ſq.

8) Georgius Spalatinus Annal. ad annum 1522.

9) Chytraeus. Saxonia lib. X. p. 258.

10) à Seckendorff Commentar. de Lutheraniſmo.

11) Sleidanus hiſtor. lib. III. pag. 75.

12) Caſpar à Lerch de Ordine Equeſtri immediato.

13) Cyriacus Spangenberg Adels-Spiegel

14) Bernardus Hertzog Elſaſſer Chronik.

15) Browerus Annal. Trevir. lib. XX.

16) Burgermeister Grafen und Rittersal. pag. 73.

17) Sattlers Geschichte von Wirtenberg. part. 2.

18) Bibliotheca Equestris part. I.

19) Schmidt Geschichte der Deutschen T. V.

20) Lünig Reichs-Archiv. part. spec. Cont. 3.

21) Varillasius de haeresibus. libr. IV.

22) Teuthorn Geschichte von Hessen. ad h. a.

23) Deutscher Merkur Geschichte von Sickingen.

24) C. C. Crollius. Denkmal Carl August Friederichs. pag. 31.

Wann diesen noch hinzukömmt unsers edlen Ritters Portrait, dessen Stammbaum und mehrere Archivalische Nachrichten, aus den von Sickingischen und anderen Urkunden-Behältern, so kann eine ansehnliche Lebens- und Thaten-Beschreibung unsers Franzen von Sickingen geliefert werden, welche die gelehrte und wißbegierige Welt sehnlich erwartet.

W.

Etwas
für Künstler und Kunstliebhaber.

von

Langenhöffel,
Kurpfälzischen Hofmaler.

Mannheim den 20 Jul. 1787.

Sollen die Künste dem Geiste Nutzen schaffen: so müssen sie nach der Art der Griechen behandelt werden. Dienen sie zur Ergötzlichkeit: so werden die Werke der Alten und das in der Natur nur selten gefundene Schöne diesen Zweck noch am meisten befördern helfen. Unsere Verfassung trägt zwar nicht, wie jene der Griechen, alles zur Unterstützung und Beförderung der Künste bey; indessen ist es doch immer nöthig, unsre

Künste im Kleinen nach dem größern Maaßstabe zu bemessen; denn es wäre Faserey nur zu denken, ihnen in einzelnen Theilen der Kunst gleich zu kommen.

Gesetzt auch, es gäbe noch einige, welche alles beytragen wollten, um diesen Zweck zu erreichen: so ist doch die bildende Kunst einer Pflanze gleich, die nur auf einem lange vorher kultivirten Boden wächst, und immer sorgfältig gepflegt werden muß.

In jenem Lande, wo die Töchter Mnemosyne's, die leicht und lächelnd die Menschen in Religion, Geschichte, Staats- und Dichtkunst, Philosophie, und in Künsten, die zur Verfeinerung, und in allen, was zum gesellschaftlichen Leben gehört, unterwiesen, die Erfinderinnen der Künste nicht waren, so muß man sie doch als die ersten Verfeinerinnen ansehen. Hier war keine Stadt, kein Dorf, das nicht durch Kunstwerke berühmt geworden wäre, und sich Ansehen erworben hätte. Groß war die Ehrerbietung für die Religion; Männer von vorzüglichen Eigenschaften wurden geehrt und gesucht; dies sagen uns hinlänglich ihre Geschichtschreiber und nach diesen viele andere. Die Beweise davon sind die vielen Säulen, Begräbnisse und andere Denkmäler derjenigen, die sich um den Staat und ihr Vaterland Verdienste erworben haben. Also war bey ihnen die erste Stütze der Künste die Religion und ausser dieser die Verherrlichung edler grosser Männer. Je mehr man diese Basis schmälerte, desto mehr sanken die Künste. Selbst die Kriege konnten für sie weniger gefährlich seyn, und waren es auch wirklich, als die Kultur nicht auf den Grundsatz des Sinnlichen sowohl in den Künsten, als in den Sitten, den Wissenschaften und in der politischen Einrichtung des Staates, die erhabensten Tugenden glänzend und sinnlich darzustellen, zu bauen, um dadurch die Kräfte des Verstandes zu entwickeln, und das Ebenmaaß eines daurenden Saatskörpers zu bewirken aus dessen feinen Maximen wir und alle andere Nationen die unsrigen geschöpft haben. Rom verfeinerte nach diesem Muster die Gesetze aller Länder. Von daher entlehnte es alles, was von ihm auf uns Schönes und Gutes gekommen ist. Nach den Griechen unterstützten und schätzten zwar oft Barbaren einige Künste; allein sie konnten sie nie mehr erneuern. Alles, was wir noch jezt Schätzbares in Rücksicht auf Kunst besitzen, haben wir jenen zu verdanken, bey denen die freye Denkungsart den Musen jene wirkende Kraft gab; wo Freyheit die Beute zur Verherrlichung des Dienstes der Götter, zur Verschönerung der Städte, zur Verewigung des Andenkens eines grossen Mannes, oder zur Belehrung und zum Vergnügen des Volkes anwandte.

Fast bey den meisten andern Völkern kamen oft siegreiche Heere zurück, ohne zu wissen, wofür sie alles aufgeopfert hatten.

Durch jene Denkungsart und Staatsverfassung konnte sich die Kultur durch verschiedene schöne Geisteswerke einheimisch machen, wo nachher eine ganze Welt ihre Fackel anzündete. — Was ausser diesen grossen Mustern wirken will, bekennet seine Schwachheit oder seine Tollheit. Je näher wir die durch Jahre geprüfte weise Einrichtung und das hohe feine, von dem menschlichen Geiste abgezogene Ideal in den Künsten, wenn man dabey stehen bleibt, betrachten: desto mehr werden ihre Werke allgemeine Muster.

Ganz erfüllt von dem Andenken der Helden, und begeistert von der Verehrung der Religion *) schwung sich der weise Genius dieser Nation aus der Fluth der alles verändernden Zeit und des fesselnden Vorurtheils grausamen Händen zu jener Höhe, die wir Trotz allen Erfindungen vielleicht ewig anstaunen und nie erreichen werden.

Die wenigen Werke, die auf uns gekommen sind, erregen Staunen und Ehrfurcht. Hingerissen von ihren Vollkommenheiten müssen wir immer glauben, daß diese Ueberbleibsel vielleicht nur schwache Nachahmungen von noch höhern Kunstwerken waren. Denn

Erstens sind die meisten Werke, von denen wir in keinem Schriftsteller des Alterthums einige Nachricht finden.

*) Nach der jetzigen Verfassung wird wohl nicht mehr viel auf Pracht und Verherrlichung der Kirchen und des Gottesdienstes verwendet werden. Es wäre doch so schädlich nicht, darauf einige Rücksicht zu nehmen, da das Abstrakte nicht jedermanns Sache ist. Aber es wird wohl bey dem Denken bleiben.

Zweytens sagt Phädrus, daß zu seiner Zeit schon erdichtete Namen auf die Statüen gesetzt worden seyen.

Wenn wir betrachten, wie viel an den auf uns gekommenen Werken vernachläßigt ist, so können wir leicht schliessen, daß die Urbilder nicht auf uns gekommen sind. Vieles von diesen Werken scheint zuviel unter eine praktische Regel gebracht zu seyn; verräth den Nachahmungsgeist zu offenbar. Denn zuverläßig sind keine Werke von Phidias, Skopas, Praxiteles und noch von vielen andern bis auf unsre Zeiten erhalten worden. Wie tief sind wir in der Kunst gesunken, da keine der neuern Bildhauerarbeiten in Ansehung des Geschmackes und des Styls sich mit einer vom zweyten Range der Antiken messen kann.

Wie erhaben und schön müssen jene Urbilder der Alten, die ganz Gedanke und Rube wären, gewesen seyn, welches der schöne Geschmack jener Zeiten war, den wir nie erreichen werden. Kömmt auch hier und da ein ausserordentlicher Kopf hervor: so werden wir doch niemal den Werken der Alten gleich kommen; denn ein solcher Mensch muß dann ein Feld allein bearbeiten, welches zu lange brach gelegen ist. Den Beweis davon finden wir in einigen Werken des unsterblichen Mengs *) offenbar. So schwer ist es, in einem Style zu arbeiten, der durch Philosophie und Verstand nur Nahrung der Seele seyn sollte; sich vom Thiermenschen ganz losreißt, und durch weise Auswahl zu himmlischen Wesen emporschwingt.

---

*) Ich wunderte mich sehr, daß Mengs in den Altarblättern zu Dresden seinen Gottheiten so wenig idealisches Gepräge gegeben hat; da er doch eine ungeheure Sammlung von Antiken besaß, die jetzt zu Dresden ist; dabey hatte er Gelegenheit, so viel man durch Geld erkaufen kann, das Schöne in der Natur zu seinem Gebrauche zu haben. In dem grossen Altarblatte ist den Gottheiten wenig ihre Würde anzusehen. Weder ihre Bildung, noch viel weniger ihre Größe erhebt sie über den Charakter der Apostel; nicht zu gedenken, daß dem Gott-Vater die größten Schwachheiten eines alten Mannes anzusehen sind. Es scheint, er stütze sich aus Schwäche auf die ihn umgebenden Engel.

Es bleibt wahr: so wenig wir auch jetzt durch sittliche und physische Ursachen mehr im Stande sind, diese Höhe der Griechen zu erreichen: so sollen wir doch nichts desto weniger den grossen Mustern folgen.

Dies lehrt uns der Beyfall und die Uebereinstimmung so vieler Jahrhunderte. Alle jene scheiterten, welche sich auf Nebenwegen verirrten und die Muster der Griechen verließen; und alle andere, welche sich an diese hielten waren glücklich.

Die Religon hat von je her die schönsten Kunstwerke hervorgebracht; *) wie entbehrlich ihr jetzt die Kunst wird, weiß ein jeder. Im Ge-

*) Wer erinnert sich hier nicht an den Olympischen Jupiter und viele andere Werke des Phidias? Diese Werke oft nur zu sehen, hielten die Griechen für eine der Glückseligkeiten ihres Lebens; und unternahmen deswegen grosse, beschwerliche Reisen. Lesen wir den Pausanias, so sehen wir, daß überall Tempel, Statuen, und Gemälde anzutreffen waren. Und doch gab es an einigen Orten Kunstwerke, welche alle andere an Vortreflichkeit und Vollkommenheit weit übertraffen.

Gegentheile man nimmt die denkwürdigsten Sachen aus den Oertern hinweg und bringt sie ins Exilium der Galerien, und läßt den Frommen die nichts zu achtenden Dinge der Kunst zurück.

Kommen wir nun auf die Künste zurück, die zum Vergnügen dienen.

Ist es da billig zu fordern, daß sich jene feine Menschen mit so vielem ungereimten Zeuge von Rhyparographos *) Malereyen abgeben sollen, als es die Unempfindlichkeit, oder der Unverstand so vieler Künstler fodert, deren Handwerksmäsige Arbeiten ganze Sammlungen ausfüllen? Die Erstaunen mit vielem Effekt erregen, weil sie uns dadurch den Mangel an grössern Kenntnissen zu verbergen suchen. Zu entscheiden, wie sehr die Liebhaber von solchen Kunstwerken zu schätzen sind, überläßt man billig den wenigen, die den guten Geschmack kennen, und überzeugt von dem hohen philo-

*) Dem Pyreikus wurde dieser Name gegeben, weil er nichts, als niedrige Gegenstände malte. z. B. Barbierstuben, Gemüße, Esel ꝛc. Plinius. Lessing nennt ihn den Kothmaler.

sophischen Zwecke der Kunst sind. Immer mag eine überspannte Genauigkeit und ein sonst unbedeutender Gegenstand ganze Sammlungen ausfüllen: so werden doch diese Kachizotechnosse *) die wahre Vernunft, die sich auf Schönheit gründet, nicht verdrängen. Denn diese Verbindung enthält in ihrem Wesen die Verbindung mannigfaltiger Theile des einzelnen Schönen und Guten, welches sich durch den Verstand auf die Gegenstände der Sachen beschränket, und durch weise Auswahl und Beschränkung zu jenem schönen Ganzen der menschlichen Vollkommenheit erhebt.

Wenn wir auch das Schöne und Hohe der Kunst wenig oder gar nicht mehr erreichen können: so sollten wir doch immer unsere Werke nach jenem grossen Maaßstabe bemessen und lernen, daß uns diese Schwäche eher wird zu verzeihen seyn, als mit Raserey der Vernunft entgegen zu handeln.

Aus Mangel der ersten Kenntnisse hat man gesucht, die Malerey in verschiedene Fächer und Klassen einzutheilen; aber auch zugleich ihre Schwäche angedeutet und ihren Fall befördert.

---

*) Kunstschmäler. Kunstverderber.

Es ist eine wahre Freude, in Bildersammlungen die Toleranz von den aller unbedeutensten, oder besser zu sagen, häßlichen Gegenständen, wahrzunehmen. Z. B. Bauerngesellschaften, Esel, Schindmähren und eckelhafte Vorstellungen; deren Anblick man in der Natur vermeiden würde, werden da mit vielen Kosten aufgestellt. Sollen sie zur Pracht dienen: so ist es die elendeste, die sich denken läßt; sollen sie zur Erhöhung des Luxus beytragen; so kann er sich auf der Seite des Vergnügens nicht schadlos halten. Alles, was sich hiebey denken läßt, wäre wohl, daß es für viele vortheilhafter seyn mag, nach dem Verhältnisse ihrer Kenntnisse sich lieber mit dem Kleide, als mit der Person zu beschäftigen; weil das Wahre der Kunst wegen Vernachläßigung der Erziehung eine sehr unleserliche Schrift für sie ist, und was sie an ihr höchstens bewundern können, ist mehr die Zierlichkeit und die Farbe, womit es geschrieben ist, als der Sinn und Verstand des Innhalts. Ohne jene Hülfsmittel, welche uns die Zeit hie und da hat wieder finden lassen, (an die ehemalige Verfassung der Griechen muß nicht mehr gedacht werden) arbeiten, die Schätze der Kunst nicht studiren wollen, welches bey vielen erweislich ist, ist offenbar Lästerung der Vernunft. Freylich wird bey der Erziehung wenig mehr auf Kenntnisse in den Künsten Rücksicht genommen; überhaupt auch ist der Einfluß der Künste auf den Menschen nicht mehr so allgemein, wie vormal: eben so wie alle gute Einrichtungen doch nicht bey jedem gleich gute Wirkungen machen. Eine Pflanze wächst auf jedem Boden anders; doch wird durch sorgfältige Pflege ihre ursprüngliche Form erhalten, obschon ihre Größe vermindert und ihre Stärke schwächer seyn wird.

So wie wir auf verschiedenen Wegen der Glückseligkeit und Humanität entgegen gehen, eben so hat auch der Gebrauch geändert, den man ehemal von einer Kunst machte, und jetzt noch macht, die dem menschlichen Geiste so viele Nahrung gab. Dient sie noch zum Vergnügen weniger Edeln? so wäre es großmüthig zu sorgen, daß eine solche vorzügliche Kunst nicht ganz verloren gienge, wie leider bey den elenden Einrichtungen einiger Akademien, bey der wenigen Liebe zur Kunst und der unbeträchtlichen Unterstützungen zu befürchten ist. Ich meyne jene Kunst, so wie sie bey den Griechen geblühet hat. Viele werden mir den Vorwurf machen, dies sey nicht möglich. Indessen bleibt wahr, daß unsere Sitten, und unsere Religion sie uns nicht mehr so nothwendig machen werden, als sie den Griechen waren. Doch werden wir immer einige ihrer schönen Seiten sehn, wenn Geschmack und Kunstliebe sich für sie verwendet.

Sobald man aber bey einer Verfassung die bildenden Künste für überflüßig und sie nicht mehr dem hohen Zwecke angemessen hält, nämlich wie Plinius sagt: „Die Künste sind für „den Gottesdienst, für die Erhaltung des Andenkens der Helden, für die Verbesserung der „Leidenschaften, und für die Begeisterung der „Tugend gemacht:„ so wird es ihnen, wenn man von einer mehr als gewöhnlichen hierzu erforderlichen Aufmerksamkeit spricht, gehen, wie Strabo von einem Cytharist erzählt, der sich einst in der Stadt Jassus hören ließ: „Alle „Einwohner hörten ihm so lange aufmerksam „zu, bis zum Fischmarkte geläutet wurde. So„bald die Zuhörer dieses hörten: verließen sie „ihn alle und eilten dem Fischmarkte zu, bis

„auf einen, der, weil er halb taub war, und „die Glocke nicht gehört hatte, stehen blieb. Der Cytharist gieng auf ihn zu, und fieng an zu haranguiren: „Mein Herr! ich bin Ihnen unendlich vielen Dank schuldig, sowohl, daß Sie mir die Ehre erzeigt haben, sich meine Stimme gefallen zu lassen, als noch mehr, daß sie mir Gelegenheit verschaffen, in Ihnen einen Dilettanten der Musik kennen zu lernen; indem alle ihre Mitbürger, sobald sie nur ein Glöckchen läuten hörten, weg liefen. — „Wie? sagte der betroffene Dilettant, ist der Fischmarkt schon eingeläutet worden? — ja freylich, mein Herr! — O, so verzeihen Sie mir, ich bin ihr gehorsamer Diener! —

Ist der Geschmack mehr eine Wirkung der Sinne, als des Verstandes, weil seine Wirkung nicht dieselbe bleibt? oder ist der Geschmack eine Wirkung des innern Sinnes, so wie Tugend, Wahrheit, und Laster? und ist er mehr oder weniger ein Beweis vom feinen Seelen Erbtheil: so muß auch mehr für seine Bildung gesorgt, und dies bey Lehrern und Schüler nicht für unnöthig gehalten werden. Er muß auf die Natur gegründet seyn. Bey den Künsten, in der Malerey und Bildhauerkunst lehrt oft eine klassische Statue einige mehr, als alles was über Geschmack ist gesagt und geschrieben worden; allein ohne einigen Unterricht empfangen zu haben, wird sie uns auch wohl nichts lehren.

Das Schöne in den Künsten wird nur für wenige Nahrung des Geistes seyn; die vernachlässigte Erziehung hindert diesen natürlichen Grundtrieb. Wo ist ein, Ort an dem nicht Geschmack herrscht? Aber er ist oft auf falsche Gründe gebaut, und meistentheils von einer fremden Nation zu uns gebracht worden, die uns nur durch ihren Eigensinn leitet. Auf Einförmigkeit nimmt man gar keine Rücksicht mehr, wohl aber desto mehr auf Uebertriebenes, das dem Einfachen der feinern Empfindungen gerade zu entgegen strebt.

Das Schöne soll sich auf Verstand, als das Hauptsächlichste, und so weiter sogar bis auf die geringern Theile der Kunst beschränken. Das Auge muß durch Schönheit länge geübt und durch weise Lehren auf Vorzug und Auswahl aufmerksam gemacht werden; aus ächtem Samen kann man ächte Pflanzen erhalten.

Ein jeder glaubt, Fähigkeit zum Empfinden und Beurtheilen des Schönen zu haben, das Gegentheil beweißt oft allzusehr, wie wenig diese, auch bey empfangenem Unterrichte, empfinden. Der Abstand dieser Fähigkeit ist mehrmal noch verschiedener, als der Schattenriß und die Wirklichkeit einer Person.

Die Natur nach allen ihren Theilen, Formen, nach allen ihren richtigsten Verhältnissen, ihrem Ebenmase, mit den wirkenden Theilen der Leidenschaften und Empfindungen auf die vollkommenste Art vorzustellen, heist der gute Geschmack. Wie viel aber da aufgeopfert werden muß, was den grösten Werth der neuern Künstler und ihre Schönheit ausmacht, ist wohl nicht so schwer einzusehen. Werke von Schönheit und Seele, bey denen mehr empfunden und gedacht als gesehen wird, haben uns die Griechen nur als Beweise hinterlassen.

Alles schränkt sich bey den Menschen auf körperliche Vorstellungen ein; wollen wir mehr sehen, so sehen wir nichts. Gehen wir über die

Grenze: so werden die Vorstellungen aller Orten, doch nur aus der Natur, unförmlich zusammengesetzte Gestalten. Wollen wir das Vollkommenste hienieden sehen, so müssen wir doch alle wieder zu den Künsten zurückkommen, ohne die unsere Gedanken nur ein wildes Chaos sind. Vorstellungen von hohen, göttlichen Gestalten und ewiger Jugend, und unveränderlichem Wesen; Schönheit ganz ohne persönliche Neigung und Geschmack kann durch die Kunst vorgestellt werden. Dies beweisen uns die Werke der Griechen, und einiges auf uns gekommenes zeugt noch davon. Solche Vorstellungen könnten mehr als einige trockne Worte den Menschen in überirrdische Wonne versetzen. Fast alle Religions-Vorstellungen, wenn sie Gestalten voraussetzen, müssen sich auf die Natur beschränken. Wie viel kann dann nicht eine Kunst zu dieser überirrdischen Wonne und Glückseligkeit beytragen, wenn sie das Vollkommenste zu ihrer Auswahl bestimmt.

Ueber die Grenzen der Malerey und der Poesie sagt Lessing: Wenige Züge des Artisten geben mehr Richtigkeit der Vorstellung, als alle poetische Schilderungen vom körperlichen

Schönen. Und wo uns die Dichter körperliche Beschreibungen des Schönen geben, sind es fürwahr schwache Nachahmungen der Kunst. Wahre Kenntnisse zu erlangen, muß man ein Zögling der Künste seyn, wenn richtige Beurtheilung gedacht werden soll.

Daß sich bey uns die Künste nur auf blosse Ausfüllung der Oerter beziehen, denen man sonst keine Ausfüllung zu geben weiß, wird wohl jeder Künstler erfahren haben. Durch die Werke der Künste kann man nur ganz allein Begriffe von den Schönheiten der Natur erlangen, auch viele ihrer sonstigen Wirkungen; und ohne die Hauptregeln zu kennen, kann einem gar nicht faßlich gemacht werden, was er sieht; und man kann wahrhaft sagen: er sieht, ohne zu wissen, wie es zu sehen ist. Viele wissen alle Regeln der Kunst, und dennoch hat kaum unter Tausenden einer die Unterscheidungskraft bekommen, die schöne Seite an Kunstwerken und der Natur wahrzunehmen. Daher die wenigen Kenner und Künstler.

Künstler! ist dir die Natur auch nicht mehr so reichhaltig und schön, wie den Alten die ihrige, und kannst du auch nicht mehr aus ihren Theilen ein so schönes Ganze schaffen: so bleibt dir noch so viel von ihren verehrungswürdigen Kunstarbeiten übrig, die du berathen und beurtheilen kannst; wieviel auch sonst Natur und Kunst durch sittliche und physische Ursachen gelitten haben. Die Quelle, woraus du schöpfen kannst, versiecht nie.

Langenhöffel.

An Mlle Müller,

Hofschauspielerinn in Wien bey Uebersendung eines Kupferstichs, den Apollo vorstellend.

Ich sende, Theuerste, den Gott der Grazien im Bild, zum Schmucke Ihres schönen Kabinets:
Denn sind Sie schon an Ihres Vaters Seite stets,
so weiss ich doch, daß Sie sein Bildniß gerne sehn.

Jungfer Perpetua.

Mir ziemte nicht der Schönheit erster Preis?
Gewiß von Ihrem Vater kömmt dies Urthel her:
O Freund! von Schönheit, Liebe spricht ein Greis!

Lucius.

Mein Vater ist gerecht: der Zweyte
gebührte Ihnen, sagt er,
als er um meine Mutter freyte.

Für ein geschminktes Frauenzimmer,

dem der Spiegel die Gestalt nie schön genug zurück gibt.

Der Spiegel sey nicht treu? ja wohl, das ist er nicht:
er zeiget Ihre Maske nur, nicht ihr Gesicht.

Kunst und Natur.

Da Armuth sich nach schlechter Speise sehnt,
wie Reichen in dem goldnen Sale
der Eckel steig' am Leckermale?
Dies würzet Kunst, der Hunger jene.

Innschrift,

an einen heidnischen Opferaltar.

Sagt doch, was euch für Unterschied es ist
Ob euch der Priester oder Wolf die Heerden
frißt?

Neue Prozeßordnung in —

Zwey Weiber stritten einst in Salamon's Gebiet
um ein Objeckt, worum in unsern Zeiten
wol mancher Mann nicht würde streiten,
der fein auf Nächstenliebe sieht.
Doch wie bisweilen auch was Neues ja geschieht,
die Weiber zankten sich um einen kleinen Jungen!
Schon war bey jedem Theil ein Advokat gedungen;
denn jede will das Kind für sich;
räth gleich die halbe Stadt zum gütlichen Verglich.
So lag der Fall, als König Salomon,
aus Eifer zur Justitz hochrichterlich entglommen,
nachdem Er alles pro und contra klar vernommen,
das Urtheil gab von seinem weisen Thron:

„Holt mir ein Schwert, man soll den Knaben spalten!“
Nicht länger kann sich nun die wahre Mutter halten;
O Gnade Sir! rief Sie mit einem Schrey,
ich tret' ihn völlig ab der tückischen Partey.
Seit diesem Präjuditz hört man oft in Gerichten,
Prozesse, kurzer Hand, durch Knut' und Prügel schlichten.

Schuhe der Pehuencher.

Diese Nation wohnt in Chili, gehört unter die, welche den Spaniern nicht unterworfen sind. Sie ist die einzige unter den Nationalstämmen, welche Schuhe trägt. Sie streifen dazu die Haut von den Hinterbeinen der Kühe ab, und wenn diese noch frisch ist, ziehen sie dieselbe um den Fuß, damit sie die Form desselben annehme, und wenn sie verdorrt ist, machen sie dieselbe mit Feit so geschmeidig wie Leder;

Des Hrn. Abbe Vidauer Geschichte, von Hn. Jagemann übersetzt in Hrn. Ebeling Neuer Sammlung von Reisen IV. Theil, Hamb. 1782. S. 40.

Als Reynke sich zu seiner Wallfahrt nach Rom und über das Meer zurüstete, erhielt er vom Könige, daß ihm ein Ränzel, eines Fusses lang und eines Fusses breit gegeben ward, wazu man Fell von des Bären Rücken abzog; ferner: zwey paar Schuhe, das eine Paar vom Wolf Ysegrym, das andere von dessen Weibe.

Reynke, der valsche pelegrym
vorwerfft, dat her Ysegrym
Von beyden vorworten von knyen
heft verloren syne Scho:
des ghelyk syn Wyff vrew Ghyremod
worden er achtersten vor de blod
dat vel al myt den Klawen aff
desse Scho men vort Reynken gaff
Sus werden den beyden ghestreyfet de
beeu. . .

Hin.

Hinnriks von Alkmar Reynke de Voß. 1. 2. 33. Kapit. 35. bey Heinr. v. Alkm. Reinike der Fuchs von Joh. Christoph Gottscheder Leipzig und Amsterdam.

Manche Historiker schliessen aus übereinstimmenden Gebräuchen auf Abstammung der Völker. So könnten wohl die Pehuencher von Reineke dem Fuchs herkommen?

Göttingen A. G. Kästner.

Eine Geschichte,

aus des Hamburger Brittischen Merkurs 9tem Hefte, übersetzt von Frau Langenhöffel.

Folgende Geschichte ist von einen Geistlichen berichtet worden, der in dem nämlichen Orte lebte, wo sie sich ereignet hat. Noch vor einigen Jahren lebten einige Personen, welche sich jedes wesentlichen Umstandes der Geschichte erinnerten.

Ungefähr um das Jahr 1726 war in der Insel Jersey ein junger Mensch, John Gordier von französischer Abkunft, der ein beträchtliches Vermögen besaß.

Er war dem Augenblicke nahe, sich mit der Tochter eines reichen Kaufmanns von Quernsey zu verheurathen; aber plötzlich verschwand er; seine Freunde, seine Verwandte und seine Braut wußten nicht wo er hingekommen war. Beyde Inseln wurden durchsucht; allein jede Nachfrage war vergebens, und man konnte nie die geringste Spur entweder von seinem Tode, oder seinem Aufenthalte entdecken. Nach der Zeit, als man gänzlich aufgehört hatte weiter zu suchen, und von ihm zu sprechen; ward sein Körper zufälligerweise in Quernsey, von einigen Knaben, welche längst dem Gestade giengen in der Höhle eines Felsens gefunden. Mit zwey Wunden auf dem Rücken und eine an dem Kopfe. Die Oeffnung der Höhle war so enge, daß viele Mühe muste angewendet worden seyn, den Körper hineinzubringen.

Diese Entdeckung und die klärsten Beweise eines gewaltsamen Mordes versetzte beyde Familien in die tödtlichste Unruhe. Man forschte neuerdings; aber umsonst war jede Mühe. Nicht den mindesten Anschein eines Verdachts, oder einer gegründeten Muthmasung hatte man, den Thäter zu entdecken. Es blieb den bedrängten Freunden nichts mehr übrig, als den Ueberresten des unglücklichen Jünglings die letzte Ehre zu erweisen, und sie feyerlich und mit Thränen zur Erde zu bestatten.

Die Mutter dieses jungen Mannes war unt östlich, und seine Braut härmte sich im Stillen ab, über den Verlust des Einzigen, für den ihr Herz Liebe empfinden konnte. Ein junger Kaufmann bewarb sich um sie; ihre Eltern zwangen sie gleichsam, seine Besuche anzunehmen; aber sie beschloß fest bey sich, ihm nie ihre Hand zu geben.

Die Mutter des jungen Gordier, welcher unaufhörlich das schreckliche Ende ihres Sohnes vor Augen schwebte, war sehr für das Wohl des jungen Frauenzimmers besorgt; sie betrachtete es wirklich als ihre Schwiegertochter; und liebte sie mit mütterlicher Zärtlichkeit, besonders da sie erfuhr, wie sehr sie durch das Unglück ihres Sohnes betrübt worden sey.

Einige Jahre nachher hörte sie, das junge Frauenzimmer sey sehr krank, so daß man an ihrem Aufkommen verzweifle. Schnell entschloß sich Frau Gordier das Meer zu durchschiffen, welches beyde Inseln trennet, mit der menschenfreundlichen Absicht, sie soviel in ihrer Macht wäre, zu trösten, mit ihr zu trauern, ihren Schmerz zu theilen, und zu suchen, die Traurigkeit ihres Herzens zu verscheuchen. Frau Gordier hatte ihren jetzt einzigen Sohn, der seinen Bruder überlebt hatte, zum Begleiter.

Als sie ankamen rieth ihnen der Arzt des jungen Frauenzimmers, sie nicht eher zu sehen, als bis sie zu diesem unvermutheten Besuche vorbereitet wäre. Allein alle angewandte Sorgfalt, ihre Ruhe nicht zu stören, vereitelte der Anblick der Frau Gordier. Das Andenken ihres Geliebten erwachte neu in ihrer Seele; sie erlag unter dem heftigen Anfalle. Als sich Frau Gordier ihr näherte, ward so ohnmächtig, und mit vieler Mühe wieder zu sich gebracht.

Die unglückliche Mutter war begierig jeden Umstand von der letzten Zusammenkunft der beyden Liebenden zu wissen, und alles zu erfahren, was sich seit der Entdeckung, daß ihr Sohn ermordet worden sey, zugetragen hat. Das junge Frauenzimmer war nicht weniger eifrig die Unterredung zu verlängern. Allein die Ohnmachten kamen fast bey jedem Absatze ihrer Rede zurück; kaum hatte sie Stärke genug, zu erzählen, wie zärtlich sie von einander geschieden wären, mit welcher Sehnsucht sie seine auf den nächsten Tag versprochne Zurückkunft erwartet hätte. Groß war der Schmerz der betrübten Mutter, das arme Franenzimmer in diesem Zustande zu sehen, und überzeugt zu seyn, daß der Gram bald ihr Leben enden würde. Die ganze gegenwärtige Gesellschaft verfluchte den Urheber dieses doppelten Unglückes. Frau Gordier brach plötzlich in Thränen aus als sie an der Uhr des Frauenzimmers ein Kleinod erblickte, welches ihr Sohn, ehe als er die Insel Jersey verlies, gekauft hatte, um seiner Braut ein Geschenk damit zu machen. Das Frauenzimmer hatte noch so viele Kräfte, diesen heftig ausbrechenden Schmerz zu bemerken, und nach der

Ursache zu fragen. Man sagte ihr, der Anblick jenes Kleinods, welches sie erst als Braut zum Pfande ihrer wechselseitigen Glückseligkeit hätte empfangen sollen, habe die Mutter wieder an ihren unersetzlichen Verlust erinnert. Erstaunen und Schrecken schienen bey dieser Erklärung sich des jungen Frauenzimmers zu bemächtigen; sie berührte mit einem Ausdruck von Verachtung das Kleinod; sank der weinenden Mutter in die Arme; und, ohne ein Wort zu sagen, ausser: M. Cl. — a. — r. hauchte sie den letzten Seufzer aus. Die sonderbare Art ihres Todes schien allen ein Geheimniß zu seyn. Alle erstaunten und waren aus Verwirrung einige Augenblicke sprachlos. Man wandte Mittel an, sie wieder in das Leben zu bringen, die aber nichts fruchteten. Als der Schmerz über ihren Tod etwas gestillt war, machte man Betrachtungen über das seltsame Betragen des Frauenzimmers in den letzten Augenblicken. Frau Gordier, welcher der sanfte und zärtliche Charakter der verstorbenen nicht ganz bekannt war, lies einige ungünstige Ausdrücke über die Art ihres Hinscheidens fallen, die ziemlich deutlich verriethen, sie glaube, das Frauenzimmer habe von dem

Morde gewußt. Die Eltern welche bey der letzten rührenden Scene gegenwärtig gewesen, waren aufgebracht über die Beschimpfung der Unschuld ihrer Tochter, und die Mißdeutung der letzten Augenblicke ihres untadelhaften Lebens. Es entstand eine Scene der Verwirrung, man machte sich Vorwürfe; dies alles läßt sich eher denken, als beschreiben. Da Vernunft und Ruhe wieder zurückkehrten, bemühten sich die Freunde der beyden Familien, die Eltern durch eine kaltblütige Untersuchung der Umstände, die diesen Zwist veranlaßt hatten, zu besänftigen.

Der junge Gordier besann sich, daß er seinen verstorbenen Bruder hätte sagen hören, daß er das Kleinod, welches eben jetzt so viele Unruhe verursacht hatte, seiner Braut an ihrem Hochzeittage schenken wolle, und daß, da er diesen Tag nicht erlebt habe, seine Mutter ihre Vermuthung rechtfertigen könne, ob schon das junge Frauenzimmer vielleicht ganz unschuldig seye.

Die Schwester der Verstorbenen widersetzte sanft, sie glaube an dem Zwiste sey ein Irrthun Ursache, und sie schätze sich glücklich, ihnen solchen erklären zu können. Das Kleinod, welches ihre Schwester getragen habe sey ihr nicht von Herrn Gordier, sondern einige Jahre nach seinem Tode von Herrn Galliard einem jungen Kaufmann von sehr gutem Rufe, geschenkt worden, welcher sie fleisig in der Absicht besucht habe, sie zu trösten, und, wenn es möglich wäre, ihre Neigung auf einen andern Gegenstand zu lenken. Verschiedene Kleinodien könnten einander ähnlich, und es doch wahrscheinlich seyn, daß das von Herrn Gordier gekaufte, und das ihrer Schwester von Herrn Galliard geschenkte nicht eins wären. Frau Gordier glaubte ihr gern, und suchte ihre vorige Unbescheidenheit mit thränenden Augen zu entschuldigen. Sie setzte hinzu, in dem Kleinode, welches ihr Sohn gekauft habe, sey sein Bildniß künstlich verborgen, und der ganze Zweifel könnte also dadurch gehoben werden, wenn man es öffnete. Weder die Schwester noch eines von der Familie hatten es je offen gesehen. Der junge Gordier berührte eine geheime Feder, und zeigte der Gesellschaft das verborgene Bildniß, das prächtig gefaßt war. Unbeschreielich war die Bestürzung, die die ganze Gesellschaft ergriff: das Geheimniß war entdeckt Alle glaubten sicher, der schreckliche Mord, der Abscheu gegen den Thäter müsse die Verstorbene zu sehr erschüttert haben; die Verachtung, mit welcher sie das Kleinod von sich gestossen, und das Verlangen, welches sie geäussert hatte, zu erklären, von wem sie es hätte; alle diese Umstände beweisen, Galliard sey der Mörder; und da er vorher ihres Vaters Schreiber gewesen war: so würden die letzten Worte, welche sie auszusprechen versuchte, *) nämlich Cl — e — r nun auf Clark gedeutet.

Der Geistliche, welcher gegenwärtig war, und von dem diese Erzählung ist, war der gemeinschaftliche Freund des Galliard und der Familie der Verstorbenen. Er empfohl Behutsamkeit im Nachforschen. Verschiedene Umstände, sagte er, könnten dazu beytragen, die Unschuld verdächtig zu machen; er hoffe aber, zur Ehre der Menschheit, daß ein Mann von so redlichem Charakter, wie Herr Galliard, nie eines so schändlichen Verbrechens schuldig seyn werde. Er wünsche deswegen, daß man bey dieser traurigen Gelegenheit zu ihm schicke,

*) Clerk, deutsch Schreiber.

und ihn als Theilnehmer an dem Unglücke, nicht aber als Mörder, herbitten lasse. Käme er, so möge man ihm nach und nach die Beschuldigung eröffnen: sey Galliard unschuldig, wie er nicht anders hoffe, so würde er standhaft bleiben; sey er schuldig: so solle man sorgen, daß er nicht entliefe. Sein Rath, setzte er hinzu, gründe sich darauf: daß ein Mann, der einmal öffentlich, nach so starken Beweisen wie diese zu seyn scheinen, eines Mordes beschuldigt würde, nie wieder die ehemalige Achtung der Welt würde erlangen können; wenn auch gleich seine Unschuld sonnenklar bewiesen würde, und sein ganzes nachheriges Leben noch so unsträflich wäre.

Der größte Theil der Gesellschaft schien seinen Rath zu billigen; nur in dem Gesichte der Frau Gordier zeigte sich, daß sie Galliard in ihren Gedanken für schuldig hielt. Doch wurde nach dem Rathe des Geistlichen zu Galliard geschickt, und er kam in einigen Stunden selbst mit dem Boten. Frau Gordier, im Uebermaaße des Schmerzens, beschuldigte ihn gleich bey seinem Eintritte, daß er ihren Sohn ermordet habe. Er-

Galliard antwortete kalt: er hätte zwar ihren Sohn genau gekannt, hätte ihn aber schon einige Tage vor seinem Verschwinden nicht mehr gesehen; in dem er um diese Zeit wegen Geschäften ausser dieser Insel eine Reise gemacht hätte; welches die Familie, in deren Hauß er sich jetzt befinde, bezeugen könnte. "Aber dieses Kleinod, sagte die Mutter, "indem sie es ihm eröffnet vorhielt, ist ein "unwidersprechlicher Beweis ihres Verbre- "chens. Mein Sohn hat es gekauft, und hat "es bis an sein Ende gehabt, und Sie geben es der Verstorbenen." Galliard läugnete es je gesehen zu haben. Die Schwester der Verstorbenen stand nun auf; nahm das Kleinod; machte es zu und sagte zu ihm: "dieses gaben sie meiner Schwester, in meiner Gegenwart; an dem Tage, und in der "Stunde, an dem Orte, (welches sie alles bestimmte) und drangen in sie es anzunehmen; "sie weigerte sich; Sie drangen stärker in sie; sie "gab es Ihnen wieder zurück, und war nicht zu "bereden, es anzunehmen, bis ich es an ihre "Uhr befestigte, und sie bewegte, es zu tra- "gen." — Galliard ward nun etwas unruhig und bestürzt; doch da er es besah, wie es zugemacht war: gestand er, es der Verstorbenen gegeben zu haben, und sagte, er besänne sich nun; er hätte es nicht gekannt, wie es geöffnet gewesen wäre; er hätte diese Tändeley von dem Juden Levi gekauft, welchen sie alle kennten, und der schon länger als zwanzig Jahre in beyden Inseln umher reißte; dieser würde ihnen sicher die beste Auskunft geben können.

Der Geistliche war äusserst erfreut, so guten Rath gegeben zu haben, und sagte zur Frau Gordier: "Ich hoffe, Madame, Sie "werden nun bis zum völligen Ausgange der "Sache ruhig seyn. Herr Galliard hat sich "gerechtfertiget, und der Jude scheint allein "der Schuldige zu seyn. Er ist eben auf der "Insel, und man wird sich seiner Person "versichern." Die alte Frau ward ruhig; und gestand ihre Uebereilung ein, die sie mit der Hitze ihres Charakters und der traurigen Gelegenheit entschuldigte, und bat Galliarden um Vergebung.

Dieser prahlte nun mit seiner Unschuld, sagte, er hoffe, Frau Gordier würde vorsichtiger in ihren Reden seyn, und drohte, wenn seine Ehre nur im mindesten dabey leiden würde, die Gesetze anzurufen, ihm Genugthuung zu verschaffen. Er beklagte den schnellen Tod des jungen Frauenzimmers und zerfloß in Thränen, als er sich ihrem Bette näherte. Er nahm nach einigen Stunden mit allem Anstande Abschied, und jeder, sogar die Mutter, erklärte ihn für unschuldig.

Es vergiengen einige Tage, ehe man den Juden ausfündig machen konnte. Endlich fand man ihn und brachte ihn ins Gefängniß. Als dies bekannt wurde; erwachte bey Galliard das Gewissen, und die Furcht vor öffentlicher Schande brachte ihn zu dem schrecklichsten Entschlusse. In der Nacht vor dem Tage, an dem er sich vor Gerichte gegen den Juden stellen sollte, fand man ihn todt mit einem blutigen Federmesser in der Hand, mit dem er sich drey Stiche gegeben hatte, von welchen zwey tödtlich waren. In seinem Zimmer fand man auf dem Tische einen Brief, in dem er sein Verbrechen gestand, und ihn mit den merkwürdigen Worten schloß: "Nur " diejenigen welche die Macht einer unwider-

„fehlichen Liebe empfunden haben, werden
„mir dies Verbrechen verzeihen, welches ich
„in der Hofnung begieng, dadurch zum Be-
„size des geliebten Gegenstandes zu gelangen,
„für den meine Leidenschaft brannte. Und
„du, Vater der Barmherzigkeit, der du diese
„heftige Begierde in meine Seele gelegt hast,
„vergieb das unschuldige Bestreben, das meiner
„Bestimmung zu Vollendung deiner ewigen
„Vorsicht ganz entgegengesezt scheinen wird.

Anzeigen.

Mannheim.

Ephemerides Socieatis meteorologicae palatinae. Observationes anni 1785, cum Figuris aeneis. Ex officina novae Societatis typographicae 1787. Prostant apud Mathiam *Fontaine* bibliopolam.

Das ist der fünfte band, den di kurpfälzische witterungsgesellschaft seit seks jaren, als der zeit irer stiftung, heraus gegeben hat. Diser band ist ein neüer beweis, wi ser sich di gesellschaft bestrebe, iren hoen zwek zu erreichen. Er begreift di gewönlichen beobachtungen fon Mannheim, Ofen, Würzburg, Brüssel, Rom, Sagan, Genf, Erfurt, Marseille, Berlin, Regensburg, München, Stokholm, Andex (in Baiern), st. Gotthard, Tegernse (in Baiern), Peisenberg (eben da), Padua, Chiozza, Middelburg, Koppenhagen, Spideberg (in Norwegen), Prag, Rochelle, Cambridge (in Amerika), Petersburg, Moskau, Göttingen.

Zu den auserordentlichen beobachtungen gehören 1) dijenigen, di herr Strnad zu Prag, einen ganzen mondmonat durch, tag und nacht, stündlich angestellet hat, 2) di, welche herr Hemmer zu Manheim mit einem schreibenden schweremesser (barometrographe) fom 21 wonnemonate bis ans end des jares gemacht hat. Dises fortrefliche werkzeug, welches im hisigen kurfürstlichen kabinette der naturlere stet, ist mit einer schwingur ferbunden, und zeichnet seinen stand (di höe des kwecksilbers) alle fir minuten selbst auf. Der erfolg, den herr Hemmer aus disen beobachtungen gezogen, hat, ist, das der schweremesser bei dem durchgange der sonne durch den mittagskreis, so wol bei nacht als bei tage, falle, und das folglich di sonne in der luft eben so, wi im mere, ware ebbe und flut errege, welches schon fon filen gemutmaset und behauptet, fon nimanden aber bisher gründlich erwisen worden war.

Wi wol di erscheinungen, welche in den beobachtungen forkommen, alle wichtig sind: so finden sich doch file darunter, welche selten und höchst merkwürdig sind. Dahin gehöret eine zu Spideberg beobachtete wasserhose, di gewaltige meresflut zu Rochelle, di filfachen nebensonnen zu Brüssel und Moskau, di strenge kälte, welche zu anfange des lenzmonates in ganz Europa geherschet hat u. s. w.

Di aus den beobachtungen eines jeden standortes gezogenen erfolge sind weitschichtig und reichhaltig. Der grösste teil derselben ist fon den beobachtern selbst, das übrige von dem mitglide der gesellschaft, hern König, ferfertiget, und in einem besondern anhange (appendix) gesammelt und dar gestellet. In disem anhange findet sich auch di fom H. Hemmer gegebene, und mit kupfern beleüchtete beschreibung des oben genanten schreibenden schweremessers.

In der forrede geschit meldung fon einem überaus wichtigen werke, welches fon dem gesellschafter hern Schlögel, regulirtem korhern zu Rotenbuch, ferfasset ist, und zu disem bande gleichsam gehöret, wi wol es besonders gedrukt, und zu München zu haben ist. Es heist, tabulæ pro reductione quorumvis statuum barometri ad normalem quendam caloris gradum, publico usui datæ a *Guarino Schlægel*, can. reg. in Rotenbuch, ibidem physices & matheseos professore, nec non societ. meteor. palat. membro.

In eben diser forrede machet H. Hemmer di naturforscher auf den reichen forrat aufmerksam, den dise beobachtungen enthalten, und der für di zukunft di schönsten aussichten ferspricht.

Offenbach am Main.

Anleitung Wetterleiter an allen Gattungen von Gebäuden auf die sicherste Art anzulegen, von J. Jakob Hemmer, kuhrpfälzischen geistlichen Rath und ersten Hofkapellan u. s. w., mit einer Kupfertafel, bei Ulrich Weiß 1786.

Das ist ein nachdruk eben dises, im forigen jare zu Manheim erschinenen, und im dritten hefte dises Museums angezeigten und zergliderten werkes. Da sich herr Weiß zu disem nachdruke öffentlich bekennet, das nachdruken aber bißher noch so zimlich unter di schändlichen Handlungen gerechnet wird: so suchet er sein unternemen in folgendem forberichte zu ferschönern.

"Die Verdienste des Herrn Hemmer um die Naturgeschichte, und besonders in dem Fache der Elektricität, sind so allgemein anerkannt, daß man alles, was er von dieser Materie schreibet und bekannt macht, mit eben so viel Begierde als Vergnügen liest. Da aber

Herr Hemmer eine Rechtschreibung angenommen, die dem größten Theile deutscher Leser eben so eckelhaft als unverständlich ist, so haben seine Schriften leider das Schicksal, daß sie ungelesen, oder welches fast das nemliche ist, nur von sehr wenigen Leuten gelesen werden, die Geduld genug haben, seine philosophische Ortographie zu entziffern. Verleger dieses glaubt also dem deutschen Publikum einen wahren Dienst zu leisten, wenn er die sehr merkwürdige Anleitung **Wetterableiter anzulegen**, die zu Anfang dieses Jahres in Mannheim herausgekommen, in der gewöhnlichen und Jedermann verständlichen Ortographie übersetzen und abdrucken läßt; und zwar um so mehr, da diese Anleitung nicht durch den gewöhnlichen Weg des Buchhandels ins Publikum kommt, sondern durch einen Mannheimer und Frankfurter Buchbinder verkauft werden soll, welches natürlicherweise die Folge haben muß, daß dieses nützliche Werkchen dem größten Theil von Deutschland ganz unbekannt bleibt. Damit aber der Herr Verfasser, dessen wohlverdienten Ruhm der Verleger gern nach Würden ausgebreitet sehen mögte, gar keine Ursache finde, sich über den Abdruck seiner Abhandlung zu beklagen, so wird man den nemlichen Preis beibehalten, den er selbst in Mannheim darauf gesezt hat, und das Exemplar nicht unter einem halben Reichsthaler verkaufen. Schriebs in meiner Druckerei zu Ende des Hornungs 1786."

U. Weiß.

Wi ich höre, ist herr Weiß keiner derjenigen winkelbuchhändler, di aus not gedrungen werden, auf beute auszugeen, und hir und da einen guten bissen fon den früchten der arbeit und des schweises anderer erlichen leute durch einen heimlichen oder öffentlichen nachdruk weg zu schnappen und zu ferschlingen. Da der selbe dessen ungeachtet doch einen änlichen fang durch den nachdruk meiner anleitung getan hat: so empfand er eine inere scham darüber, und dachte wol, das er einen öffentlichen forwurf wegen ferlezter rechtschaffenheit zu befürchten hätte, wenn er seinem nachdruke keinen anstrich gäbe, der seine fleken dekete. Dises fersuchte er dadurch zu tun, das er forgab, sein zwek sei das gemeine bäste, er wolle Deütschlande ein so nüzliches werk, wi er es nennet, gehörig bekant machen, welches seiner sage nach one solchen nachdruk nicht geschehen sein würde, teils weil das selbe nicht durch den gewönlichen weg des buchhandels ausgebreitet werde, teils und hauptsächlich weil es in einer, dem mersten teile der leser eben so ekelhaften als unferständlichen rechtschreibung erschinen sei, und deswegen von wenigen gelesen werde. Allein diser anstrich ist zu des hern Weiß unglüke so dünn und schlecht ausgefallen, das er nimanden damit hintergeen konte. Jedermann sa durch, sa da nidrige der handlung, sa des hern Weiß eigennuz und gewinnsucht. Schon merere tagebuchschreiber und bücherbeurteiler haben dise seine tribfedern Deütschlande öffentlich for augen geleget, und über den mantel gelachet, durch welchen er di selben so fein ferbergen wolte. Hätte es herr Weiß blos bei disen absichten bewenden, und bei seinem nachdruke alles in ordnung gelassen, so würde ich zugeseen, und schwerlich etwas darüber gesaget haben. Ich hätte mich erinert, das di menschliche schwachheit oft falsche lüste gebäre, und das es denen, bei welchen si entsteen, unendlich we tue, wenn si nicht erfüllet werden. Allein da herr Weiß sich hat beifallen lassen, meine rechtschreibung öffentlich anzugreifen, ja so gar meine sprache in seinem nachdruke filfältig zu ändern: so wird er wol nicht übel nemen, das ich mich ein wenig zur were stelle, und in kürzlich zu recht weise.

Das meine besondere rechtschreibung eben so wenig, als der übergangene weg des buchhandels, der ausbreitung meines werkes hinderlich gewesen sei, beweiset der gute abgang des selben, indem fon den 2000 stüken, di ich for anderthalb jaren habe druken lassen, wenige mer übrig sind, der gestalt, das ich wirklich eine neüe, ferbässerte, und mit wichtigen zusäzen fermerte auflage dafon zubereitet habe, di den nächsten herbst, wils Gott, erscheinen wird.

Eben so wenig hat es bisher andern werken an abgange gefelet, di for meiner anleitung ganz oder zum teile in meiner neüen rechtschreibung ans licht getreten sind. Dergleichen sind der deütsche sprachforscher fom jare 1777, Raus abhandlung fon der selbstlibe und simpati 1778, Reimarus fom blize

1778, Klopstocks fragmente über sprache und dichtkunst 1779, Peters entwurf fom Handlungsstande 1785 u. d. m. Ich will einige muster der rechtschreibung aus disen werken her sezen.

Im deútschen sprachforscher schreibet herr Nast rum, kle, kan, jar, iren, inen, gwellen, neú, feúer, kraúter, diser, blib, ligt, vile, rátsel, gelert, lerer, mer, warheit, zal, bider, one, wol, teil, tat u. s. w. In eben disem sprachforscher beurteilet der gelerte und berúmte herr Fulda meine neúe rechtschreibung, und saget: "Fon herzen unterschreiben wir das ferbannungsurteil des v, des ph. des c, des q, und des y in deútschen wörtern." Dem zu folge schreibet er auch foll, filleicht, ferbleiben, kwekfilber, kwälen, sei. So ferwirft er auch das verlängerungs-h, wo es blos ein solches ist, das th, das ch, wo es wi ein k klinget, di ferdoppelung des selbstlauters, wenn der eine des andern denung zeigen soll, das stumme e hinter dem reinen gedenten i, und so ferner. Daher schreibet er, ir, im, in, (für ihm, ihn), ser, mer, one, ere, tun, rat, teil, far, war, zwen, sele, zil, spil, sig, kni u. dgl.

Herr Rau ferbannet in seiner oben genanten abhandlung grosen teils das ferlängerungs-h, das ferlängerungs-e, das ç, das th in deütschen wörtern, das t als ein z, als in nazion, di verdoppelung der selbstlauter zum zeichen irer denung u. s. w.

In des Hern Reimarus werke komt folgende rechtschreibung for: vil, geschriben, dinen, dises, beispil, zil, geschibt, biber, felen, banen, angenem, erfarung, geraten, rot, mut, jar, teils, urteil, kan, genant, komt, ein mal, alle mal, und dergleichen.

Herr Klopstock nimt meine rechtschreibung fast in irem ganzen umfange an, und hat si so gar mit folgenden fersen beeret:

Germani primi, a renovatis artibus, ausi
Mansuræ propria tantum signare figura
Vocis quemque sonum, semotis pluribus
umbris.

Der anfang seines angezogenen werkes ist diser: „Fom deútschen hexameter. Erstes fragment. Es sind etwa dreißig jare, daß einige deútsche dichter den hexameter der grichen, dessen regel di ferbindung des daktils und des spondeen ist, durch di anname des trocheen zum neúen künstlichen fusse, ferendert, und in disem silbenmasse geschriben haben." Dise par zeilen mögen hinlänglich sein.

Wi herr Peters rechtschreibung beschaffen sei, kan di blose überschrift seines werkes zeigen. „Entwurf fon gedanken auf di notwendigkeit einer sistematischen ferbesserung des handlungsstandes, ferfasset durch Jakob Kristoff Peter, fon kurpfalz hoher regirungs wegen konstituirten lerer der buchhaltung, der kaufmännischen rechnungen, und übrigen mit der handlung ferbundenen wissenschaften. Frankental gedrukt bei Ludw. Bernh. Fridrich Gegel."

Dise werke werden dem hern Weiß, als einem berümten buchhändler, zweifelsone bekant sein. Er wird auch wol wissen, das si nicht ligen gebliben sind. Fon Reimars und Klopstocks abhandlungen ist dises gewis. Hätte herr Weiß das gegenteil gefunden, so hätte er si, als ser wichtige und fortrefliche werke, und gemäs seiner forgegebenen libe gegen das gemeine bässte, durch einen nachdruk bekanter und gemeinnüzger machen müssen, oder müste es entweder noch tun, oder aufrichtig bekennen, das di neüe rechtschreibung so ekelhaft und abschrekend nicht sei, als er si forgestellet hat.

Und wo solte diser ekel, diser abscheü herkommen? Si ist filosofisch, wi herr Weiß si selbst nennet, folglich ganz fernunft, ganz warheit. Es kan si allso nimand ferabscheüen, nimand hassen, als ein feind der fernunft, oder der si nicht kennet. Freilich wer zum ersten male etwas nach disem neüen schlage abgedrukt oder geschriben findet, dem wird es anfänglich ser auffallend, filleicht gar lächerlich forkommen, so wi im lande der hinkenden alles laut schri und lachete, als man daselbst zuerst einen gerad geenden erblikte. Wenn aber der mann, dem di warheit am herzen liget, di sache genau übersit, betrachtet, erwäget, so wird er alles in ordnung, alles ferbunden, alles auf feste und unumstösliche gründe gebauet finden *). Dann wird dise neüe rechtschreibung schön, unschuldig, und allerlibst, wi ein engel Gottes, for im steen. Man höre das zeügnis, welches herr Klopstock hirüber ableget: "Anfangs wurde mein aug durch alle das ungewönliche (diser rechtschreibung) beleidiget; aber das war bald forbei. Jezt see ich es gern so rein for mir, wi man es höret und spricht **).

Doch scheinet dem hern Weiß meine neüe rechtschreibung um des willen ekelhaft, "weil si unferständlich ist, und mit groser geduld entziffert werden mus." Das ist ein offenbar ungerechter forwurf, den herr Weiß diser rechtschreibung machet. Der hauptgrund, worauf di selbe ruet, ist, das alles, wi es in der guten aussprache gehöret wird, auf di

*) Hirüber kan meine abhandlung nachgelesen werden, welche ich im jare 1776 unter dem titel, Domitor's grundris einer dauerhaften rechtschreibung, Deütschland zur prüfung forgeleget, ans licht gestellet habe.

**) Fragmente über sprache u. dichtk. 206 s.

einfachste weise, mit lauter bestimten, ni zweifelhaften, ni stummen buchstaben, geschriben werde *).

Man darf allso bei jedem worte di buchstaben, womit es erscheinet, nur kennen, und so, wi si da steen, aussprechen, so wird immer der ware, ächte laut des selben hervor kommen, wobei unmöglich schwirigkeit, zweifel oder missferstand plaz haben kan. Wer wird bei der aussprache der wörter di, kle, höer, ser, schu, waks, fon, profet, heüt u. s. w. den mindesten anstand finden? Ist hir was unferständliches! Brauchet es dabei wol entzifferns? Nimal hätte herr Weiß dises wort übler anbringen können, als hir. Es ist im so ganz unbedachtsam aus der feder geflossen Entziffern heist di ferborgene oder zweifelhafte bedeütung gewisser schriftzeichen aufsuchen und erklären. Aus dem obigen erhellet, das dises bei der neüen rechtschreibung nimal statt haben kan.

Ist di alte rechtschreibung auch so unschuldig? Leider Gottes. Hir ist das entziffern nur

*) Di rechtschreibung, deren ich mich hir bedine, ist nicht ganz nach diser forme eingerichtet.

zu oft im waren ferstande notwendig. Wir wollen uns einen knaben, oder einen erwaksenen fremdling, forstellen, der das deutsche in diser rechtschreibung lesen lernen soll. Nachdem er den laut der einzelen buchstaben gelernet hat: sollen im regeln gegebenen werden, wi silben und wörter aus disen buchstaben entsteen. Wi ferwirt, wi schwer, wi unmöglich werden dise regeln nicht sein, weil gewisse buchstaben bald lauten, bald stumm sind, bald so, bald anders ausgesprochen werden. Aus diser zal ist z. b. das e, das h, das ch, das ph, das u, di verdoppelten selbstlauter u. s. w.

„Das e nach einem langen i, wird der lerer sagen, ist stumm, d. i, im worte selbst wird es nicht ausgesprochen, wi wol man es im buchstabiren hören läßt. So buchstabirt man zum beisp. w-i-e, spricht aber nur wi. Ich will nicht sagen, wi widersinnig, wi so ganz widersprechend dises sei, indem das buchstabiren doch nichts anders ist, als di töne einzel aussprechen, di im worte zusammen flisen, oder ferbunden werden sollen. Aber wi wird sich der lerling bei den wörtern Trier, knien, geschrien u. dergl. in dise regel finden, indem das e nach dem i hir gesprochen wird? Und was wird er bei den wörtern knie, kniet, schrie machen? sind si ein- oder zweisilbig? Unmöglich kan er es inen anseen. Erscheinen di zwei erstern in einem ferse, so wird es in einigen fällen blos das silbenmas bestimmen können, ob das e klingen solle oder nicht. In schrie hängt dises dafon ab, ob es di anzeigende oder ferbindende art der jüngst fergangenen zeit sei, d. i. ob es clamabam oder clamarem heise. Um allso hir richtig lesen zu können, müste man tonmessung und sprachlere fersteen: dinge, di man fom hundertsten nicht fodern oder erwarten kan. Merere dergleichen schwirigkeiten in betreffe dises e wollen wir kürze halben übergeen.

Unsere liben alten haben das h gewis nimal auf das papir gesezet, wo es nicht ein zeichen eines tones des mundes sein solte, so, wi si es überhaupt mit allen buchstaben machten. Jezt ist es aber am ende der silben, ferner in rh und th, in den feinern deütschen mundarten stumm. Welchen widerspruch wird allso der lerling nicht schon wider finden, welchen inern zwang nicht schon wider leiden, wenn er disen hauch im buchstabiren hören lassen, im worte selbst aber unterdrüken mus! Und wenn er hernach leüte aus andern gegenden, di nicht übel zu sprechen behaupten, eben disen buchstaben in eben den wörtern, wo er in nach der anweisung seines lerers nicht klingen lassen soll, als in **sehen**, **höhe** u. dgl., aussprechen höret? Welche ungewisheit und ferwirrung in seinem sinne bei erblikung dises buchstaben, ee seine aussprache ganz gebildet und befestiget ist!

Weit grösere schwirigkeiten machet das ch. Es ist keinem zweifel unterworfen, das unsere forältern das selbe nicht überall wi ein grichisches X, oder wi in **fach**, **mich**, **dich**, ausgesprochen haben. Nun ging diser laut mit der zeit in manchen wörtern in den laut k über, welcher eine grose ferwandschaft mit dem selben hat, wi di ferschidenen mundarten ferschidener landschaften zeigen, da einige **spuchen**, **brod bachen**, **Achen**, **lach** (tischlach, leilach) u. s. w., andere **spuken**, **baken**, **Aken**, **laken** (tischlaken, bettlaken) sprechen. An statt aber bei diser feränderten aussprache auch di rechtschreibung zu ferändern, wi man fernünftiger weise, und der natur der sache gemäs, hätte tun sollen: lis man das alte ch aus nachlässigkeit überall stren. Daher komt es, das diser buchstab nun bald wi ein X, bald wi ein k klinget. Das lezstere geschit in wachs, büchse, fuchs, wechseln u. dgl. Diser unterschid hat oft in dem selbigen worte, ja bei földiger gleichheit aller buchstaben, statt. wi aus sechs und sechzeen, dachs (ein tir) und dachs (di zweite endung fon dach) erhellet. Das ist aber noch nicht alles. Das ch, selbst wenn es wi ein X klinget, hat nach jedem selbstlauter, auf den es unmittelbar folget, einen ferschidenen laut: eine warheit, di ich zwar längst entdeket, bisher aber in meinen sprachlerigen werken forzutragen vergessen habe. Man wird sich leicht dafon überzeugen, wenn man den laut dises buchstaben in jedem der wörter bach, sech, dich, loch, tuch u. dgl. einige male nach einander einzel widerholet, und wol bemerket. Man wird finden, das diser unterschid, der überall ser merklich ist, fon der ferschidenheit der öfnung des mundes her komme, di bei jedem selbstlaute statt hat. Wenn man nun nach der

alten

alten rechtschreibung und leseart wa-chen, bre-chen, sti-chen, lo-chen, su-chen absezet: so wird das ch überall einerlei laut haben.

In betreffe so wol der übrigen, oben berürten buchstaben, als anderer stüke mer, ferweise ich meinen hern nachdruker auf den grundris meiner neüen rechtschreibung, wo er gewis, wenn er in der stille der forurteile alles untersuchet, föllig überzeüget werden wird, das nicht nur ein lerling, sondern er selbst, one beständiges müsames und marterndes entziffern nach der alten rechtschreibung zu lesen nicht im stande sei, und das er folglich ser unrecht gehabt habe, dise rechtschreibung der meinigen bei seinem nachdruke unter einem so falschen forwande forzuzien.

Herr Weiß hat aber meine rechtschreibung nicht nur in denjenigen stüken, worin si wirklich neü ist, sondern auch in merern andern geändert, worin si es nicht ist. so schrib ich z. b. **ärntemonat**, **haken** (uncus), **herd** (focus), **hut**, **markgraf** u. dgl., wofür er **erndtemonat**, **hacken**, **heerd**, **huth**, **marggraf** gesezet hat, und das nennet er (in seinem forberichte) di gewönliche rechtschreib-ung. Er neme aber doch nur fatter Gottscheden, dem tausende nachschreiben, in di hand, und er wird seen, wi unrecht er dise weise zu schreiben für gewönlich ausgebe. Was leret Gottsched in dem I teile, V hauptst. seiner sprachkunst? Man schreibe, saget er, ärnde, nicht erndte; hacken (hauen), der haken, worauf man etwas henket; herd (der), focus, di heerde, grex; hut, di wache, imgleichen di deke des hauptes; mark, eine gränze, dafon markgraf, nicht marggraf. Ich übergee eine menge anderer dergleichen änderungen, di offenbar zeigen, das herr Weiß nicht gewust hat, was oder wi er hirin ändern solle.

Einen neüen deütlichen beweis hifon gibt das beständige schwanken seiner eigenen rechtschreibung, welches fom anfange seines nachdrukes bis zum ende fort dauert. So schreibet er z. b. bald bey, kuhrfürst, elektricität, staab, maschiene, nemlich, Bayern, strahl, ereignen, nöthig, di grossen, brandt, thurn u. s. w., bald bei, kurfürst, elektrizität, stab, maschine, nämlich, Baiern, stral, eräugnen, nötig, di grosen, brand, turn. Ein mal henket er gewisse gattungen von wörtern, ja auch diselbigen einzelen wörter zusammen; di er ein anderes mal wider trennet. Ungetrent schreibet er z. b. zurükstosen; herausstosen; weggeschleudert; herforbringen, herforragend, zusammenfallen, züsammenrollen; zusammenstosen; züsammengelegt, forbeigeen; empporragend; ringsherum, Kurpfalz ü a m.; getrent aber zurük schisen; zurük lasse, heraus stürzet; weg genommen; herab laufend; zusammen fallen; zusammen flisen; zusammen kommen; zusammen gelötet; forüber geen; emppor ragend, rings herum; Kur-Trier. Hir sezet er einen beistrich (;) nach einem gewissen worte, dort läst er den selben nach eben dem worte, und in eben der ferbindung, weg. Auf der ersten seite z. b. schreibet er Anleitung; wetterleiter anzulegen, mit einem beistriche hinter anleitung, wo er hin gehöret; und wo ich in auch hin gesezet hatte; allein auf dem titelblatte, und in dem forberichte, hat er anleitung wetterleiter anzulegen one besagten beistrich geschriben; eben als wenn dises gleichgiltig wäre. Bei diser so unbeständigen rechtschreibung kan sich hir und da freilich ein drukfeler befinden; allein das meiste komt dabei auf eine und di andere art fil zu oft for, als das es auch nur den mindesten schein eines ferseens haben konte. So habe ich im durchblättern des werkchens z. b. fünf male maschine, und acht male maschiene, gefunden, one fon dem obigen, ewig wekselnden trennen und nicht trennen der wörter, und andern stücken mer, zu reden.

So unglüklich herr W. iß meine rechtschreibung geändert hat: eben so unglüklich ist er in abänderung meiner sprache gewesen. Der erste feler, den er hirin begangen hat, ist diser, das er in seinem forberichte kein wort dafon meldet, das er nebst der rechtschreibung auch meine sprache ändern wolle: ein feler, der keinem rechtschaffenen manne zustet, indem unkündige leser alle di sünden wider di sprachlere, welche in dem nachdruke in grosem mase und gewichte forkommen, leicht auf meine rechnung schreiben konten. "Filleicht hat aber herr Weiß unter rechtschreibung auch sprache ferstanden." Möglich wäre das fon einem manne schon, der gleich in den ersten zeilen seines forberichtes naturgeschichte und naturlere mit einander fermischet, und daselbst durch einen offenbaren widerspruch saget, "alles, was ich von der elektrizität schreibe, werde mit eben so fil begirde als fergnügen gelesen, doch bleibe es, wegen meiner ekelhaften rechtschreibung ungelesen, oder werde nur fon ser wenigen gelesen." Doch will ich gern zu herr Weißens ere glauben, das, da er sich an ein so wichtiges sprachleriges stük gewaget hat, er das gemäld fon seinem gegenstande, di rechtschreibung fon der sprache, zu unterscheiden wisse.

Man brauchet nur ein mittelmäsiger sprachkenner zu sein, um schon aus dem forberichte des hern Weiß auf das deütlichste zu erseen, das er der mann nicht sei, der andere in seiner muttersprache schulmeistern könne, indem er disen aufsaz, so klein er auch ist, mit einer menge grober sprachfeler ausgespiket hat, for denen ein erlicher mann zurük faren mus. Wir wollen nur ein par dafon heraus heben. "Seine schriften haben das schicksal, daß sie ungelesen, oder, welches fast das nemliche ist,

nur von sehr wenigen Leuten gelesen werden. "
Und auf der selbigen seite unten heist es: "Verleger dieses läßt die Anleitung in der gewöhnlichen und jedermann verständlichen ortographie übersetzen." Di felerhaften ausdrüke sind hir, 1) seine schriften werden ungelesen, anstatt, bleiben ungelesen, 2) ferleger, an statt, der ferleger, 3) in der gewönlichen ortografi übersezen, an statt, in di gewönliche u. s. w. Wer solte nicht glauben, hir spräche ein wälscher, oder sonst ein ausländer?

Hiraus läst sich schon abnemen, wi es mit den ferbässerungen aussehen müsse, di er in dem werkchen selbst an meiner sprache forgenommen hat. Und in der tat wimmelt darin alles fon sprachfelern, deren eine grose menge so beschaffen ist, das man si keinem studenten ferzeien würde. Weder ferstattet hir der raum, noch lonet es der müe, ein ganzes ferzeichnis dafon her zu sezen. Nur einige angemerket zu haben wird hinlänglich sein, wobei ich, der kürze halben, bisweilen auf meine grösere sprachlere hin weisen will, in der alles auf di bästen gründe gebauet ist, di sich in disem fache geben lassen.

Gleich das titelblatt umzugisen, hat es dem hern Weiß belibet. In meiner anleitung stet: "Verfasser J. Jakob Hemmer, kurpfälzischer geistlicher rat" u. s. w. Dafür sezet h. Weiß: "Von J. Jakob Hemmer, kurpfälzischen geistlichen Rath." Hir solte es **Hemmern**, und **kurpfälzischem geistlichem** heisen, welches leztere ganz unstreitig ist. sprachl. 151. 181 §. In eben dem titel heist es:" Der gesellschaften der wissenschaften zu Manheim, Bononien und Dijon mitglid". Di wörter **der Wissenschaften** hat herr Weiß weg gelassen, fermutlich, weil er si für unnötig gehalten hat. Aber er hätte sich erinern sollen, das es in manchen stätten, auser den gesellschaften der wissenschaften, auch noch gesellschaften ferschidener künste und einrichtungen gebe, welches zu Manheim wirklich eintrift, wo wir, nebst der akademi der wissenschaften, noch eine zeichnungs- und bildhauergesellschaft, ferner eine deütsche und eine lesegesellschaft haben. Was heist allso h. Weißens ausdruk, **mitglid der gesellschaften zu Manheim, Bononien** u. s. f.

Der anfang meiner forrede ist diser: "Was di alten fabelhaft geleret haben, das di ferwägenen menschenkinder, Japets künes geschlecht, das feüer fom himmel auf di erde herab geholet haben" u. s. w. Hir scheinet herr Weiß das wort Japet nicht gekent zu haben. Ha, wird er gedacht haben, hir hat di neüe kezerische rechtschreibung, dise feindin so filer buchstaben, das h gewis wider unterdrüket. Er sezte es hinzu, und so kam für Japets son, den künen Prometheüs, den der dichter audax Japeti genus nennet, der son des Noe, der biblische Japhet heraus.

solche, und andere schnizer mer, hat herr Weiß durch seine sprachänderungen gemacht. Wir wollen noch folgende mitnemen. Links steen herr Weißens ausdrüke, rechts di meinigen, mit beigefügten stellen meiner sprachlere, wo di feler der erstern nachgeseen werden können.

Nachdruk.	Urschrift.	Sprachl.
Die ferwägene menschenkinder	ferwägenen	178 §.
der gedanke	gedanken	96 a)
aus anlaß.	anlasse	314 §. 422 §.
durchlaucht	durchleücht	13

Nachdruk.	Urschrift.	Sprachl.
vater	vatter	13
das gebäude, das ende	gebäud, end	96 a)
angehengt	angehenkt	255 §. 316 f.
sie gliechen	glichen	eben da.
an dessen oberen theile	oberem	181
er weist	weis	242 §. 297 f.
er stößt an einem garten	einen	491
von einfachē bleche	einfachem	181
man siehet	siht	248
gerade, rege	gerad, reg	282 e) 178 b)
er warf sich auf einem streif	einen	491
es seye denn	sei	233
gelahrtheit	gelehrtheit	10 *).
aller orten u. a. m.	orte	123

*) Fon leren komt ordentlicher weise gelert, nicht gelahrt. Dises lezstere wort ist allso eben so unregelmäsig, als es ungewönlich im reden ist. Di Angelsaksen brauchten es freilich formals; wer würde sich aber heütiges tages getrauen, es in einer feinen gesellschaft zu sprechen, als etwann ein gezwungener schul-

Einige der feler, di herr Weiß durch seine ungebetenen änderungen gemacht hat, haben den sinn dessen, was ich gesaget hatte, ganz ferdret. So hat er z. b. meinen ausdruk, bei dem umlaufen der flügel (59 S), in disen, bei dem umlaufenden flügel, ferwandelt, welches etwas ganz anderes ist.

Der drukfeler ist kein end. File darunter sind auserordentlich grob, und machen den fortrag teils dunkel, teils unferständlich, teils ganz widersprechend. Z. b. an der 83 s. stet, einen weg bauen, für banen; an der 95 s. keiner der von diesen stangen der ablaufenden ableiter, an statt, keiner der fon disen stangen herab laufenden ableiter; an der 135 s. der weise und standhafte fürst verwarf das unübereilte ansinnen mit unwillen, an statt, das übereilte; an der 136 s. und geschieht dieses sehr häufig, an statt, und doch geschit dises ser häufig.

---

fuks? Jedermann würde darüber lachen, und man lachet eben so billig darüber, wenn es in einer schrift erscheinet.

Wer fremde waren haschet, der eilet, und wer si durch solchen weg *) haschet, wi herr Weiß getan hat, der eilet noch mer; und dise übereilung ist mit schuld daran, das er Deutschland einen so elenden und abgeschmakten nachdruk gelifert hat.

Hemmer.

Fortsetzung der merkwürdigen Briefe an den Kurpfälzischen Hofgerichtsrath Traiteur zu Mannheim über Malereysammlungen in England rc. von Hn. von Hofstätter.

Dritter Brief.

Bisher hab ich sie nur mit Raphaels Schildereyen unterhalten. Das Verlangen nach denselben riß mich die übrigen schönen Gemälde vorüber, ohne daß ich mir Zeit gab, ihren Werth und Schönheit gewahr zu nehmen.

---

*) Diser ist mir bekant, ich will in aber hir nicht öffentlich anzeigen.

Ich wiederholte also Tags darauf meinen Besuch, weidete mein Auge noch einmal an den herrlichen Kartonen, und gieng nun die übrigen Zimmer durch.

Die Gemäldesammlung ist eben nicht sehr zahlreich, aber an Auswahl und Schönheit der Malereyen übertrift sie alle, die ich Gelegenheit hatte, in England zu sehen. Zwey geräumige Zimmer zeigen von Vandyks Pinsel herrliche Meisterstüke: besonders fiel mir ein Kinderstük auf, worinn Natur, Schönheit, Kraft und Feuer des Pinsels miteinander wetteifern. Ein anderes Zimmer ist mit Werken des **Lukas Giordano** behangen: ich zählte deren zwölf, alle bei zwei Schuh hoch und breit. Sie sind sehr schön gemalt: allein die Gesichter meist verhunzt, die Stellungen verdreht, und die Drapperie unordentlich. Ein Amor von **Corregio** ist in eben der allegorischen Handlung vorgestellt, welche man zu Wien an dem berühmten Amor der kaiserlichen Gallerie sieht, aber nicht mit gleichem Erfolge. Entweder liegt hier eine ganz andere Idee zum Grunde, oder es ist schlecht gerathene Kopie. Der Junge hat weder die Schalkheit, noch die Heiterkeit im Angesichte, und seine Züge verrathen Blödsinn. Um so schöner ist eine Andromeda, von Guido Reni. Sie ist herrlich gemalt, mit einem weichen, und doch warmen Pinsel. Wiewohl an den Felsen geschmiedet, (eine Stellung, die nicht viel Vortheil verspricht) nimmt sie sich doch vortreflich aus. Der aufgezogene Fuß, die leichte Krümmung des Leibes, und die Bewegung der Arme geben einen schönen Kontrast. Venus von eben diesem Guido erscheint in seiner leichten Manier. Nicht die Göttinn nur, auch die drey Figuren um sie her, sind aus der schönen, edeln Natur, aber ihre Gesichter beinah einerley, ein Fall, der sich auf Maler von des Guido öfters wiederholt, und ein Zeichen, daß es ihm mehr um den unbestimmten Ausdruck von Schönheit, als um die Bestimmung des Charakters zu thun war. Edel und voll Würde ist der Schmerz auf dem Angesicht der Venus. Er zerstört ihre Grazie nicht, nur ist sie etwas affektirt. Der Genius kann nicht wohl verkannt werden; er trägt Guidos Grazie im Blicke. Zwey Bilder von Andrea del Sarto fallen des Unterschieds wegen auf. Das erste stellt eine heilige Familie vor: Die Gesichter sind ganz in einer eckichten, und kleinfügigen Manier; die nicht wohl gefallen kann, wenn gleich übrigens der Pinsel noch so saftvoll ist. Dagegen ist aber derselbe Gegenstand auf dem zweyten Gemälde in einer ganz andern Manier vorgestellt: alles ist edel, und zugerundet. Man findet keine kleinlichen Züge, und keine knörplichten Formen. Nur die Grazie des heiligen Kindes ist nicht zum besten gelungen; sie liegt im verzogenen Munde. Aber der Stand des kleinen Johannes ist ungemein leicht und artig.

Nach dem Saale, wo Raphaels Kartone sind, ist in diesem Pallaste kein Zimmer wichtiger, als das letzte Kabinetchen, mit kleinen, aber sehr schönen Malereyen behangen. Zwey Bildchen von Carlo Dolce, eine Madonna, und ein Christuskopf, mit dem Kreuze über der Schulter in der gewöhnlichen süssen Manier — Christus ist voll des Schmerzens, zugleich ungemein sanft, und die Anführung sehr fein, und mühsam, besonders an Haaren und Bart. Guido Reni hat in das Kabinetchen so viele Malereyen geliefert, daß es verdiente, nach ihm genannt zu werden. Kleopatra mit

geachtet des kalten Pinsels hat dennoch viel Ausdruck der schmerzlichen Empfindung. Sie fühlt die Bitterkeit ihres Entschlusses ganz, aber auch Muth, ihn auszuführen. Das treue Gefolge ihrer Reize verläßt sie selbst im Augenblick der Erschlaffung nicht. Noch sanftrer Art ist Johann, der Täufer mit dem Lamme. Er hält die Taufschale mit der Hand. Unschuld und Reiz sitzt auf seinem Angesicht, und die leichte artige Stellung stimmt damit überein. Eine heilige Martirinn, ich kannte sie nicht, ist vermuthlich von eben demselben Pinsel. Man konnte mich dessen nicht sicher stellen; aber ihre sanfte, heitere, schöne Bildung, und die eigene Behandlung des warmen Pinsels liessen mich beynach ausser Zweifel. Sie hält in der einen Hand einen Palmenzweig, in der andern ein Buch, worinn sie mit sanftem Entzücken einer heitern Seele liest.

Aber nichts ist reizender, als eine heilige Mutter mit ihrem Kinde, in seiner hellen Manier gemalt. So einen schönen, runden, leichten Kopf mit so viel Unschuld und Sanftmuth eines stilldenkenden Geistes erinnere ich mich wohl nicht gesehen zu haben. Man möchte Tage davor stehn. Hat diesen Kopf noch kein würdiger Grabstichel geliefert? Eine andere Mutter Jesu mit dem schlafenden Kinde fällt auf, der leeren Vorstellung wegen. Der kleine Johann berührt mit einem Finger den Fuß des Schlafenden, und Maria warnet ihn, das heilige Kind nicht zu wecken. Ich kenne den Pinsel nicht, aber wer es auch sey, wie konnte er von dieser Scene Einwirkung auf das Herz des Zuschauers hoffen? Die Stellung und Gebärde der Mutter Jesu ist gut, wenn sich gleich die Züge ihres Angesichts nicht auszeichnen. Noch weit reizender ist die Lage des schlafenden Kindes. Es liegt so sanft und ruhig da, daß man des kleinen Gefährten zürnt, der es zu wecken droht.

Ueber dem Kamine ist eine heilige Familie zu sehen. Man konnte mir den Künstler nicht nennen. Das Kind steht an der Wiege — ein sonderbarer Gedanke! Joseph hält es am Arme. Mit der Arbeit des Pinsels kann wohl jedermann zufrieden seyn. Nur der kleine Umstand setzt ihn zurück, daß die Charaktere ganz gemeiner Art sind.

Wiederum Maria mit dem Kinde, nach Titian. Man giebt es für Titians eigenes Werk aus. Ich glaube nicht zu irren, wenn ich es für eine feine Kopie halte. Es ist gerade so, wie ein grösseres zu Wien in der kaiserlichen Gallerie. Aber dieses, * wovon wir reden, ist sehr klein, kaum einen halben Schuh hoch. Die Mutter Jesu ist, wie zu Wien, eine gesunde braune Bauerndirne. So ein Charakter mag für manche viel anzügliches haben, denn ich sah der Kopien viel. Ein Sebastian, oder was das Gemälde sonst vorstellen mag, verdient des Ausdrucks wegen bemerkt zu werden. Man sieht den Kopf nur, und ein Stück der Brust: aber der Kopf ist edel und geistvoll, und der Pinsel voll Kraft und Stärke. Das Kind Jesu, mit dem Kreuze in der Hand, liegt auf ein Kissen gestemmt. Ich halte es für Guidos Werk: denn es ist sehr schön, ganz in seinem Geschmacke, und voll der lächelnden Grazie. Vielleicht gehört ihm die Verkündigung Mariens gleichfalls an. Diejenigen, denen die historischen Umstände dieser Malereien bekannt seyn sollen, wissen es nicht, oder ich fand sie nicht, und aus Pinselstrichen zu errathen, will ich jedem andern überlassen, da berühmte Künstler selbst über ihre Werke getäuscht worden sind. Alles, was sich aus Gewisheit sagen läßt, ist, daß die Schönheit und Grazie der heiligen Jungfrau dem Pinsel Ehre macht. Dennoch scheint mir der verkündigende Engel sie an beiden zu übertreffen. Ich schliesse die Beschreibung dieses Kabinetchens mit zweien Köpfen der Apostel Peters, und Pauls. Man schreibt sie dem Nikola Poußin zu. Mir scheint der Pinsel stärker und kraftvoller, als ich ihn von Poußin je gesehen habe Der Ausdruck an beyden Köpfen ist seiner würdig, edel, und geistvoll.

Ich bin sehr wohl zufrieden, lieber Freund, wenn Sie hier über Kürze klagen, denn ich wollte Sie für die Erklärungen schadlos halten die über einigen Kartonen vielleicht ihre Geduld ermüdet haben.

Ankündigung

einer fon der Manheimer akademi der wissenschaften forgeschlagenen unterzeichnung *).

Seine kurfürstliche durchleücht fon der Pfalz haben, im jare 1780 eine eigene witterungsgesellschaft gestiftet, und si der Manheimer akademi der wissenschaften, unter dem namen einer besondern klasse, mit dem höchsten befele einferleibet, das si eine menge übereinstimmender werkzeüge auf kurfürstliche kosten machen lise, dise unter geschikte beobachter in allen weltteilen unentgeltlich austeilete, di zeit, weise und geseze zu beobachten forschribe, di gemachten beobachtungen järlich sammelte, durch den druk in lateinischer sprache bekant machete, und alles dasjenige beifügt, was si oder andere neües und nüzliches in der witter-

*) Ausgezogen aus der umständlichern nachricht, welche unter dem titel Subscriptio ab Electorali Scientiarum Academia Theodoro palatina proposita, erschinen ist.

ungskunde erfänden. Disem gnädigsten befelt zu folge lis di kurfürstliche akademi, unter der aufsicht und anleitung eines irer glider, einstimmige, und so fil es möglich ist, genaue schwere- wärme- und feüchtigkeitsmesser, nebst fein gearbeiteten und bästens eingerichteten abweichungsnadeln, ferfertigen.

Um hirauf taugliche beobachter zu bekommen, lud si di an bekwemen orten gelegenen hoen schulen, akademien, geistlichen und anderen gelerten fersamlungshäuser zur gemeinschaft der arbeit schriftlich ein, legte eine gedrukte anweisung zu beobachten bei, und bot die kurfürstlichen werkzeuge mit dem nach der höchsten willensmeinung abgemessenen bedinge an, das dise als eine kurfürstliche hinterlage getreü ferwaret, und di beobachtungen ewig damit fort gesezet würden, wogegen di beobachter durch überschikte aufnamsbrife zu wirklichen mitglidern der gesellschaft ernant werden, und di järlich im druke erscheinenden beobachtungen frei erhalten solten.

Di eingeladenen gelerten gesellschaften und gemeinden zeigeten sich fast alle gegen di kurfürstliche akademi ser willfärig, und so bekam dise di folgenden, mit den geschiktesten beobachtern, di mersten teils berümte sternseer, naturforscher, öffentliche lerer u. dgl. sind, besezten standorte:

Andex (in Baiern),	Marseille,
Berlin,	Middelburg (in Seland),
Bononien,	Moskau,
Brüssel,	München,
Cambridge (in Amerika),	Ofen,
Delft (in Holland),	Padua,
Dijon,	Peisenberg (in Baiern),
Düsseldorf,	Petersburg,
Erfurt,	Prag,
Genf,	Regensburg,
Gothab (in Grönland),	Rochelle,
Gotthard, sankt (in der Schweiz),	Rom,
Göttingen,	Sagan (in Schlesien),
Ingolstatt,	Spideberg (in Norwegen),
Koppenhagen,	Stokholm,
Madrit,	Tegernse (in Baiern),
Manheim,	Würzburg.

Merere standorte werden mit der Zeit in Ost- und Westindien, in Afrika, und in ferschidenen inseln des weltmeres hinzu kommen.

Nach so eingerichteten sachen wandte di kurfürstliche akademi ire forzügliche sorge auf di gehörige samlung und herausgabe der beobachtungen. Si erfand eigene zeichen, um di luft- und übrigen erscheinungen kurz auszudrüken, wälete, nach der würde des werkes, schönes papir, saubere schriften, fein gestochene kupfer, und zur gestalt di grosfirtelgröse, und unterlis überhaupt nichts, was zu den drukziraten gehöret.

Di akademi hat bisher fünf bände, nämlich järlich einen, unter dem titel, Ephemerides Societatis meteorologicæ palatinæ, ans licht gestellet Jedem bande ist ein anhang (appendix) beigefüget, welcher di aus den beobachtungen aller standorte heraus gezogenen erfolge darstellet. Der erste Band begreift 460, der zweite 630, der dritte 791, der firte 932, der fünfte 860 seiten, nebst mereren kupfertafeln, deren im ersten bande allein 7 sind.

Di gewönlichen, täglich drei male angestellten beobachtungen, welche sich in disen bänden befinden, enthalten den stand des schweremessers, des wärmemessers, des feüchtigkeitsmessers, der abweichungsnadel, di ferdünstung, di höe der flüsse, ebbe und flut, winde, wolken, bliz, regen, hagel, schne, nordlichter, nebst andern erscheinungen. Zu disen kommen noch di auserordentlichen beobachtungen, nämlich der luftelektrizität, der pflanzen, tire, krankheiten, der gebornen und gestorbenen u. d. m.

Das dises grose und weitläufige werk di kurfürstliche akademi ser hoch zu steen kommen müsse, wird jedermann leicht einseen. Dise ungeheüern kosten etwas zu mindern hat di selbe beschlossen, so wol für den seksten band, der unter der presse ist, und um di gewönliche zeit, nämlich gegen ostern, erscheinen wird, als für di künftigen bände, den weg der unterzeichnung einzugeen, in der zufersicht, das sonderlich di fürsten, akademien, hoen schulen, und andere gelerte körper und gemeinden, ein so gemeinnüziges werk durch disen weg unterstüzen und befördern helfen werden.

Damit aber di akademi zeige, das si blos das gemeine bässte zur absicht habe: so sezet si für besagten seksten band, so wi für jeden der nachfolgenden, den ganz mäsigen preis fon 6 Reinischen gulden, oder 13 1/11 französischen pfunden, welcher preis nicht vermeret werden soll, wenn gleich di bände an gröse wüksen. Solte einer oder der andere der unterzeichner, nach erhaltung des seksten bandes, auch di forher geenden bände, oder einige dafon, zur ergänzung des werkes verlangen, so wird er jeden der selben um eben den preis erhalten.

Di akademi wird di abdrüke auf ire kosten nach den folgenden stätten an di kurfürstlichen gesanden und sachwalter schiken, wo alsdann jeder das seinige gegen bare bezalung abholen lassen kann, wenn er es nicht liber einem seiner freünde zu Manheim, oder in der nachbarschaft, überlifert haben will.

Zu Augsburg an den h. Eitel Wachter, kurf. Agenten, Berlin an den h. grafen fon schalt, kurf. befollmächtigten Minister, Frankfurt an den h. Heinrich Mannskopf, kurf. Agenten, Köln an den freihern fon Franz, kurf. Residenten, Nürnberg an den freihern fon Künsberg, kurf. oberstleút. und Agenten, Strasburg an den h. Amadäus Trombert, kurf. Agenten, Wien an den freihern fon Hallberg, kurf. befollmächtigten Minister.

Di unterzeichner melden sich entweder bei den jezt genanten kurfürstlichen sachwaltern, oder unmittelbar bei der akademi, mit benennung des ortes, wo si ire abdrüke hin geschiket haben wollen.

Manheim, den 20 wonnemonat 1787.

****

Zustand der Pfalz,

im Jahre 1786.

In den neunzehen Oberämtern: Alzey, Bacherach, Boxberg, Bretten, Creuznach, Germersheim, Heidelberg (acht Höfe mitgerechnet) Ladenburg, Lautern, Lauterecken, Lindenfels, Mosbach, Neustatt, Oppenheim, Otzberg, Simmern, Stromberg, Veldenz,

Umstatt; und den drey Hauptstädten Mannheim, Heidelberg, Frankenthal sind
Feuerstätte 57705.

Bestand der Familien.

Verehligte Bürger	44162.
Bürgerliche Wittwen und Leibeigene	4607.
Bürgerliche Wittwen	8100.
Beysassen	4825.
Menonisten	247.
Juden	1051.
Summa der Familien	62992.

Seelenzahl der Einwohner.		Männer	65170.
Söhne in der Schule	25659.	Weiber	64083.
in der Lehre	2307.		
bei den Eltern	46177.	Söhne	7[illegible]143
in Diensten	— —	Töchter	74944.
	74143.		
		Knechte	11294.
		Mägde	15351.

Beruf der Familien.	Apotheker	46.
	Baader	64.
	Barbierer	218.
	Becker	1098.
	Bierbrauer	319.

Buchbinder	40.
Büchsenmacher	21.
Bürstenbinder	6.
Dreher	109.
Färber	76.
Fischer	588.
Flaschner	16.
Gärtner	78.
Geigen und Instrumentenmacher	17.
Glaßer	154.
Glockengießer	3.
Gold- und Silberarbeiter	39.
Gürtler	38.
Handelsleute	711.

Doolin von Mainz.

Ein Rittergedicht. Wien 1787.

Der Verfasser dieses Gedichtes, in zehn Gesängen, ist Herr von Alxinger in Wien, der schon durch seine dichterische Werke sich einen Namen erworben hat. Die Geschichte ist aus den Erzählungen jener Zeiten genommen, wo die Einbildungskraft so lebhaft wirkte, die

Seelen zu grossen Thaten erhitzte, wo Religion und Minne der allgemeine Wahlspruch war. Es ist nicht nöthig hier zu erzählen, wie der tapfere Godni von Mainz, Doolins Vater, einen Einsidler durch Zufall auf der Jagd erschoß, aus Reue dessen Kleid anzog und Einsidler ward; wie Archimbald Guido's Gattin, Cunegunde, mit Liebe verfolgte, nach des kleinen Doolins Leben strebte, den aber Gloriande, seine Muhme rettete; Wie Doolin nun seinen ersten Zug begann, seinen Vater in der Einöde wiederfand. wie er Flandrinen aus den Händen des Riesen rettete, sie ihm wieder entrissen ward; wie er darauf den schändlichen Archimbald erschlug, der seine Mutter des Mordes ihres Gatten beschuldigt hatte; Dann nach Paris zum Könige Karl ging, von da mit Roboastern nach Sachsen kehrte, die Dänen, Schweden, Finnen und Grönländer niedermetzelte; Roboaster gefangen, Doolin durch List verwundet, und für todt gehalten, von seinem Oheim Bertrand aber geheilet und gleichsam wieder ins Leben gebracht wurde, und dann in Flandrinens Arm, als Sachsenkönig, Wonne zum Ersatz ertragener Leiden fand: dies alles wird man schöner, angenehmer, und besser erzählt lesen, wenn man das Gedicht selbst liest.

Die Maschienen dieses Gedichts sind zweckmäsig gewählt und handeln zweckmäsig; die Handlung ermattet nicht, sie wird durchaus von steigendem Interesse belebt; der Kontrast der Personen ist mannichfaltig, abstechend und richtig gemalt; die dichterischen Bilder sind reich, lebendig, blühend, stark, oft erhaben. Der Bau der Verse ist gut und angenehm. Die Sprache richtig und edel. Einige Beyspiele seyn der Beweiß.

S. 121. Vierter Gesang.

Doch diese Zeiten sind vorbey,
Wo noch mit Redlichkeit und Treu
Die Liebe Hand in Hand gegangen;
Wo sie nicht blos ein thierisches Verlangen,
Auch eine Kette war, die sich auf Lebenslang
Um gleich gestimmte Seelen schlang.
Drum bleibt in meiner Brust, ihr heiligen Gefühle,
Und tönet nicht von meinem Saitenspiele!

Ach unsrer Welt seyd ihr ein Aergerniß:
Der Knabe, zum Genuß kaum halb noch ausgestattet,
Entwischet der Natur, wagt vor der Zeit den Biß
In die verbotne Frucht, steigt abgemattet
Auf Dirnen, die durch Frechheit Ihn gekörnt,
Wird eh zum Greisen, als zum Manne, lernt
Statt Klopstocks Engelsangs grecutisches Gewitzel
Und schwört, die Liebe sey nichts, als ein Gliederkitzel.

Nicht so zur Zeit der alten Ritterschaft,
Wo noch die Seele neue Kraft
Vom ungeschwächten Leib erhalten;
Da hatte Liebe noch den Wahlspruch: eh erkalten,
Als untreu seyn, da stieg man noch ins Grab
Mit seiner ersten Buhlen Bild hinab,
Und nahm noch von der Pflicht, sein Ehrenwort zu halten,
Das Wort nicht aus, das man dem Weibe gab.

S. 181. Sechster Gesang.

O Liebe, wohl mit Recht erhob
Die Vorwelt deine Wunderkräfte,

Wohl billig machet sich der Dichter Chor Dein
Lob
Zum heiligsten, zum süßesten Geschäfte.
Denn du hast ja zu aller Frist,
Seit um den Sonnenball die Erde Gottes
tanzet,
Was schön darin und gut und edel ist,
Durch deine Lehrlinge gepflanzet.

Du hast mit schöpferischer Hand
Am Spiel Apolls die ersten Saiten,
Die ersten Segel aufgespannt,
In einem schwanken Holz auf Fluten hinzu-
gleiten.
Du hast den ersten Schattenriß gemacht,
Das erste Bild geschnitzt, den ersten Kranz
gewunden,
Und zur Vollkommenheit durch steten Fleiß ge-
bracht,
Was du mit regem Witz erfunden.

Vornehmstes Rad, durch welches Gott die
Welt,
Die grose Wunderuhr, in gleichem Gang er-
hält,
Und stets erhalten wird, Troz dem Gewinsel

Kleingläubiger und Trotz der bösen Spuck.
Ach! ohne Dich, der Menschheit größten Schmuck,
Wär' unser Erdenball nur eine Narreninsel,
Ein Sudler wäre Mengs, ein Stümper wäre Gluck,
Orid ein Geck und Wieland selbst ein Pinsel.

Vorzüglich schön sind die Schilderungen der Charaktere der Handelnden und die lebhafte Darstellung despotischer und grausamer Regenten. Z. B.

S. 353. Zehnter Gesang.

In welches Elendmeer doch ein gekrönter Thor
Zehntausend ungekrönte stürzet!

S. 281. Achter Gesang.

Was aber that der König Danemond,
Indeß, um Sieg und Braut ihm zu erwerben,
Die Seinen treu gehorsamst sterben!
Wo bleibt er? Ha! in seinem Zelte thront
Der Volksbeglücker, denn sein theures Leben
Der dräuenden Gefahr muthwillig Preis zu geben,

Mißrieth ihm ja der Zwerg; den hat des Schicksals Macht
Zum Weh des Lands nach Hof gebracht.

Er hatte, wie im Flug, des Herrschers Gunst
gewonnen;
Auch war er ausgelehrt in allen Bübereyen,
Die je ein Bösewicht ersonnen,
Geschickt das Nein in Ja, das Ja in Nein
Schnell zu verkehren, war der Obern Knecht,
der Untern
Despot, ein Spürhund auf der Mädchenjagd,
Ein listiger Spion, ein Klätscher, und nun sagt,
Ihr Fürsten, wer wird nicht solch ein Talent
ermuntern? *)

✕✕✕✕✕✕✕✕✕✕✕✕✕✕✕✕✕✕✕✕✕✕✕✕

Naturkundige nachricht.

Herr Henke, organist zu Hildesheim, hat das lezt verflosne jar sein so genantes völlig entdektes geheimnis der natur so wol in erzeügung des menschen, als auch in der willkürlichen wal des geschlechtes der kinder, ans licht gestellet, und hat dadurch die

*) Ist diese Stelle nicht zu hart? D. H.

welt höchst aufmerksam gemachet, sonderlich da er seine lere auf fersuche gründet, di er angestellet zu haben fergibt. Ob schon nun manche wider Henken aufgestanden sind, und ihn aus der zergliderungskunde und andern gründen zu widerlegen gesuchet haben: so hat doch noch nimand di erfarung zu hilfe genommen, welches doch der einzige sichere weg ist, di geheimnisse der natur zu entdeken. Disen weg bin ich ein ganzes jar lang eingegangen. Meine filfältigen fersuche, di ich mit ferschidenen zubereiteten tiren über Henkens lere gemachet habe, wird man im nächsten naturkündigen bande der hisigen akademi der wissenschaften umständlich beschriben finden. Si sind mit aller möglichen weltweisheitlichen strenge, achtsamkeit, und genauigkeit angestellet, aber auch ganz wider Henken ausgefallen, der also di welt schändlich betrogen hat. Ob er es geflissentlich, oder aus übereilung gethan habe, will ich nicht urteilen.

Manheim den 20. herbstmonat 1787.

Hemmer.

Allgemeines Subscriptions- und Pränumerations-Comtoir.

Bey der Gesellschaft der Herausgeber der ausländischen schönen Geister in Mannheim.

Der Weg der Subscription und Pränumeration war in Deutschland der Litteratur und Kunst eine Zeitlang sehr beförderlich, und für Autoren so wohl als für das Publikum vortheilhaft. Die Autoren bezogen den Vortheil selbst, den sie sonst den Verlegern überlassen mußten; das Publikum gewann durch den wohlfeilern Preis der Bücher und Kunstwerke, deren Verkauf durch den Weg des Buchhandels gewöhnlich um ein Drittheil mußte erhöhet werden. Schlechte oder der Sache unkundige Schriftsteller und unordentliche und untreue Collecteurs führten aber bald Mißbräuche ein. Oft wurden von einem angekündigten Werke nur einige Theile geliefert, und das ganze schon bezahlte gerieht ins Stecken; oder die Herausgeber lieferten zwar das Werk, welches aber so wenig den Verheisungen in der Ankündigung entsprach, daß die Suoscribenten mißvergnügt wurden; manchesmal wurde gar nichts geliefert, und die Pränumeranten erhielten also weder das Werk, noch ihr Geld. Unredliche Collecteurs übersetzten nicht selten die Preise, bezahlten die Autoren saumselig, oder unterschlugen sogar Gelder, und so kamen Herausgeber und Käufer in Nachtheil. Mißtrauen auf Subscriptions- und Pränumerationsankündigungen war natürliche Folge, und der Verfall dieser Art, Werke der Litteratur und Kunst zu verbreiten, unvermeidlich. Indessen nehmen Subscriptionsankündigungen nicht ab. Autoren, auch blose Verleger und Buchhändler schlagen diesen Weg ein.

Ein Mittel, oben angezeigte Mißbräuche zu heben und andern vorzubeugen, wäre, dünkt uns, keine unbedeutende Wohlthat für das litterärische Deutschland; und wir glauben, durch diese Ankündigung dem Publikum ein solches Mittel vorzuschlagen.

1) Wir verbürgen den Subscribenten und Pränumeranten das angekündigte Werk, oder ihr Geld.

2) Entspricht ein Werk dem Inhalt der herausgegebenen Ankündigung in Betreff des Drucks, Papiers oder der versprochenen Bogenzahl, oder der Sachen selbst nicht, und der Subscribent sendet es in Zeit 8 Tagen vom

Tage des Empfangs zurück, so wird demselben seine Bezahlung zurückgegeben.

3) Wir verbürgen dem Autor oder Verleger seine Bezahlung, und leisten sie, ohne Verschub, nach Abzug des von demselben uns gestatteten Rabbats.

Sollte jemand wegen Sicherheit unserer Verbürgung besorgt seyn: so erinnern wir nur, daß wir in jeder beträchtlichen Stadt Deutschlands eine Waarenniederlage haben, deren Werth nicht leicht einzusendende Pränumerationsgelder übersteigen werden.

Daß wir aber dasjenige, was wir hier versprechen, zu leisten nicht gehindert werden, ist folgende Einrichtung zu treffen.

1) Die Subscriptionen werden uns unmittelbar durch die Briefpost unter der Aufschrift: **an das allgemeine Subscriptions- und Pränumerations-Comtoir in Mannheim** zugesendet.

2) Ist ein Werk, worauf wir Subscriptionen erhalten haben, uns oder unsern Spediteurs eingeliefert: so senden wir mit dessen Anzeige die Quittungen des Betrages an einen Banquier oder sonst ein ansehnliches Handelshaus jeder Stadt; die Herrn Subscribenten

belieben alsdann bey Vorweisung der Quittungen den Subscriptionspreis auf das erschienene Werk zu entrichten; wer in 3 Tagen nach Vorweisung der Quittung nicht bezahlt, für den wird an den Spediteur seines Orts kein Exemplar gesandt.

3) Die Verleger nehmen liegengebliebene oder von misvergnügten Subscribenten zurückgeschickte Exemplare wieder an; jedoch wird ihnen hievon baldige Anzeige gemacht.

Jeder muß einsehen, daß dieser Plan sehr einfach, und die Sache keiner Gefahr für den Käufer und Verleger ausgesetzt ist. Die Ausführung wird es noch mehr beweisen, daß unser Vorschlag das Zutrauen des Publikums verdiente.

Wir nehmen nach diesem Plan auf alle in Deutschland auf Subscription herauskommende Kunst- und litterärische Werke Subscription an; (Journale, gelehrte Zeitungen u. dgl. sind ausgenommen) und da wir in jeder beträchtlichen Stadt Deutschlands unsre Spediteurs haben, so kann man selbst von denjenigen Orten uns Subscriptionen zusenden, die dem Druckort eines Werkes näher als Mannheim gelegen sind.

Um Litteratur- und Kunstwerke nach diesem Plane noch mehr zu befördern, kündigen wir zugleich eine periodische Schrift unter dem Titel an:

Jahrbuch
des deutschen Parnaß.

Diese Schrift enthält 1) Anzeigen von Schriften und Kunstwerken, die auf Subscription herauskommen sollen; 2) Von vorzüglich schönen und nützlichen gelehrten und Kunstwerken, die neu erscheinen (keine Rezensionen!) 3) Von Vorfällen, Handlungen, Instituten u. s. w. durch welche Litteratur und Kunst befördert werden. 4) Nachricht von Gelehrten, Künstlern, ihren Beförderungen, Fehden, Schicksalen u. s. w. Die Absicht ist, diese Schrift nach und nach zum vollständigen Repertoir im Kleinen, von dem merkwürdigsten was deutsche Litteratur und Kunst betrifft, zu machen. Monatlich erscheint ein Heft, und der ganze Jahrgang kostet 3 Rthlr., die Louisd'or zu 5 Rthlr.; jedes Postamt nimmt hierauf Subscription und Zahlung an. Das Mannheimer Reichspostamt hat die Hauptspedition. Will ein Autor oder Verleger eine weitläufigere Ankündigung durch ganz Deutschland durch uns verbreiten: so nehmen wir den Auftrag unter folgender Bedingniß an.

Derselbe sendet sein Mspt. rein und deutlich geschrieben mit Anzeigung des Formats, in welchem es soll gedruckt werden. Zu einem Mspt. für einen achtels Bogen leget er eine Louisd'or (die Louisd'or zu 5 Rthlr.) für $\frac{1}{4}$ Bogen 1 $\frac{1}{2}$ Louisd'or; für $\frac{1}{2}$ Bogen zwey Louisd'or; für einen Bogen 3 Louisd'or. Dafür übernehmen wir Druck- und alle Versendungskosten, und in kurzer Zeit ist seine Anzeige durch ganz Deutschland verbreitet.

Vita viri illustris atque celeberrimi Abrahami Gotthelf Kaestneri Magistri Semisecularis Lipsiae d. XXII. Febr. MDCCXXXVII. renunciati. Iterum edita.

Der 21te Hornung dieses Jahrs, war der Tag an dem vor 50 Jahren der berühmte Kästner zu Leipzig mit siebenzehn andern zum Magister der Philosophie promovirt wurde. Von diesen ist Kästner nur allein noch am Leben. Bey diesem halbhundertjährigen Jubelfeste hat daher die philosophische Fakultät Kästnern, sein Leben selbst zu schreiben, damit es bey der

Feyerlichkeit öffentlich, nach Weise und Anordnung der Vorfahrer, bekannt gemacht würde. Kästner erfüllte diese Wünsche, und es wird dem Leser nicht unangenehm seyn, hier einen Auszug davon zu finden, und den grossen Mann näher kennen zu lernen.

Kästner ward geboren zu Leipzig 1719. den 27. Herbstmonat. Er war das einzige Kind, und alle Sorge seiner Aeltern war nur auf ihn gerichtet, und mit ihrer Sorgfalt vereinigte sich noch die seines Oheims, des Doktors der Rechte, Gottfried Rudolph Pommer. Im zwölften Jahre ward er unter die Akademiker aufgenommen, da er vorher schon (im 11ten Jahre) den juridischen Vorlesungen seines Vaters beygewohnt hatte. Sein Oheim lehrte ihn die Anfangsgründe der französischen, englischen, italienischen und spanischen Sprachen; und beförderte seine mathematischen Studien durch Mittheilung vortreflicher Werke. Die Philosophie hörte er bey Joh. Hein. Winkler, Georg Fried. Richter, Gottfried Heinsius, Hansenius, Backof, Lehmann sind die Männer, bey denen Kästner Physik und Mathematik hörte, Litteraturgeschichte, Staatsrecht, Redekunst beschäftigten ihn nachher. Im Jahre 1733.

machte ihn Joh. Fried. Höckner zum Notarius. Die folgenden Jahre 1734 und 35 vertheidigte er unter dem Vorsitze seines Vaters dreymal juridische Sätze. Nachdem er 1737. die Magisterwürde in der Philosophie erlangt hatte, studierte er unter Hebenstreit, Ludwig, Platz, Quelmalz die medicinischen Wissenschaften. Er verließ nachher die Jurisprudenz, und weihete sich gänzlich der Philosophie und Mathematik, und erhielt die Freyheit diese Wissenschaften zu lehren. Im Jahr 1746 ward er ausserordentlicher Professor der Mathematik mit einem jährlichen Gehalte. Der erhabene Cardinal Quirini errichtete einen Briefwechsel mit ihm, und schlug ihn der Akademie zu Bologna zum Mitgliede vor. Maupertuis schätzte ihn hoch, und die königl. Akademie wählte ihn zu ihrem Mitgliede. De la Lande stellte seine astronomischen Bemerkungen zu Berlin an, indessen der Abt de la Caille in dem äussersten Afrika beobachtete. De la Lande sandte Kästnern alle seine Beobachtungen, um sie in den akademischen Akten zu Leipzig bekannt zu machen. Um diese Zeit schrieb ihm Hartmann von Hannover, er könne in Göttingen eine Professorstelle erhalten. Allein seine kränkliche

Mutter und andere Umstände hinderten ihn, diesem Rufe zu folgen. Auch machte man ihm in Leipzig Hofnung, den ersten erledigten philosophischen Lehrstuhl durch ihn zu besetzen. Indessen gieng Kästner doch nachher nach Göttingen, und erhielt, als Professor Segner nach Wolfs Tode nach Halle berufen ward, die Professorstelle der Physik und Mathematik im Jahre 1756. —

Bis daher geht die Nachricht, die Kästner von sich gibt. Im ganzen Werkchen herrscht die edle Bescheidenheit, die erhabene Einfalt und Offenheit, die den warhaft grossen Mann charakterisirt. Er verschweigt gänzlich, was er schon seit der Zeit geleistet hat, da er in Göttingen ist. Er nennt nur einige andere Gelehrte, die von ihm geschrieben haben.

Choice of the best poetical pieces of the most eminent english poets. Published by Ioseph Retzer. Six Volumes. Vienna, Printed von Thomas Trattnern 1786.

Es war eine rühmliche Unternehmung des Herrn Retzer, seine Landsleute mit den

Originalen der englischen grossen Geister näher bekannt zu machen. In diesen 6 Bänden sind 400 Stücke aus 225 theils mehr, theils weniger bekannten Dichtern enthalten. Die Sammlung fängt von Chaucer, der 1400 starb an und geht bis Hayley, der vor zwey Jahren seine Werke herausgab. Wir lernen also dadurch die Dichter Brittanniens kennen, die in einem Zeitraume von 386 Jahren gelebt haben. Herr Retzer hat mit grossem Fleise die Gedichte unbekannter Dichter gesammelt; Gedichte von grossen Männern, wie Bacon, Bolingbroke, Chesterfield, Wharton, Strafford, Voltaire ꝛc. eingerückt, deren mindestes Verdienst die englische Dichtkunst war.

Unterhaltung und Verbreitung der englischen Litteratur ist der Zweck dieses Werks. Abwechslung macht diese Sammlung angenehm; Tändeleyen und Scherze wechseln mit ernsthaften Gedichten, mit erhabenen Liedern.

Dieses Werk ist ein wichtiger Beytrag zur Vermehrung der Kenntnisse und zur Beförderung des Geschmackes, und verdient von jedem Liebhaber der Wissenschaften unterstützt zu werden.

Die Duldung.

Und also flammet über die Erde hin
zehnfacher Fluch des Schöpfers Jahrtausende!

Mord Brüder! Brüder! Mord, zu preisen
ihren Erschaffer, Erlöser, Vater!

Auf Millionen Leichen erheben sich
im Blutdampf Tempel! Würgen ist Gottesdienst!
Altär und Dolche decken Länder!
Gallien! senkten nicht deine Söhne

Den Meuchelstahl ins Vaterherz hinterrücks,
im Schlafe? ha! der zitternden Luna schwoll
die Sein' entgegen und des Atlas
kochende Wogen vom blutgen Tajo.

Auch ihr wühlt in des Vaterlands Eingeweid
um Götterliebe Helden Teutonias?
Ihr mordet gleich dem Sarazenen,
Britten, Trajane und Antonine!

In Priestermasken zahlloser Formen ist
die Welt ein Tollhaus zügellos Rasender?
So bannet Andacht Tugend! Vater,
Bräutigam, Freund ist ein Inquisitor!

Doch endlich kömmst du, Duldung! — einst
himmlische
in Eden: du warst Tygerbezähmerinn!

Allein für Herzen traurger Name,
Duldung! ach Duldung nur — unter
Brüdern!

An den Herrn Hofgerichtsrath von Stengel, der nach Lesung obigen Gedichtes, als ein Gegenstück, die Schilderung verlangte, wie Menschen, nicht nur in Duldung — brüderlich leben sollten; aus dem Stegreife.

Sie wünschen, Theuerster, von mir geschildert
wie Menschen, nicht zum Thier verwildert,
nicht duldsam nur, wie innig, froh, beglückt,
kurz, wie sie sollten, Herz an Herz gerückt,
ein heitres wonnevolles Leben
zu leben sich bestreben?

Freund! Malte meine Muse auch mit Zauberstralen,
sie hätte doch die Farben nicht,
Dies Bild, wies lebt vor Ihrem Angesicht,
In Ihrem Haus', in Ihrem Herzen lebt, zu malen.

Bl.

Ankündigung einer neuen Uebersetzung von Richardsons Clarisse.

Von den Herausgebern der ausländischen schönen Geister in Mannheim.

Schon der bloße Name: Englischer Roman, hat soviel Vorurtheil für sich, daß unsre besten Köpfe sich nicht schämten, die Werke eines Richardsons, Fieldings, Goldsmiths 2c. sogar bis auf den Witz der Ueberschriften hinaus, sich zum Muster zu nehmen, und unsre Halbköpfe, sie zu kopiren. Auch würde es nicht sehr bescheiden gegen das Publikum seyn, ihm die Verdienste der Meisterwerke eines Richardsons um Geschmack und Sitten aufs neue anpreisen zu wollen, eines Schriftstellers, der, um nur dies einzige zu sagen, mit der tiefsten Menschenkenntniß und den feinsten Empfindungen eine Delikatesse verbindet, welche dem strengsten Sittenrichter nichts zu verwarnen oder zu verwischen übrig läßt. Es ist wahr, das Lesen einer Klarisse und Pamela, weiland Lieblingslektüre unsrer Mütter und Tanten, ist ausser Mode gekommen. Allein, was kommt denn nicht alles aus der Mode? und was beweist es für oder wider die Güte des Gegenstands? Wer wollte aber auch, um nichts von den Uebersezungen zu sagen, deren beste bereits ihr 39stes Jahr zurükgelegt hat, wer wollte Lesern und Leserinnen aus der gewöhnlichen Lesewelt, welche mit jeder Woche die Gesellschaft fertigen müssen, sowohl, als Lesern von Geschäften, welche zu sehr Freunde der edlen Zeit sind, die Geduld geben, der Geschichte einer einzelnen Person in 8 dicken Bänden, ausgedehnt, bis zur endlichen Entwiklung ihre Aufmerksamkeit zu schenken?

Um nun diesen beiden Mängeln abzuhelfen, kündigen wir hiemit eine neue Uebersezung von Richardsons Klarisse an, welche mit der möglichsten Sorgfalt in Rüksicht auf Treue und Reinigkeit des Ausdrucks abgefaßt, und auf 6 Bändchen, in unserm bisherigen Format abgekürzt werden soll.

Kürze des Ausdrucks, welche zuweilen im Deutschen glüklicher erreicht werden kann, Auslaßung einzelner ausserwesentlicher Tiraden (nicht aber der vortreflichen psychologischen Reflexionen, welche hin und wieder eingestreut sind) und Zusammenziehung der unwichtigeren Briefe, werden den Uebersezzer in den Stand sezzen, diesen Lieblingsroman wenigstens zweier Nazionen dem Publikum, ohne daß es von dem wesentlichen etwas verliert, in einem angenehmern Gewande und weniger abschrökenden Volumen aufs neue mitzutheilen. Bis Ostern werden die 2 ersten Bändchen gewis, wahrscheinlich auch das dritte, fertig seyn. Der Band kostet auf Subscription 36 kr., ohne diese 48 kr. Auch werden Exemplare auf holländisches Postpapier abgedruckt, der Band zu 1 fl.

Auszug aus der Abhandlung über die allgemeine Bevölkerung in der rheinischen Pfalz, vorgelesen in der öffentlichen Versammlung der Akademie der Wissenschaften in Mannheim den 5ten Novemb. im Jahre 1787. von Theod. Traiteur, Kurpfälzis. Hofgerichtsrath.

An dem Ende des Jahres 1770. wurde die erste Aufnahme der Unterthanen in der rheinischen Pfalz gemacht; so wie man in diesem und den folgenden Jahren überhaupt erst in Deutschland angefangen hat, diesen Zweig der Geschichte und Politik ernstlicher zu bearbeiten. Denn, obgleich in Preußen schon seit 33 Jahren die Bevölkerungstabellen eingeführet worden sind; so wurden sie doch erst in dem Jahre 1773 zu einiger Vollständigkeit gebracht, eben so in dem Würtenbergischen Lande, in Frankreich unter dem Abt Terray, und in gleicher Zeit im Oesterreichischen die Conscriptions-Formularen. Nur Schweden hatte seit dem Jahre 1749. schon ein vollkommenes Volks-Zählungs-Comtoir, welches durch die Landstände errichtet worden war.

Die Aufnahme der Menschenzahl in der rheinischen Pfalz geschieht auf die einfachste und sicherste Art. Mit dem Anfange eines neuen Jahres müssen jedesmal in derselben Zeit alle Ortsvorsteher, sowohl der Dörfer als der Städte, jeden Menschen ohne Ausnahme, der sich da findet, nach einem gewissen Stand, oder Stufenalter 2c. 2c. — aufzeichnen und diese Listen sowohl, sammt jener der Pfarrer, der Juden und Menonisten über die im Jahre hindurch Gestorbene und Geborne an die Oberämter, worunter sie gehören, einschicken. Ein jedes Oberamt bringt sodann diese Materialien in eine Tabelle, welche die Oberlandesrevision in Mannheim erhält, um daraus die Generaltabellen vom ganzen Lande für den Hof und die

Landesregierung zu entwerfen. Diese sind nun zum Theile die Urkunden, worauf der Hr. Verfasser seine Beobachtungen gegründet. Er durchgieng eine Reihe von 10 Jahren, und nahm zum Ansatze das Jahr 1776.

In diesem wurden nun durch 620 Orte, welche eingetheilet sind in drei Hauptstädte und 18 Oberämter, doch mit Ausschluß des Oberamtes Umstadt, weil da die Regierung gemeinschaftlich mit Hessendarmstadt, und ohne des Mitregenten Einwilligung keine Aufnahme geschehen konnte, und darum auch in der ganzen Berechnung hinweg bleiben mußte, gezählet an Menschen 283,886. abgetheilet nach dem Geschlechte 140,112 männliche, 143,774 weibliche. Also 3664 mehr weibliche. Dieser Geschlechtsüberschuß wird noch ungleich stärker, wenn man die Zahl der Männer und Weiber von jener der Kinder, und der erwachsenen Ledigen trennet. Denn diese letzteren waren 79,847 männliche, und 85,413 weibliche, folglich 5566 mehr weibliche. Die Zahl der Männer 60,265, der Weiber 58,361, und nur 1904 mehr Männer.

Die Gebornen waren 11541, darunter 5834 Knäbchen, und 5707 Mädchen, 171 mehr Knäbchen. Dieser Knäbchen Ueberschuß, der alle Jahre in der Geburt sich zeiget, ist in dem Pfälzischen Staate in demselbigen Verhältnisse, wie solches durch die Geburtslisten von so vielen andern Ländern längstens ist bemerket worden. Dies ist wider weise Vorsicht der Natur; weil die Knäbchen bis in das 8te und 9te Jahr, bis sich gewisse männliche Kräfte entwickelt haben, weit schwerer bey Leben zu erhalten sind, als die Mädchen, und ohne diesen Ueberschuß gar leicht eine Ungleichheit unter dem Geschlechte in der Folge entstehen könnte, und so zeiget der Herr Verfasser durch eine Tabelle, wie Kinder in demselben Jahre geboren, sich im 12ten Jahre dem Geschlechte nach immer ganz gleich werden.

Die Sterblisten gaben dazu den deutlichsten Beweis, denn in eben dem Jahre sind gestorben, Kinder unter 12 Jahren 2675, und allein 170 mehr Knaben. Vollkommen die Zahl der Mehrgebornen. Doch dies war hier nur Zufall. Ueber 12 Jahre 3525. Männer 1502, Weiber 1737, also 235 mehr Weiber, im ganzen aber

9439. Und auf diese Art sind denn 2102 mehr geboren als gestorben. Dies ist nun die Hauptquelle woraus die Bevölkerungszunahme kommen muß.

In den 9 folgenden Jahren hat die Bevölkerung merkwürdige Schicksale gelitten. Sie war sich selten gleich, bald in ausserordentlicher Zunahme, und eben so bald wieder in Abnahme.

So war das Jahr 1777 sehr gesegnet. Der Zuwachs gegen das Vorige allein 4915 Menschen, und davon der gröste Theil im Oberamte Heidelberg, die Zahl der Gebornen 12,229, der Gestorbenen nur 7526, und der Tod dem schönen Geschlechte am gefährlichsten, denn das 33te weibliche, und nur das 66te männliche mußte fort. Im ganzen Lande aber gieng nur das 38te ab, und im vorigen Jahre das 30te.

Im Jahre 1778. hat die Bevölkerung durch die Verlegung des kurfürstlichen Wohnsitzes nach München eine Hauptwunde empfangen: Die Stadt Mannheim allein hat 2082 Menschen verlohren, 59 weniger geboren, 27 weniger getraute Paar, und 1155 arme Leute bekommen. Ein wahrer Beweis, wie segenreich die Gegenwart des gütigsten Regenten war. Das was das Land nicht zugenommen, ist auch Abnahme. Selbst Judenfamilien, die immer in starker Zunahme bis in dieses Jahr waren, haben sich um 18 Familien verringert. Aus dem Verhältnisse der Geburtszahl zu den Gezählten in diesem Jahre kann man sehen, wie verschiedene Gegenden in diesem so schönen, und an den wichtigsten Lebensbedürfnissen so fruchtbaren Lande, doch an Menschenwachsthum äusserst unfruchtbar, waren im Jahre 1778, eins zu 18 in der Stadt Frankenthal, eins zu 19 in dem Oberamte Ladenburg, zu 20 im Oberamte Simmern, zu 22 im Oberamt Bretten und Lautereken, zu 23 im Oberamte Heidelberg, uud Neustadt im ganz unfruchtbaren Verhältnisse; im Oberamte Creuznach, Moßbach und Germersheim eins zu 25, zu 26 im Oberamt Alzei, zu 27 in der Stadt Mannheim, und im Oberamt Lautern, zu 28 im Oberamt Lindenfels und Oppenheim, zu 29 im Oberamt Bacharach und in der Stadt Heidelberg, zu 30 im Oberamt Veldenz, zu 31 im Oberamt Otzberg, zu 33 im Oberamt Stromberg, zu 36 Boxberg; im

Jahre 1776 ebenfalls eins zu 25 im Oberamt Creuznach, eins zu 26 im Oberamt Alzei, Lindenfels, zu 27 im Oberamt Bacharach, Otzberg, Stadt Heidelberg, eins zu 28 im Oberamte Stromberg, eins zu 30 im Oberamt Veldenz, eins zu 31 in der Stadt Mannheim, wohin jährlich noch so viele fremde Kinder gebracht werden, eins zu 37 im Oberamt Boxberg; eine solche Unfruchtbarkeit ist unbegreiflich. In Frankreich, einem ungleich größern Staate, ist das hohe Verhältniß nur eins zu 25. Gewiß verdienen diese Bemerkungen, sowohl als jene folgende der Sterblichkeit die ganze Aufmerksamkeit einer weisen Regierung.

Im Jahre 1779 verlor die rheinische Pfalz, wie im Jahre 1777 die Herrschaft Zwingenberg mit 7 Dörfern und 4 Weilern, in diesem 10 Orte durch das an Zweibrücken vertauschte Gericht Kübelberg.

Und ohngeachtet dieses Verlustes hatte sie doch im Jahre 1780. 4026 mehr Menschen gegen das vorhergegangene Jahr gezählet.

Wie traurig ist es aber nicht dagegen zu hören, daß in dem folgenden Jahre 1781. in dem

Garten von Deutschland 10,672 gestorben sind, und das 27te vom Tode hinweg geraft worden ist.

Im Jahre 1780.		starb		im Jahre 1781.
im Oberamte Alzei	eins	von	39. —	eins v. 27.
— Bacharach	1.	v.	32. —	1. v. 27.
— Boxberg	1.	v.	49. —	1. v. 29.
— Bretten	1.	v.	31. —	1. v. 31.
— Creuznach	1.	v.	28. —	1. v. 28.
— Germersheim	1.	v.	41. —	1. v. 43.
— Heidelberg	1.	v.	35. —	1. v. 28.
— Ladenburg	1.	v.	32. —	1. v. 19.
— Lauterekken	1.	v.	27. —	1. v. 24.
— Lautern	1.	v.	46. —	1. v. 26.
— Lindenfels	1.	v.	47. —	1. v. 27.
— Moßbach	1.	v.	39. —	1. v. 28.
— Neustadt	1.	v.	42. —	1. v. 29.
— Oppenheim	1.	v.	35. —	1. v. 28.
— Otzberg	1.	v.	50. —	1. v. 21.
— Simmern	1.	v.	24. —	1. v. 19.
— Stromberg	1.	v.	28. —	1. v. 26.
— Veldenz	1.	v.	43. —	1. v. 17.
In der Stadt Mannheim	1.	v.	33. —	1. v. 22.
— Heidelberg	1.	v.	36. —	1. v. 28.
— Frankenthal	1.	v.	32. —	1. v. 25.

So stark ist selbst die Sterblichkeit in Holland nicht, wo doch die Menschen so gedrängt beysammen leben, und stäts von einer tödenden Feuchtigkeit umgeben werden. Eins von 27 für einzelne Dörfer oder kleine Städte, wie in den 3 vorhergegangenen Jahren eins von 17 in Frankenthal beinah im Grade der Pest, oder wie Eins von 22 in Mannheim, ist ausserordentlich.

Im Jahr 1782. hatte die Bevölkerung wieder zugenommen, allein im 83ten den 3ten und stärksten Verlust gelitten. 3434 reine Abnahme gegen das vorige Jahr, so auch kein mittelmäßiges war. Auf diese Art würde der Staat in weniger als 86 Jahren rein leer seyn, so wie die Bevölkerungszunahme vom Jahr 1780, die ganze Menschenzahl in der Pfalz in 73 Jahre verdoppeln müßte.

Im Oberamte Alzei und Stromberg starb eins von 28, im Oberamt Creuznach, Heidelberg, Ladenburg, und durch das ganze Land eins von 27, im Oberamt Bretten eins von 26, im Oberamt Bacharach und Lauterecken eins von 23, im Oberamt Neustadt eins von 24, im Oberamt Oppenheim eins von 20, in Mannheim eins von 16, in Frankenthal eins von 15. Wen überläuft bei dieser Nachricht nicht ein Schauer, der die Folge von diesen Verhältnissen einsehen kann? und wer wird nicht, wenn er an dem Staatsruder einigen Theil hat, alles anwenden, solchen Unglücksfällen durch kluge Polizei- und Medicinalanstalten vorzubeugen.

In den Jahren 1784 und 85 sind 4902 Menschen wieder gewonnen worden. Allein aus der Zunahme des folgenden Jahres 1786. kann man deutlich erkennen, welche innere Fähigkeit in dem Lande selbst liegt, sich schnell zu bevölkern; wenn nur einmal 10 Jahre ohne gewaltsame Eräugniße vorbeyfließen könnten; so müßte dieser Staat über 60,000 Menschen gewinnen, und dies um so mehr, wenn Auswandrung zu vermeiden wäre. 5825 Menschen mehr als das vorige Jahr. Aber auch war die Sterblichkeit äusserst gering, und nur 7669 Menschen sind abgegangen. Eins von 42 durch das ganze Land.

Es sind in diesem letzten Jahre gezählet worden 304,985 Menschen, 150,607 männliche, 154,378 weibliche, oder 25,659 Knaben, 23,359 Mädchen in der Schule; 46,177 Jünglinge, 51,585 Töchter bei den Eltern; 13,601 Knechte, 15,351 Mägde, 65,170 Männer, 64,083 Weiber.

So folgt dann, daß die rheinische Pfalz ohngeachtet, der in den Jahren 78. 81 und 83. erlittenen Unglücksfällen, doch noch in diesen 10 Jahren 21,099 Menschen gewonnen. Aber merkwürdig — daß diese Zunahme nur aus einigen Oberämtern allein kömmt, wie einige im Stillstand stehen, und andre sogar in gänzlicher Abnahme sind. Diese letzte sind der heimlich um sich fressende Schaden im Staate, der immer wieder zernichtet, verzehret, was der bessere Theil mit Mühe erwirbt.

In derselben Zeit sind 117,638 Kinder geboren worden, darunter 60,249 Knäbchen, 57,389 Mädchen, also 2860 mehr Knäbchen: Gestorben aber 87,557 Menschen, 42,979 männliche, 44,578 weibliche, also 1599 mehr weibliche. Da aber in jedem Jahre mehr Knaben, als Mädchen geboren werden, und doch nach der Aufnahme und nach der Abtheilung in das Geschlecht, doch so viel mehr weibliche als männliche gefunden werden, so können diese hier mehr Gestorbene sowohl, als jene Zahl der Lebenden, von welchen sie gestorben, oder mit welchen sie jedesmal im Verhältniße gestanden, nicht anders, als durch Einwandrung in den Staat gekommen seyn, oder es müßte denn eine ausserordentliche Auswandrung von Männlichen allein diesen weiblichen Ueberschuß gebracht haben. Im ersten Falle könnte nun der Multiplicator 90 genommen werden, denn aller Wahrscheinlichkeit nach ist es die Zahl der weiblichen Dienstbothen, jedoch jeden Zweifel oder jede Einwendung zu vermeiden, soll nur der geringste 33er genommen werden, so ergiebt sich eine Zahl von 52,767 weibliche Menschen, die nicht im Lande geboren, und sich jedoch in diesen 10 Jahren in der Pfalz aufgehalten, und davon jährlich 159 gestorben sind. Oder im zweiten Falle sind 30,000 mehr geboren als gestorben, der bewußte Zuwachs nach der Aufnahme nur 21,000, so bleiben noch 9000 Geborne im Staat, die nicht mehr gefunden, und diese selbst müssen also ausgewandert seyn — ohne jene zu rechnen, die gleichsam mit den Eingewanderten gewechselt haben. Ohne jene Männliche die den weiblichen Ueberschuß müssen hervorgebracht haben, welches denn eine ausserordentliche Zahl würde rc.

Ich breche hier ab, so wichtige Bemerkungen auch daraus noch anzuzeigen wären. Da diese Abhandlung sowohl, als noch eine andre über Landescultur mit all ihren Beweisen und Beylagen zu ihrer Zeit im Druck erscheinen soll; so muß ich nur den Herrn Verfasser im Namen aller jener pfälzischen Einwohner, die Liebe für ihr Vaterland haben, und sich belehren mögten, welche frohe Hofnungen, oder welche allgemeine Gefahren ihr Leben umschweben, ersuchen, uns ja bald mit der Herausgabe zu beehren.

Fortsetzung der Briefe über Malereyen in England.

Vierter Brief.

Nachdem ich mich an den schönen Malereyen im Palaste der Königinn satt gesehen hatte, verlangte ich vorzüglich nach dem Hause des Northumberland. Schon seit geraumer Zeit hält es schwer, die Gemälde daselbst zu sehen, und der Ruf vergrößert gemeiniglich, was dem Auge verborgen wird. Ich fand nur zwey Säle, deren der eine Originale enthält, der andere Kopien. Von den erstern machte mich nur ein Gemälde von Gemmari, einem Schüler des Guercino, aufmerksam. Es stellt zwischen zwey Leuchtern ein Kreuz vor, so drei ehrwürdige Männer tief anbeten. Ihre Charaktere sind nicht sonderbar; aber der Ausdruck ihrer Empfindung und Verehrung hat was Auffallendes. Der Hintergrund stellt einen heitern Himmel vor, mit kleinen Wolken unterbrochen; Dieß läßt sehr gut, zumal, da allenthalben der Pinsel vortreflich ist; denn die Figuren stehn wie von der Wand abgelöst. Sechs Knaben, nämlich, drei zur jeden Seite, haben ein Gemische von Aufmerksamkeit und kindischer Zerstreuung. Grazie sucht man umsonst: es sind Gesichter aus der Natur.

Es wird Sie befremden, lieber Freund, daß ich Sie so schnell von den Originalen ab, zu Kopien führe. Allein Kopien dieser Art verdienen allerdings Aufmerksamkeit. Sie sind nach berühmten Originalen von großen Meistern gemalt. Wer wollte Raphaels Schule von Athen aus der Hand eines Anton Raphael Mengs nicht sehen! oder dessen Götterversammlung von Pompejo Battoni gemalt? oder Guidos aufgehende Sonne von Masucci? Immer verliere das Original, aber unter solchen Händen gewiß wenig. Wenn Mengs dafürhält, wer Raphaels Eigenheiten auf den Kupferstichen eines Marc Antonio nicht sieht, werde sie auch auf den Originalen nicht finden, um wie viel mehr muß dies von solchen Kopien gelten? Bey diesen Betrachtungen wachte in mir der Wunsch auf, welcher lange schon in meiner Seele lag, es möchte irgend einem Großen Deutschlands gefallen, die berühmtesten Malereien aus allen Gallerien Europens in trefflichsten Kopien zu sammeln, und so alle Schätze der neuern Kunst, so zerstreut sie izt sind, irgendwo vereint aufzustellen. Wenn gleich ihr Werth unter den Originalen bleibt, hätten sie doch den Vorzug der Vereinigung und Nebeneinanderstellung, welchen denn doch die Originale nimmermehr haben können Ich glaube nicht, daß so ein Unternehmen unmöglich, oder auch nur schwer auszuführen wäre. Es fehlt uns an Männern nicht, welche in der Kunst, ihren Pinsel zu führen, vortreflich geübt sind. Zeichnung, Kolorit, Schattirung, Helldunkel steht ihnen zu Gebote: wenn sie noch den Gang nicht unter den ersten Künstlern behaupten, sind nur die Ideen schuld daran, die sie bey Kopierungen nicht erst zu erfinden, nur auszuführen haben. Welcher Pinsel giebt dem Kopisten mehr zu schaffen, als der weiche eines Corregio, und dennoch wie viele Kopien trägt man nach ihm herum, die auch der Kenner zu unterscheiden Mühe hat? Wenn es gelang, eine Malerei Raphaels so künstlich nachzuahmen, daß selbst Julio Romano seine eigenen Pinselstriche verkannte, so scheint die Verachtung nicht gerecht, womit man gewohnt ist, Kopien zu begegnen. So viel ist gewiß, daß Künstlern, die weder Muse, noch Vermögen haben, halb Europen durchzureisen, eine solche Kopiensammlung mehr Vortheil anbieten würde, als selbst unsere bessern Gallerien versprechen können. Es ist einmal unmöglich, die wichtigern Originale aus den Händen ihrer Besitzer zu bringen. Italien ist zu sehr auf seiner Hut: nur hie und da gelang es von dem großen Strome einige Bäche abzuleiten. Daher sind unsere Gallerien mit Werken der niederländischen Kunst vollgefüllt,

füllt, und die Italiener, welche sich nach Deutschland bringen ließen, sind nur gar selten von der besten Art: Werke der Anfänger, oder eines flüchtigen Pinsels machen die gröste Zahl. So sinken eigentliche Kunstwerke unter die Menge mittelmässiger Stücke hin, denen es gemeiniglich an nichts mehr, als am Wesentlichen der Kunst fehlt. Von solchen Mustern hat der junge Künstler, welcher noch bisher keine Anleitung, als nur zum Mechanischen, genoß, zur Veredlung und Verfeinerung seiner Ideen nicht viel zu erwarten. Vielmehr wäre es zu wünschen, daß er in seinem Mechanismus nicht zu sehr bestärkt, und vom Heiligthum der Kunst auf immer entfernt würde.

Vergeben Sie mirs, lieber Freund, daß ich hier Kopien das Wort sprach. Es geschah nur in Absicht auf die Bildung der Künstler, die in Raphaels Schildereien von einem Mengs kopirt gewiß mehr Nahrung ihrer Seele finden, als in Rembrands und Ostadens Originalen. Und in eben dieser Absicht stelle ich Sie izt vor die Kopien des Herzogs von Northumberland hin. Hatte der Herzog keine andere Absicht, als seinen Saal zu verzieren, so ist sie gewiß erreicht, denn die großen und herrlichen Schildereien thun ungemein gute Wirkung. Wie Sie eintreten, lieber Freund, haben Sie zur Rechten Guidos aufgehende Sonne, von Mansueti kopirt. Phöbus auf seinem Sonnenwagen. Er ist ungemein sanfter, oder vielmehr weicher Art. Seine Formen sind gedunsen und stumpf. Es ist kein Apoll vom Belvedere. Er dünkt mich zu weich, wodurch Stärke und Größe des Geistes verdrängt wird. Die Horen, man sieht deren nur sieben, stehen in Reihen umher, Hand in Hand. Ihre Gesichter sind zu völlig; aber an Grazie fehlt es ihnen nicht, besonders der ersten und vierten, und den zwei lezteren. Auch Aurora, die voraus schwebt, den Tag aufzuhellen, ersezt an Anmuth, was ihr aus gleichem Grunde an Schönheit fehlt. Allenthalben vermißt man das Charakteristische der Figuren, und begnügt sich mit einer unbestimmten, oder zwecklosen Grazie. Etwas mag wohl auf die Rechnung des Kopisten kommen; aber im Ganzen scheint auch das Bild keine andere Absicht zu haben, als zu gefallen. Der leuchtende Genius schwebt ungemein leicht, und sein Gesicht hat kindische Schönheit.

An der langen Wand des Saales, den Fenstern gegen über, hangen drei große Schildereien. Die erste nach Annibal Carracci von Felix Constanzo gemalt, soll den Triumph des Bachus und der Ariadne, oder vielmehr ihren Vermählungsschmaus vorstellen. Bachus ist ein weicher Knabe, nichts weniger als schön, und seine Empfindung mehr bitter, als süß und fröhlich: desto enger hat sich an Ariadnen Schönheit mit Grazie verbunden. Hinter beiden gießt ein bekränzter Jüngling Wein aus einem Gefäß in das andere, der den jugendlichen Gott der Freude an Schönheit und Geisteskraft weit hinter sich läßt. Unter den vielen übrigen Figuren zeichnen sich nur wenige aus; denn die männlichen sind meist roher Natur, und erinnern den Zuschauer an den hetrurischen Stil. Hingegen sind die weiblichen artiger, zumal in Rücksicht auf Stellungen, wenn ihre Gesichter gleich nur gemeine Schönheiten sind. Zur Rechten hebt sich eine bekränzte, und tanzende Bachantin aus. Sie ist eine geistige Schönheit, und hat eine heitere, lächelnde Grazie, nur spitzt sich der Mund zu sehr in seinen Ecken. Nebenher steht eine andere, deren Gesicht zwar im Schatten liegt, aber einen reizenden Kontorn hat. Die Krümmung des Leibes empfiehlt ihre Stellung; nur ist das linke Bein zu viel gehoben, und das Knie ragt zu weit vor.

Ganymed vor der Tafel, kniet mit dem linken Beine, und streckt das rechte gewaltig aus. Diese Lage kann wohl schwerlich gefallen. Aber der Anstand, die Aufmerksamkeit, und so zu sagen die Geistigkeit, womit er Jupitern den Nektar reicht, sein lockicht Goldhaar und sein lieblich Angesicht söhnen den Liebhaber mit der übrigen Lage gerne aus. Jupiter, samt dem ganzen Anhang der Götter, vor allen aber Herkules sind düster, roh und starrig: Die Götterseligkeit, so wie sie hier an der Tafel geschildert ist, verdient wahrlich den Neid der Sterblichen nicht. Wer seine Rechnung beim Ausdruck der Charaktere nicht gefunden hat, den wird die Gruppierung des Ganzen nicht schadlos halten. Es ist eine lange Reihe gleich hoher Figuren. Nur zur Linken erheben sich die drei hintersten, welche, wie ich glaube, die Grazien vorstellen. Ueber der Mitte der Tafel schweben drei Psychen, die allerdings reizender seyn dürften, mit Blumen in den gehobenen Händen.

Ueber die Schule von Athen sollte ich Ihnen nichts sonst sagen, als was Sie mir gewiß leicht glauben werden, daß sie Mengs vortreflich kopirt hat. Denn diese Malerei, eine von Raphaels berühmtesten, ist durch gestochene Blätter und Beschreibungen so bekannt, daß es der Mühe nicht lohnt, nachzulallen, was von so vielen schon gesagt, und nachgeschrieben ward. Nur eine Bemerkung erlauben Sie mir, lieber Freund. Es ist dieselbe, die ich schon oben bei Raphaels Kartonen gemacht habe. Nirgend fand ich sie mächtiger durch Beispiel unterstüzt, als auf dieser Schule von Athen. Hier wars, wo Raphael Charaktere zeichnen sollte, die nicht allein der Einbildungskraft überlassen waren, sondern schon in der Geschichte, und selbst in den eigenen Schriften dieser Philosophen gezeichnet lagen. Sehen wir nach den Stellungen und Gebärden, so zeigt sich beinah jeder Philosoph, oder gewiß die meisten in ihrem eigenen Charaktere. Diogen erscheint über den Stufen in einer freien, genügsamen Lage, Archytas in seiner zweifelnden Stellung und Gebärde, Pythagoras in tiefer Versammlung. Aber hiemit lieber Freund, müssen Sie wohl auch zufrieden seyn: Der Gesichtszüge wurde so wenig geachtet, daß für Philosophen des griechischen Alterthums Porträte der Italiener aus Raphaels Zeiten erscheinen. Diogen ist düster und roh, noch roher Archytas, Pythagoras erträglich, Archimed das Bildniß eines von Raphaels Gönnern, Aristoteles ein kranker gebrochener Greis, Epikur ein dürrer, trockener Lehrer, von dem alle Lust entflohen ist, gegenüber sein Schüler, fett und lüstern. Unter den vielen übrigen Schülern sind mancherlei Porträte und Gesichter aus der schönen Natur. Man sieht, daß es auch vortreflichen Künstlern mehr darum zu thun war, jugendliche Figuren ohne fernere Rücksicht schön zu bilden, als passende Charaktere zu zeichnen.

Dies wird durch eine Götterversammlung, welche Pompejo Battoni sehr schön kopirt hat, aufs neue beleuchtet. Amor, der vor diesem Götterrath verklagt wird, ist ein schönes, schalkhaftes Kind. Seine Mutter nicht sowohl schön, als reizend. Sie zeigt auf Mars, der wohl als ein junger Held da steht, aber die Haut bis zur Schwärze gebrannt. Nichts nahm mich mehr Wunder, als einen Jupiter zu sehen, an dem die Idee der Alten gänzlich vermißt wird.

Kein Strahl des hohen Wohlwollens, womit das feine Alterthum seine Hoheit und Stärke verbunden hat, blickt aus dem Angesicht. Stark und düster faßt er unter dem Silberbart sein Kinn, und sizt, das weiße Haupthaar gleich einer Perücke sträubig, als Richter des verklagten Amor da. Sein Troz erschüttert nicht sowohl das Herz, als das Querfell. Es ist wahr, daß sich bei Verwaltung seines Richteramts die menschenfreundliche Miene, womit er sonst ausgezeichnet wurde, etwas verfinstern dürfte; aber die Gestalt des Schröcklichen, der reife Nationen der fürchterlichen Wage des Schicksals überläßt, mußte er bei Amors Händeln noch eben nicht annehmen: und dennoch schien er mir auch für jenen Fall noch zu düster. Der große Geist, in dessen Händen die Macht liegt, sich Recht zu verschaffen, gebärdet sich auch in den Fällen gelassen, in welcher der Schwache und Unmächtige ausser Fassung kömmt. Noch etwas roher, als der Vater der Götter, sind dessen beide Brüder Neptun und Pluto, der eine blaß, der andere kupferroth, beide sehr nervicht, finster und tief gefurchet. Dagegen sind Merkur und Hebe nebeneinander aus der schönen Natur; sanfte Melancholie liegt auf ihren Gesichtern,

Wollen Sie, lieber Freund, ihre Empfindung vom Sanften wieder ins Stürmische umstimmen, so blicken Sie hin auf die zwei Flußgötter, und den fürchterlich rohen Herkules über denselben. Er stemmt sich gewaltig auf seine Keule, und lehnt seinen Backen unedel auf die feste nervigte Hand.

Die letzte Wand dieses Saales, der aufgehenden Sonne des Guido Reni gegenüber, füllt ein Bachusfest, oder der Triumph des Bachus und der Ariadne von Placidus Costanzi kopirt. Die Bildung dieses muntern Gottes würde allerdings schöner seyn, wenn sie nicht ein starrer Blick und eine satte Miene verunstaltete. Auch die Emporhebung des rechten Beines, und der spitze Winkel des Kinnes wirken nicht vortheilhaft aufs Auge. Hingegen empfiehlt sich Ariadne durch keinen einzigen Zug der Schönheit, oder des Reizes. Der unglückliche Silen, das gewöhnliche Spiel des Pinsels, ist eine häßliche Maschine, und seine Gefährten, zwei Faunen, nichts besser, deren einer, indeß er bläst, wahre Karikatur ist, der andere trunken der ekelhaften Natur Ehre macht. Eine spielende Bachantinn verdient Aufmerksamkeit: zwar liegt in ihrem Angesicht weder Schönheit noch Reiz, und aus ihrem Auge blickt gemeine Schalkheit; aber ihre schwere Stellung hat so viele Leichtigkeit und Grazie, als Kunst. Zwei Knaben, deren einer den Silen am Fuße hebt, der andere ein Körbchen über dem Kopfe trägt, zeichnen sich vorzüglich aus. Jener durch die Leichtigkeit, die er mit Kraft und Nachdruck verbindet, dieser durch seinen reizenden Blick. Eine weibliche Figur, die ganz im Vorgrunde liegt, hat alles, was der Pinsel an Figuren leisten kann, deren Charakter in Absicht auf die Handlung gleichgültig ist. Schönheit und Grazie beseelen ihr Angesicht, so wie edle Leichtigkeit ihre Lage. Unter ihrem Arme hebt sich ein Stein mit der Aufschrift: Placido Costanzi fece in Roma Anno 1754.

Fünfter Brief.

Ausser dem Herzog von Northumberland, lieber Freund, haben die Großen Englands, so reich sie auch seyn mögen, von Kunstmerkwürdigkeiten in London nichts aufzuweisen. Wohnungen der Künstler sind es, wo Sie das

Uebrige aufsuchen müssen. Ihr guter Vorrath von eignen und fremden Werken setzte mich in eine Art von Ueberraschung. Denn er zeugte von deren Wohlstand eben so laut, als ihre geräumigen, und in der That niedlichen Häuser. West, lieber Freund, ist Ihnen lange von seinen Schildereien bekannt: Reynolds, Copley, Stuart geben sich meist mit Porträten ab; und bei Desenfants ist unstreitig die reichste Bildersammlung. Ich führe Sie im Hause des leztern zu den auffallendsten Schildereien.

1.

Simson an seinem unglücklichen Tage ruht im Busen der Delila. Ein Philister, die Scheere in der Hand, ist eben im Begriffe, dem Unbekümmerten das Loos seines Schicksals, die Haare abzuschneiden. Betrachten Sie nichts weiters, als die Stifterinn dieser tragischen Scene, und Sie werden den Pinsel des Rubens nicht verkennen. Ein dickes Weib, ohne feinen Reiz, mit gräßlicher Miene, wie vom Schrecken zurückgebeugt. Simson hat ein braunrothes Fleisch. Geist und Stärke leuchtet aus seinem Angesicht, aber das Edle suchte ich vergebens. Ein altes Weib, vielleicht die Urheberinn des bösen Anschlags, steht hinter der Delila, voll

Natur, aber ekelhaft: nebenher, vermuthlich eine Gespielinn derselben, ganz gemeiner Art, drückt ihre Schrecken sehr lebhaft aus. Sie finden also hier, lieber Freund, von Seiten der Charaktere nichts behagliches, und den Ausdruck der Empfindungen wohl hie und da stark, aber nichts weniger, als fein, edel, reizend. Dennoch macht das Bild großen Effekt, zumal beim ersten Anblick. Die Zusammenstellung der Farben, die schöne Gruppe der drei Weiber einerseits, andrerseits des Philisters an der Säule, mitten der blaue Himmel, beide Gruppen verbunden durch die Schlangenlinie des liegenden Simson, die reiche und herrliche Decke, worauf Delila liegt, reissen noch eher hin, als man an Charaktere gedacht hat, und hiemit giebt sich auch der große Haufen zufrieden.

Eine heilige Familie, auch von Rubens, wird Ihnen besser gefallen; wenigstens sind die Figuren aus der feinern Natur, und ihre Empfindungen ruhig. Die heilige Mutter ist etwas kalt, ihr Blick starr, und ihr Hals steif. Joseph hat auch hier sein gewöhnliches Loos, einen gemeinen Zimmermann vorzustellen.

Ein Ecce homo von Annibal Caracci übertrift alles, was ich bisher noch von diesem Pinsel gesehen habe. Es hat ungemein viel Würde. Christus erscheint schön, heiter, ohne Verziehung der Muskeln: Unschuld liegt auf seinem Gesichte, und hohes Leiden in jedem Zuge. Man sieht keinen leidenden Menschen, er ist über unsere Natur erhaben. Pilatus, nicht wie gewöhnlich, sondern als ein Römer, von Geist und Kraft, hat große ansehnliche Züge: nur im Auge sitzt Schalkheit, oder furchtsame Klugheit. Auf wenig Schildereien findet man so treflich beisammen, was der Kunst wesentlich ist; es mag nur von ungefähr, oder vom dunkeln Gefühle, oder durch Zergliederung entstanden seyn.

Schön, und voll Grazie schlummert eine Schnitterinn von Karl Cignani. Nebenher spielen zwei Kinder: ihre Stellungen sind artig, und die Läge des untersten gar schön. Aber nichts weiter, als artige Natur, so wie es scheint ohne fernere Absicht. Ganz andere Empfindungen weckt Lauterbourgs Schlacht zwischen den Russen und Türken. Man sieht die gräßlichsten Auftritte. Da liegen Todte, dort

Verwundete. Ein Türke hält den abgehauenen Kopf eines Kosacken empor; dagegen ein Russe einen seiner Feinde an der Brust pakt, im Begriffe, ihn zu erstechen. In diesen Handlungen ist viel Leben; Das schöne Kolorit, die gute Gruppirung, zurück der blaue Himmel mit Dampf entstellt, machen gute Wirkung. Nur sehe ich die Absicht des Ganzen nicht ein. Eine würdige Handlung mitten in der lermenden Feldschlacht verdient allerdings ein Vorwurf des Pinsels zu seyn. Aber das ewige Einerlei des gräslichen Mezgens, womit unsere Schlachten Gemälde beginnen, und endigen, kann nur dem rohen Volke zum angenehmen Schauspiele werden.

Was Rubens vermochte, wenn er Schildereien wohl überdacht selbst malte, ohne seinen Schülern zu überlassen, zeigt ein heiliger Sebastian dieser Sammlung. Er wird eben gebunden; denn der schröckliche Augenblick ist nah. Aber der Held steht mit sanfter Unerschrockenheit da: ein heiteres Angesicht, Schönheit in den Formen und Zügen, ein edler, empfindsamer Geist im aufgehobenen Auge. Die Ruhe seiner Stellung und aller seiner Züge verkündiget eine große Seele. Er scheint in süsse Gedanken versenkt, ohne zu bemerken, was so eben mit ihm vorgenommen wird. Selbst der Henker, welcher ihn bindet, entheiliget die feierliche Stille nicht. Setzen Sie hinzu, lieber Freund, die täuschende Fleischfarbe an dem entblößten Körper des Helden, wie schätzbar ist Rubens in solchen Gemälden! diese einzige Figur, an welcher sich Charaktere und Empfindung mit einer seltnen Feinheit auszeichnen, wirkt völler auf das Herz ein, als die reichen Schildereien, deren Verdienst gemeine Natur und übertriebene Empfindung ist.

Venus und ein Flußgott von Nikol. Poussin zeigen den Kenner der Antiken. Venus küßt den kleinen Amor; eine Figur, deren sich das Alterthum nicht schämen dürfte, so leicht, so voll des Anstands ist ihre Lage: aber der Pinsel — wie matt! wie roth das Fleisch! Der Flußgott hat eine schwere und gute Lage. Unten ein Genius mit dem Füllhorne. So vortreflich an beiden die Zeichnung ist, so schlecht nimmt sich das Kolorit aus.

Eine sanfte Figur von Bardenone ließ mich im Zweifel, was ich daraus machen soll. Sie herzet ein Lamm, das Symbol der Unschuld und Geduld, und hinter ihr sind zwei schöne artige Kinder, das Merkmal der Liebe. Vielleicht hat diese allegorische Figur die Bestimmung, beides zugleich, Unschuld und Liebe zu bedeuten. Sie ist zu völlig, zu tief in sich gesenkt, und ihre Empfindung scheint entweder nicht lebhaft, oder nach einem abwesenden Gegenstand gerichtet.

Aus den Gemälden des Claude de Lorrani rühmt sich diese Sammlung, das beste zu haben. Ich wenigstens sah nichts besseres, und der Preis, womit es gezahlt wurde, scheint es zu bestättigen. Herr Desanfants kaufte es für 2500 Pfund Sterling, die im deutschen Gelde auf die 25000 Gulden betragen. Es stellt einen Haven vor, wo die heilige Ursula mit ihrem Gefolge der Jungfrauen eben eingeschift wird, nach dem heiligen Lande zu segeln. Das Hauptwesen ist Landschaft; denn die Figuren, ungemein klein, verlieren sich im großen Raume. Aber als Landschaft betrachtet, hat es vorzügliche Schönheiten. Ein herrliches Säulenstück schließt die rechte Seite, ein noch schönerer Baumschlag die linke, mitten ist

Meer und heiterer Himmel, und zwischen dem Baumschlag Schiffe des Havens. Alles zusammen macht vortrefliche Wirkung: Die Wellen sind wahre Natur, und man bewundert mit Recht, sowohl die angenehme Vertheilung des Lichts, als die Wirkung der Widerscheine vom schimmernden Meere. An den Figürchen sucht man das Wesen der Kunst vergebens: sie sind gut gemalt, und wie vom Grunde abgelößt: das ist auch alles. Die Gesichter kommen hier in keine Rechnung; sie sind zu klein; aber auch Gebärden und Stellungen empfehlen sie nicht. Unterdessen sind einige, zumal von denen, die auf Schiffen arbeiten, schön gezeichnet. Die Hauptfiguren können sich dieses Vorzugs nicht rühmen.

Von Nikolas Berghem, den Andere Cornel nennen, sind vier Gemälde hier, welche man für die schönsten in England hält. Hagedorn nennt ihn den Theokrit unter den niederländischen Künstlern. Er mag es seyn in Ansehung der Fröhlichkeit seiner Gegenden, der wirkenden Luft und des Schmelzes der Farben; aber seine Figuren sind nichts weniger als theokritisch. Es ist bekannt, daß Berghem eine leichte

und

und hurtige Manier zu malen angenommen hat. Hier an diesen vier Malereien ist das leichte durchscheinende Kolorit, und die Tokirung an den Figuren ein Beweiß davon. In einer Entfernung läßt der Pinsel doch fein, und Wärme herrscht allenthalben.

Das Uebrige dieser Sammlung, so meine Aufmerksamkeit anzog, gehört David Teniers an. Man kann ihn an der muntern Bauerngesellschaft nicht verkennen. Ein wahres Gewühl des Landvolks. Es schmauset an zwei großen Tischen, deren der eine unter freiem Himmel, der andere unter einem Dache steht. Beim Schmause selbst geht es nicht munter her, die Meisten sehen nach denen hin, welche mit ihrem Tanze die Gesellschaft erlustigen. Hie und da einzelne Gruppen nehmen kaum Theil daran. Nur der Mann, welcher auf der Leier spielt, übertreibt seine Munterkeit, und geht in Karrikatur über. Es ist allenthalben Natur, aber so niedrig, als sie wol seyn kann. Wer Gelegenheit hatte, diese Art Leute zu sehen, muß bekennen, daß Teniers Pinsel die Originale übertraf. Eine große Landschaft von eben diesem Meister ist nicht nur seiner Schönheit wegen, sondern auch in einer andern Rücksicht, merkwürdig. Sie zeigt uns das Bildniß des Malers. Er und seine Frau lassen sich von einem Bauer den Weg zeigen, man glaubt hierinn den ganzen Zauber seines Pinsels zu sehen; aber so bald nun das Auge gegen die felsigte Gegend eines andern Gemäldes kehrt, wird es noch mehr entzückt. Ein Bauer im Vorgrunde mit seinem Weibe führt eine Kuh hinter sich. Tiefer zurück erscheinen noch kleinere Figuren. Die Wirkung des Lichtes, die umgebende Luft, die Wiederscheine thun vortrefliche Wirkung. Allein zwei Bauernstücke übertreffen alles, was ich von Teniers gesehen habe, nicht nur der Fröhlichkeit wegen, die über alle Anwesenden, und über die ganze Gegend verbreitet ist, sondern vorzüglich wegen der grossen Feinheit des Pinsels. Haare, Bart, Runzeln, Züge, so klein sie auch an kleinen Figuren seyn mögen, sind voll Wahrheit und Genauigkeit ausgedruckt. Nur Schade, daß dieser Fleiß der niedrigsten Natur geweihet war. Zwar liegt die ganze Seele der Bauern auf ihren Gesichtern; aber ersäuft in der Lust zu trinken, und Tobak zu schmauchen.

Ich verlasse nun die Halle dieses Künstlers bei dem ich mehr Schönes gefunden habe, als in den meisten Gallerien der Grossen zu sehen war, und führe sie zu West, dem berühmtesten Geschichtmaler Englands. Daselbst kann ich Ihnen zwar nicht so viele Malereien verschiedener Künstler vorzeigen, aber um so mehr werden Sie an dessen eigenen Arbeiten Vergnügen finden. Er ist ein feiner, artiger Mann, ohne Künstlerstolz, und zeigt seine Arbeiten mit grosser Gefälligkeit und vieler Bescheidenheit auf. In seinen Werken herrscht Auswahl, Richtigkeit der Zeichnung, Feinheit der Ideen, und ein sehr schönes Kolorit. Ich hoffe, daß Sie mir Dank wissen, lieber Freund, wenn ich Ihnen von den vielen Arbeiten, die eben fertig da standen, die wichtigsten aushebe.

Moses bringt die Gesetztafel, und zürnet der Abgötterei seines Volks. Soll das abgöttische Volk und Moses in dem Augenblicke der Gewahrnehmung zugleich auf einer Tafel seyn, so hat die Malerei, wie sie es auch angreift, große Schwierigkeiten vor sich. Die Geschichte setzt Moses auf einen Berg, und gleichwie er hiemit von den Israeliten weit entfernt bleibt, so muß entweder der Held der Geschichte, oder sein Volk, verhältnißmäßig klein erscheinen. West wählte das Erstere. Zur malerischen

Wirkung des Ganzen ist es auch unstreitig bequemer, aber um so mehr verliert die sittliche, welche dem Künstler anräth, den Helden seiner Schilderei vor allen Figuren auszuheben. Der heilige Eifer, wovon Moses entbrannte, ist heftig ausgedrückt. Stürmisch in allen Zügen des Angesichts, die Haare sträubig, den Leib mächtig gewunden, und das rechte Bein hoch aufhaltend zürnt er der Abgötterei seines Volkes. Ich glaube nicht, daß so eine Art des Zürnens edel, oder eines Moses würdig sey, eines Moses, nicht wie er etwa in jenen rohen Zeiten seyn mochte, sondern wie sich ihn die Kunst zur Erbauung und Nachahmung vorstellen soll. Die Israeliten am Fuße des Berges haben viel Natur; aber man muß sich desselben Zeitalters erinnern; die Natur ist ungefeint, und manche Gebärde übertrieben. Der Schrecken deckt hier die Stirne, dort Augen, oder Ohren. Mitten aus der gemeinen Natur heben sich zwei schöne, liebenswürdige Knaben, der eine sanft erschreckt voll Unschuld und Grazie, der andere in einer reizenden Aufmerksamkeit auf die erhabene Scene.

Eine andere Schilderei, gleichfalls groß, stellt Alexander II. König von Schottland vor.

Die Begebenheit ist nicht erdichtet. Er war auf der Hirschjagd, als er vom Pferde stürzte, und von einem Hirsche angefallen wurde. Seine Begleiter hielten das drohende Thier ab, und retteten ihrem Könige das Leben. Ich weiß nicht, ob so eine Handlung der Könige Wests Pinsel verdient? Uebrigens wird hiemit mehr geleistet, als durch die gewöhnlichen Jagdstücke; genug, daß es Schilderung einer vaterländischen Begebenheit ist, und die Stärke des treuen Begleiters ein Denkmal verdient. Der Künstler scheint, sichs zum Ziele gesetzt zu haben, schottländische Natur, wie sie ist, oder dazumal war, getreu aufzustellen. Man sollte glauben, die Wahrheit der Geschichte hätte das Recht, so eine Treue zu fodern; aber das griechische Altertum kehrte sich wenig nach dieser Foderung; sonst würden wir keine Iliade, keine Odyssee erhalten haben, und die Statuen ihrer Helden wären den römischen nicht so sehr überlegen gewesen. Uebrigens ist Wests Schilderei nicht nur wegen des reizenden Kolorits schätzbar, sondern auch wegen der lebhaften und kontrastirenden Stellungen seiner Figuren, wegen der mächtigen Arbeit des treuen Begleiters, womit er den wilden Hirsch zurück hält, und vorzüglich wegen der großen Richtigkeit der Zeichnung, die selten genug bei so schweren Stellungen zu finden ist.

Ich komme nun auf die Himmelfahrt des Heilandes, eine der schönsten Arbeiten von Wests Pinsel. Christus ist eine edle Figur, Schönheit und Heiterkeit auf seinem Gesichte. Man kennt ihm allerdings die Verklärung an, und ich glaube, seine hohe Schönheit würde noch reizender seyn, wenn nicht beide Hände hoch gehoben, und seine Stellung, vermuthlich des Schwunges wegen, nicht etwas verdreht wäre. Unter dem Göttlichen stehn zwei Engel voll Schönheit und Grazie. Ihre Körper unterscheiden sich sehr von den unsrigen; sie sind leicht, wie vom Aether gefügt. Es scheint, West habe Miltons Begriffe gemalt. Nur vermisse ich Hoheit des Geistes. Sie sind gute, unschuldige Knaben. Unter den Aposteln zeichnet sich Johannes aus: er hat sanfte Schönheit, das Gepräge seines Charakters; aber den hohen Schwung auf Pathos zeigt er nicht. Ueberhaupt scheint Wests Pinsel mehr sanften, als hohen Schönheiten geweiht, so, wie sein eigener Charakter ungemein sanfter und gefälliger Art ist.

Bei den erhabenen Gegenständen kann man sich mit dem lebhaften Ausdruck der Empfindungen schadlos halten. Die Erscheinung am Pfingsttage mag uns sogleich zum Beispiele dienen. Feurige Zungen schweben über den Häuptern der Anwesenden. Es ist eine heilige, tiefgerührte Versammlung. Petrus redet voll frommen Eifers; aber man sieht nicht den feurigen, freimüthigen Apostel, sondern einen hagern, ängstlichen Mann. Dagegen sind die Zuhörer umher voll Rührung, Aufmerksamkeit und heiligen Staunens über die wunderbare Begebenheit. Man findet sie aus allen Nationen da, deren Viele gemeine Natur, andere wohl auch roh, die meisten auf eine schwache Art andächtig scheinen. Die schönen und sanften Charaktere gelangen besser; denn die edlen Frauen, welche die heilige Scene mitfeierten, gehören alle der schönen Natur an.

Ich übergehe die Bildnisse und andere Schildereien dieses Künstlers, die von der Unverdrossenheit seines Pinsels zeugen, und bemerke nur noch zwei Malereien, beinahe einerlei Inhalts. Er ist aus der Mythologie genommen: ein undankbares Feld in unsern Tagen, dessen Früchte zwar häufig genug, aber nur wenige genießbar sind. Wir können die Gegenstände der Mythologie, die einst den Werth von einer eingebildeten Realität hatten, nur noch als Allegorie betrachten. Aber in dieser Rücksicht sollen sie auch alle diejenige Bestimmung haben, die ihnen das Alterthum zugemuthet hat. West unternahms, die Venus der Alten in zwei Vorstellungen zu geben, die eine mit ihrem Sohne, die andere mit Adonis, ihrem Lieblinge. Schwerlich kann wohl die lezte Vorstellung, wenn wir die Religion des Alterthums abrechnen, auch als Allegorie nützlich seyn. Es scheint, West habe das Unnütze derselben gefühlt; denn seine Venus ist hier kalt, und lange nicht, weder so reizend, noch so heiter, als auf dem vorigen Gemälde. Dagegen hat Venus mit Amor den ganzen Zauber des sanften Pinsels an sich. Der Sohn weint vor seiner reizenden Mutter über die Wunde, die ihm die Biene stach. Mehr Schönheit und Grazie hab ich noch an keiner Venus gefunden. Man zweifelt, ob auch die Vorstellung einer Venus zur Moralität gehöre, die einem Kunstwerke Gewicht und Leben giebt. Ich verstehe die Tändeleien und chimärischen Nebenbegriffe nicht, die man später zur Hauptidee des Alterthums gesellet hat. Unschuldige Freude des Lebens im glücklichen Lande der Geschämigkeit, die Vergnügungen Maaß und Ziel setzt, mit einer liebenswürdigen Heiterkeit, dem Zeichen der Unschuld und des Rechtverhaltens — dieß, glaube ich, war die Idee griechischer Künstler, worauf sie hinaus gearbeitet hatten. Ich untersuche nicht, wie weit sie ihre Absicht in der Ausführung erreicht haben; aber ich halte dafür, daß diese, zumal nach den Begriffen ihrer Religion, eben so moralisch gedacht war, als immer diejenige seyn konnte, die sie sich bei Schilderung eines allgütigen Jupiters, eines sanfterhabenen Apolls, und eines edelstarken Herkules aufgestellt haben.

Außer den eigenen Gemälden dieses Künstlers ist die übrige Bildersammlung sehr mäßig, aber gewählt. Ein paar schätzbare Bilder kann ich nicht umgehen, das eine, die Originalskize Raphaels von der berühmten heiligen Familie, das andere der Mann der Schmerzen, von Guido Reni. Die Skize ist ziemlich fleißig gemalt; da sie aber sehr klein ist, taugt sie wohl nicht, Gesichtsbildungen und Charaktere kennen zu lassen. Das Merkwürdigste daran mag seyn, daß in der Skize die heilige Familie zahlreicher ist, als im Originale. Nämlich es erschienen hier drei Figuren, die auf der großen Schilderei weggelassen sind. Die Wirkung davon war, daß die Skize an Höhe verlor, wie sie an Breite gewann, wodurch das Bild nothwendig gedehnt worden wäre. Raphaelen mochte dieß nicht gefallen haben, oder der Raum, wohin es bestimmt war, hat mehr Höhe als Breite gefodert. Der leidende Christus von Guido Reni hat nicht nur würdige, sondern wahrhaft große Züge, außer daß die Nase etwas kleinlich gerathen ist. Wie sehr er leide, zeigt der Ausdruck des heftigsten Schmerzens, aber daß von dem Leiden der edle Geist nicht gedrückt wird, zeigt die erhabene Seelenruhe, die sich siegend über die Bitterkeit der Schmerzen hebt. Vorstellungen dieser Art machen der Religion Ehre, und fördern die Erbauung, da hingegen die gewöhnlichen Schildereien eines entstellten, geistlosen, mit Blute gedeckten Mannes, der nicht, wie ein Gottmensch leidet, nicht einmal wie ein Weiser, sondern wie der niedrige Mensch dem Schmerzen unterliegt, nicht nur der Erbauung im Wege stehn, sondern auch das Heiligthum der Religion dem Gespötte preisgeben. — Morgen, lieber Freund, gehe ich zu Reynolds, Copley, und Stuart; ich wünsche mir, daselbst so viel Merkwürdiges zu finden, als ich bei Desanfants und West gefunden habe. Was es auch sey, sollen Sie umständlich erfahren. Ich bin ꝛc.

Sechster Brief.

Welche Menge Bildnisse, mein Freund! wo ich heute nur hinkam, allenthalben Porträte, ganz fertig, oder angefangen, oder halb vollendet: zwei auch drei geräumige Zimmer fassen sie nicht, wo sie nicht etwa einzeln aufgestellt, sondern zu fünfen und mehrern an die Wand gelehnt sind. Dieß macht nicht nur dem Fleiße der Künstler Ehre, sondern zeigt auch, daß man sich in England so gerne, als anderswo, gemalt sieht. Aber Sie sehen leicht ein, lieber Freund, daß hier keine reiche Aerndte für mich war. Porträte haben ihr Verdienst, da sie einerseits der Eigenliebe schmeicheln, und anderseits die unterscheidenden Züge wichtiger Menschen auf die Nachwelt bringen. Aber, so sehr sie auch gesucht werden, sind sie doch der Kunst nachtheiliger, als vortheilhaft. Sie haben manchem guten Künstler Unterhalt und Muße verschaft, aber noch mehrere der Kunst entzogen. Eine Fertigkeit, die Natur so, wie sie ist, zu schildern, und hierinn besteht die Kunst, Porträte zu malen, ist noch das nicht, was wir schöne Kunst nennen: sie besteht ohne moralische Rücksicht, schränkt sich ganz in die Kenntnisse der Körperwelt, und gehört also ins Gebiet mechanischer Künste. Dieß würdiget sie nicht ab, sie bleibt immer eine edle Kunst, nur das ist sie nicht, wofür sie sich auszugeben scheinet. Ich unterscheide die Gränzen um so lieber, je mehr sie Gelegenheit geben, Begriffe zu verwirren. Wenn der geschickte Maler nach Porträten häufige Bestellungen erhält, reichlich dafür bezahlt wird, und die geheime Stimme höhern Rufes unterdrückt, um sich ganz einer Arbeit zu weihen, die ihm bessere Ausbeute verspricht, so ist er dem, was eigentlich Kunst ist, nicht näher eingeweiht, sondern gänzlich entzogen. Auch der Porträtmaler zeigt Charaktere; aber das ist sein Verdienst nicht. Seine Kunst liegt in körperlichen Ausmessungen, wie sie ihm die Natur vorhält: daß abgemessene Züge immer und ungezweifelt Zeichen von irgend einem Charakter sind, ist ein Werk der Natur, nicht der Kunst. Das moralische Verdienst, denjenigen Augenblick, oder vielmehr diejenige Empfindung zu wählen, welche den Charakter am glücklichsten heraushebt, ist gemeiniglich dem Ungefähr so sehr überlassen, oder bei alltäglichen Charakteren, wie sie meistens an Porträten sind, so ganz unwichtig, daß es die festen Gränzen des mechanischen Gebiets nicht verrücken kann. Vergeben Sie mir die kurze Ausschweifung über den Werth der Porträte. Meine Absicht war keinesweges, diejenigen abzuwürdigen, die in dieser Art Malerei eine Höhe errungen haben, worüber sie von vielen Kunstkennern angestaunt werden. Man lasse jedem sein Eigenthum. Schwärme von Malern streben Zeit Lebens dahin, gute Porträte zu liefern, und können zu ihrem Zwecke nicht gelangen. Sicher gebührt also Achtung den Wenigen, die erreichen, was so viele verfehlen. Nur vermenge man nicht, was allerdings gesondert werden muß, um nicht neben dem Zwecke der Kunst hinaus zu laufen. Ein vortrefliches Porträt bleibt immer das wichtigste Meisterstück mechanischer Kunst, rückt auch, wenn man will, der schönen am nächsten, aber ist noch eigentlich in deren Gebiete nicht. Der Zweck schöner Künste ist, Sitten zu schildern, nicht, wie sie sind, denn diese sehen wir in der Natur, sondern, wie sie seyn sollen, oder zur fernern Bildung des Menschengeschlechts taugen. Hierinn liegt der Knoten, und alle die Schwierigkeit, welche selbst im Alterthum nur ein kurzer Zeitraum überstiegen hat. Geläuterte Kenntnisse der Moralphilosophie und der Physiognomik sind hiezu unentbehrlich. Kenntnisse, die den meisten unserer Künstler fehlen, weil die wenigsten dahin angehalten werden, nach denselben zu streben. Aber sie sind ihnen auch so lang entbehrlich, als sie gewohnt sind, die Natur nur auf der Stufe ihres gewöhnlichen Daseyns, oft auch darunter zu zeigen. Dieß ist der ordentliche Fall, worinnen sich Porträtmaler befinden. Die Feinheit der Moralphilosophie und der Physignomik ist ihre Sache nicht: denn sie erfinden nichts. Was jedem Natur gab, und alle die Züge, die eine schlime Behandlung der Hebamme, oder der unglückliche Ausgang einer Krankheit, oder sonst ein Ohngefehr in die äussere Gestalt eingegraben hat, ohne hiemit das innere Wesen zu ändern, drucken sie mit vollkommener Treue aus, und würden, wenn sie es nicht thäten, auch nicht geschätzt werden. Richtige Augen, geübte Hände, und ein feines Kenntniß der Färbung, der Schattirung, der Drapperie, mit der fleißigen Ausführung vereinbart, machen ihr wichtiges Verdienst. Sonst können gute Sittenschilderer wol auch vortrefliche Porträte malen, dessen uns Raphael und Titian genug überzeugen, aber wer nur gute Porträte malt, ist noch eben der Mann nicht, dem das weise Altertum und die feinen Kenner der Nachwelt seinen Siz im Tempel der sittenbessernden Künste angewiesen haben.

Herr Reynolds ist Präsident der Malerakademie in London, und liest jährlich zur Zeit, da Schildereien öfentlich ausgestellt werden, eine Abhandlung über irgend einen Gegenstand der schönen Künste. Die Presse giebt das vielfach wieder, was er gelesen hat. Mir kam zwar keine seiner Abhandlungen zu Gesichte; aber man erkennt deutlich aus einigen seiner Werke, daß er in die feinere Grundsäze der Kunst eingeweiht ist: dennoch giebt er sich meist mit Porträten ab, die vielfältigen Wünsche der Großen und Reichen zu befriedigen. Er fodert 100. Guineen, eine Summe, die bei uns selbst Apell nicht fodern dürfte; aber dies scheint, die Begierde der Londner nur noch mehr zu reizen. Die Menge bestellter Porträte würde mich übertrieben dünken, wenn ich sie nicht selbst gesehen hätte. Zu fünfen und sechsen stehn sie an der Wand dicht hintereinander, zum Theile der Vollendung nach, und füllen drei grose Zimmer. Viele liegen fertig da, und scheinen nur noch die lezte Hand zuerwarten. Da die Originale mir unbekannt waren, konnte ich auf die Aehnlichkeit der Porträte nicht schliessen. Aber Geist blikte von allen Gesichtern aus. Reynold scheint die Seele eines jeden zu malen. Die Stellungen sind artig, bisweilen gesucht, und die Empfindungen meist angenehm. Wiewol das Kolorit seines Pinsels schön und munter ist, sieht man doch, daß er kaum die Wand dekt: wie könnte er sonst auch der Arbeit so viel übernehmen? Hält man den hohen Preiß zu dieser Leichtigkeit des Pinsels, so ist wol nichts erwünschter, als in England ein berümter Porträtmaler zu seyn.

Außer Bildnißen sah ich hier nichts, als allegorische Figuren, eben dieselben, die ich auch zu Oxford in der Kapelle des neuen Kollegiums gesehen habe. Sie sind daselbst auf Glaß gemalt, eine Art Malerei, die den Engländern sehr wol gefällt, und der Gegenstand ihrer neuesten Bemühungen ist. Die Originalfiguren bei Reynolds sind mit gewöhnlichen Oelfarben auf Leinwand, und stellen die Mäsigung, Liebe, Religion, Vorsicht, Starkmut, Gerechtigkeit, Klugheit vor, und über dies noch einen Genius, den ich für die Hofnung gehalten habe. Ich bin kein Freund von Allegorien in der Malerei, zumal, wenn sie zusammen gesezt sind: sie dünken mich, Logogryphen ähnlich, deren Entwikelung selten die Mühe lohnt, die man daran gewendet hat. Aber einzelne Figuren, deren Erklärung nichts weniger, als räthselhaft ist, scheinen hier allerdings eine Ausnahme zu verdienen: sie sind nicht, was man in der Malerei Allegorie nennt, vielmehr im eigenen Sinne das, was jedes Werk der sittlichen Kunst seyn soll; denn sie stellen Charakter auf, die dem Menschen zum Muster sind. Diesen Zweck zu erfüllen, ist es freilich nicht genug, ein Mädchen oder eine Matrone, mit der Waage in der Hand, für die Gerechtigkeit hinzugeben, oder die Religion mit Kreuz und Kelche zu bewafnen. Kennzeichen dieser Art sind nur Zugaben, die Deutlichkeit des Erkenntnißes zu befördern. Was erkannt werden soll, mus innere Würde haben, um derentwillen es verdient, erkannt zu werden. Was soll mir die Vorstellung der Gerechtigkeit, wenn sie nicht fähig ist, nützlich auf mein Herz einzuwürken? die Wage in der gehobenen Hand giebt ihr noch diese Fähigkeit nicht. Man lege Menschenliebe, Entschlossenheit, süsses Gefühl der Rechtschaffenheit, und Heiterkeit der Seele in ihre Gesichtszüge, daß ich mein Auge nicht wieder abkehren kann, ohne sie liebenswürdig, und werth der Nachahmung gefunden zu haben. Dieß ists, glaube ich, was eigentlich Ideal heißt, und den Wert, nicht nur solcher Figuren, sondern alle Werke der eigentlichen Kunst bestimt.

Ich kann nicht läugnen, daß die Figuren des Herrn Reynolds viel Artiges haben. Sie sind aus der schönen Natur, ihre Stellungen zeichnen sich durch Kontrast und Artigkeit aus, Falten und Gewänder sind antik, die Empfindung fein und gesittet, das Kolorit gefällig und harmonisch, alles in einem feinen, sanften Geschmacke. Nur das Charakteristische, nämlich das Wesen der Kunst, suche man nicht, oder was eigentlich Ideal heißt, zweckmäßige Uebereinstimmung der äußerlichen Züge mit der innerlichen Lage des Geistes Wenn hie und da ein allgewöhnlicher Zug vorkommt, so ists auch alles, was man zu hoffen hat. Es ist Ehre für England, wo sich die Kunst unlängst empor geschwungen hat, daß seine Künstler ihren Pinsel nicht der rohen, alltäglichen Natur, sondern der feinen empfindsamen geweiht haben. Diesen Grundsatz findet man beinah auf allen Schildereien, von jenen der Angelika Kaufmann angefangen, bis selbst auf Porträte herunter. Allein das Wesen der Kunst ist hiemit nicht erschöpft, kaum noch berührt. Tugenden, wie sie Herr Reynolds zu schildern übernahm, fodern mehr. Wollen Sie lieber Freund, von diesen Figuren, etwas Bestimmteres hören, so müssen Sie mir erlauben, jede derselben einzeln vorzunehmen.

Die Mäßigung gießt Wasser in Wein. Ein gewöhnliches Attribut, so einmal angenommen ist, wiewol es einen falschen Begrif zu verbinden scheint, gleich als bestünde das Wesen der Mäßigung in dem, was nur zufällig, und gleichsam als ein Mittel zum Wesen derselben anzusehen ist. Die wahre Mäßigung liegt in der Beschränkung unserer Begierden: Seelenruhe ist ihr Eigenthum; denn sie kennet den Sturm von Leidenschaften nicht, oder weiß ihm so zu begegnen, daß er sich der Oberherrschaft nicht rühmen kann. Von charakterischen Zügen dieser Art zeigt Reynolds Mäßigung nichts: dafür ist ihre Stellung schön und edel: das Gewand gut und unschuldig gefaltet, die Miene sanft, aber traurig, das Angesicht nicht schön, und geistlos. Ich glaube nicht, daß Heiterkeit, Schönheit, und Geistigkeit der Mäßigung zuwider sey. Zur Empfehlung derselben würden sie gewiß Beitragen, und ich weis nicht, ob nicht diese Eigenschaften selbst zum Wesentlichen der Mäßigung gehören. Wer hat mehr Anspruch auf Heiterkeit, als derjenige, dessen Herz keine unmäßige Begierde umwölkt? Geistlosigkeit ist kein Zeichen weiser Mäßigung, so wenig, als Gefühllosigkeit Tugend ist. Gefühl ist nothwendig zur Tugend. Die Natur hat es in unsere Hände gelegt, daß wir damit wuchern. Es kann uns auf Irrwege leiten; dann haben wir Schaden für Vortheil. Aber um Vortheil zu schaffen, bleibt es uns unentbehrlich. Der Gefühllose mag wol zu manchen Verbrechen nicht aufgelegt seyn; er ist es um so mehr zu andern, und zu dem, was eigentlich Tugend ist, um so weniger.

Die Liebe ist durch Kinder kenntbar, von deren dreien sie umgeben ist. Auch dieses Kennzeichen ist einseitig; es bezeichnet nur Mutterliebe gegen ihre Kinder. Die Menschenliebe ist ausgedehnter Art, und verliert durch nichts mehr, als durch Beschränkung. In dieser Figur liegt sehr viel sanftes Wesen. Ich wünschte, daß ihre Lebhaftigkeit mit der Sanftmuth in einem engern Verhältniße stünde. Liebe ist Wohlwollen, und Wohlwollen besteht nicht ohne Thätigkeit. Uebrigens hat sie ein schönes Profil, nur ragt das Kinn zu weit, und zieht sich etwas spitzig zusammen.

Die Religion erscheint in der Gestalt einer sanften Schwärmerinn. Ich sehe nicht ein, warum ihre Miene weinerlich sey. Finstere Begriffe taugen nicht wol zur Empfehlung der

Tugend. In Gesellschaft grosser Eigenschaften mögen sie Bewunderung regen. Dies ist hier nicht zu erwarten, denn allenthalben stellen sich kleinliche Züge dar, und davon dächte ich, sollte vor allen Tugenden die Religion vorzüglich frei seyn. Indessen sieht man keine Kraft des Geistes, keine Festigkeit, keinen heitern Blik in die Zukunft. Nur ihre Gebärde scheint, ich weis nicht, welche Stärke zu bedeuten: denn der Arm ist hoch gehoben, und bis zur Uebertreibung gestrekt.

Die Vorsicht blikt in einen Lichtstral, der von oben strömt. Sanft ist ihre Bildung; aber auch schwach. Wahre Vorsicht ist mit Festigkeit gesellt. Wer vorhersieht, und keinen Schritt thut, den er sich nicht vorhinein gezeichnet hat, geht festes und sicheres Schritts. Dagegen hat die Starkmütigkeit um so mehr von Festigkeit. Sie ist gehelmt, wie eine Pallas. Ihr Ansehn dünkt mich zu männlich. Etwas mehr Heiterkeit und Annehmlichkeit, ohne ihr vestes Wesen zu verdrängen, würde sie besser empfehlen.

Ein schönes aber steifes Gesicht zeichnet die Gerechtigkeit aus. Vermutlich ist hier die

Aufmerksamkeit mit der Steifigkeit verwechselt worden. Sie hält wie gewöhnlich die Wage, worauf ihr starrer Blik geheftet ist; aber ihre Miene verräth ängstliche Schüchternheit, vielleicht, Niemanden ein Unrecht zu thun. Ich zweifle, ob dieß eben der ächte Zug sey. Der Rechtschaffene wiegt genau, und entscheidet männlich: er zweifelt wol, aber ohne Aengstlichkeit, das Eigenthum kleiner Seelen. Sein Zweifel macht ihn nur denkender, und er entscheidet nicht eher, als dieser gehoben ist.

Die gewöhnlichen Attribute, Spiegel und Schlange, sind auch hier der Klugheit zugetheilt. Ihr Profil ist sehr gut; aber die Miene düstern, und der Blik starr; gewis nicht das Kennzeichen der Klugen, wenn man sie anders von kleingeistigen Zweiflern, oder wol etwa von tiefen Denkern unterscheiden will. Der Kluge dünkt mich von dem Vorsichtigen nur hierinn unterschieden, daß jener vor sich einen engern Gesichtskreis hat, worinn er umher sieht, weil er meist nur das Gegenwärtige, oder kurz entfernte betrachtet: da hingegen diese tief in die Zukunft schaut, und noch weiter in die Vorzeit zurück sieht, um aus vergangenen Wirkungen die künftigen zu entwickeln. Beiden gebührt

Aufmerksamkeit, aber auch Heiterkeit steht ihnen zur Seite, weil sie sicheres Weges gehn. — Vermutlich gehört zu diesem allegorischen Figuren der Engel, auf einer hellen Wolke. Vielleicht soll er die Hofnung vorstellen. Seine Lage ist schön; nur das Kinn zu fest auf die Hand gestemmt.

Ich habe Ihnen, lieber Freund, in Reynolds Hause alles gezeigt, was mich sehenswürdig dünkte; nun führe ich Sie zu Herrn Copley, wo wirklich außer Porträten nichts zu sehen ist. Alles, so ich Ihnen hievon sagen kann, lauft da hinaus, daß sie schön gemalt sind, und die Originale — in einer Lage zeigen, die ihnen vorteilhaft ist. Viele in London ziehen seine Porträte allen übrigen vor. Die Malerei scheint etwas mühsamer, und die Wand fleißiger gedekt. Inzwischen ist doch sein Pinsel nichts weniger, als ängstlich, und würde, wenn er es wäre, bei so vielen Bestellungen nicht viel Glück machen. Das vorzüglichste, so ich hier sah, war die Malerei von Chatams Tode, die nun eben von Bartholozi in Kupfer gestochen wird, und wovon ich bereits die ersten Abdrüke zur fernern Verbesserung selbst im Hause dieses würdigen Künstlers gesehen habe. Lord Chatam starb im

Parlamente, vom Schlage getroffen. Der Vorzug diser mühesamen Schilderei besteht in Porträten. Alle Lords, die zu gegen waren, sind hier nach der Natur. Der Künstler hat sie nach den zweien Parteien gruppirt; um den Sterbenden her die künigliche- gegen über die Oppositions-Partei. Nächst an dem sinkenden Vater sind seine drei Söhne angebracht; der entfernteste unter ihnen ist Pitt, der izige Minister, welcher so rühmlich in die Fußtapfen seines Vaters trat. So ein Gemälde mag der Nachwelt in Ansehung der Geschichte wichtig werden; in Ansehung der Kunst gilt es nicht mehr, als eine Samlung würdiger Porträte.

Wenn Sie nicht Lust haben, abermal eine Samlung guter Porträte zu sehen, so haben Sie auch nicht nöthig, Herrn Stuart zu besuchen. Denn Sie finden da nichts, als Bildniße, aber in einer Menge, die man vergebens bei den besten Malern in Deutschland sucht. Ich lade Sie also vielmehr nach der Kunstakademie, nicht so wol, daselbst Werke der Kunst, als die Anstalten für Zöglinge zu sehen, die einst Werke der Kunst liefern sollen: wäre es auch nur darum, daß wir uns überzeugen, die Akademie in London habe sich vor andern Akademien keines Vorzugs zu rühmen. Sie hat wie alle deutschen und französischen den Zuschnitt, welchen ihnen zuerst die Italiener gegeben hatten. Man glaubte, die Schulen der Kunst könnten wol nicht besser eingerichtet werden, als es diejenigen waren, aus denen Raphaele, Corregio, Titiane, und später Caracci, Albani, Domenichino, Guido Reni, Sacchi, Maratti, und Mengse hervorgetreten sind. Aber man vergaß, auch diejenigen Mittel auf deutschen, französischen, und Englischen Boden zu übertragen, wodurch Raphaele und Mengse groß geworden sind. Ich verstehe die Antiken, und die vielen Samlungen der besten Malereien, worinn der Italiener, wie in einem Buche, die Grundsätze seiner Kunst ununterbrochen lesen kann. Nicht alle verstanden dieß Buch, aber es gab Genies von einem Zeitraum zum andern, die mit großem Vortheil darinn gelesen haben, und ohne diese Lektüre nur gemeine Künstler würden geblieben seyn. Zum Ersatze stellt man in unsern Akademien Abgüsse antiker Statuen auf. Ich fand in London dieselben, welche man allenthalben zu finden pflegt, und die Sie in Manheim, wenn ich mich so ausdrüken darf, origineller, und zahlreicher haben. Denn ich sah hier nichts, als Laokoons Gruppe, die

Venus Medicis, die Venus Kalipygos, noch eine Venus, den Apoll im Belvedere, einen Apollino mit dem Arme über dem Haupte, den Rumpf des Herkules, und die Statuen, welche unter den falschen Namen eines Schleifers, eines Borghesischen, und eines sterbenden Fechters bekannt sind: keine Niobe, keine Ringer, keinen Herkules von Glykon. Dieß ist nun der magere Vorrat an Büchern, worin [illegible] der Kunstzögling in London ersehen kann.

Allerdings wäre auch hiemit was zu thun, zumal die vielen Büsten, die Abdrüke von Gemmen, und die Malereien hinzugerechnet, welche denn doch in London des Künstlers Aufmerksamkeit verdienen. Aber ein ordentlicher Unterricht müßte ersezen, was der Italiener, nach allen unsern Bemühungen, in jeder Art gleichwol voraus hat. Ich kenne nur zwei Wege, junge Künstler zu bilden, Grundsäze, und Muster. Beide ineinander verschlungen würden den Fähigen unfehlbar ans Ziel bringen; da nun der eine entweder geschlossen, oder nur wenig offen ist, will der andere um so bequemer gebahnt seyn. Allein so was sucht man in London so vergebens, als irgend anderswo. Man zeigt einen Sal zum Zeichnen, einen andern zum Malen, und wiederum einen, wo die Arbeit der Muskel in lebenden Modellen aufgestellt wird. Hier mag also der lehrbegierige Schüler zeichnen, und pinseln nach Herzenslust. Er macht sein Auge richtig, seine Hand geübt, lernt die Farben so zu mengen, wie er sie nöthig hat, dann harmonisch aneinander zu reihen, den Vorgrund heraus zu heben, den Hintergrund zurück zu schieben, eine gute Fleischfarbe aufzulegen, Licht und Schatten gehörig zu theilen, dem Helldunkeln nichts zu vergeben, und was dergleichen Geheimniße der Kunst mehr sind. Alles gut, aber durchaus mechanisch. Auf diese Art mag der junge Künstler ein Teniers, ein Rembrand, ein Ostade werden. Aber Raphaele und Mengse wußten mehr. Sey es in ihrer Seele entwikelt, oder unentwikelt gelegen, sie verstanden sich einmal darauf, die Seele zu malen, und damit sie nicht ohne Vorteil gemalt werde, dieselbe edel zu denken. Wenn die Mischung der Farben und des Schattens gelernt seyn will, so dürfte man wol auch einige Mühe auf die noch schwerere Kunst verwenden, die Charaktere seiner Figuren nach den Grundsätzen der Moralphilosophie, nach dem Bedürfniß der Geschichte, nach dem Zweke des ganzen Gemäldes zu bestimmen; und dann aus der Physiognomik die Zeichen festzusetzen, womit der bestimmte Charakter ausgedrükt werden soll. Es ist allerdings ein gut Stük Arbeit, so der feinen Kenntniße sehr viel voraus sezt, und vielen Künstlern, meist ohne ihre Schuld, unbekannt ist, weil sie in den Jahren ihres Unterrichts alles, nur das Wesen der Kunst nicht, erlernt haben.

Uebrigens ist der Ort, welche der König für diese Kunstakademien bestimmt hat, ein würdiger Musensiz. Er konnte ihr keine bessere Wohnung anweisen, als in dem grösten und herrlichsten Hause von London. Es war einst Sommersets Haus: nun aber vom König Georg III. erweitert, verherrlichet, und zu allen Geschäften der öffentlichen Verwaltung eingeweiht. Hierinn hat die Kunstakademie, zwar keinen prächtigen, aber einen angenehmen, niedlichen Siz. Schon die antiken Verzierungen an den Treppen, und die gemalten Basraliefs mit schlanken, artigen Figuren kündigen ihn an. In dem Sale, welcher der Malerei gewidmet ist, haben West, Copel, Angelika Kaufmann ihre Schildereien theils an die Wände, theils im Plafond aufgehangen. Es ist aber noch viel Raums für ihre Nachfolger. Ein andrer Sal, der in einer spätern Jahreszeit wichtiger ist, war nun eben leer. Künstler stellen daselbst ihre Arbeiten auf. Noch war nichts zu sehen, denn man erwartet den Adel von seinen Landsizen. Diese nüzliche Anstalt, die in allen grossen Städten getroffen ist, wird vielleicht nirgend, bessere Früchte bringen, als in London, wo die Grossen nicht ängstlich rechnen, und den Grundsaz haben, daß der Künstler nicht nur leben müsse, sondern auch für seine Kunst belohnt werden soll.

(Die Fortsetzung folgt.)

Anfrage eines Liebhabers der Naturkunde über eine im neunten Hefte des pfalzbaierschen Museums S. 383 und 84 vorkommende Stelle.

Dort heißt es: „Zu den auserordentlichen „(meteorologischen) beobachtungen gehö„ren auch di, welche herr Heminer zu Manheim „mit einem schreibenden schweremesser (Baro„metrographe) fom 21 wonnemonate bis ans „end des jares gemacht hat. Dises vortrefliche „werkzeug, welches im hiesigen kurfürstlichen „kabinette d[illegible] naturlere stet, ist mit einer „schwingur ferbunden, und zeichnet seinen stand

„(di höe des kwekſilbers) alle fir minuten ſelbſt „auf. Der erfolg, den herr Hemmer aus „diſen beobachtungen gezögen hat, iſt, das „der ſchweremeſſer bei dem durchgange der ſonne „durch den mittagskreis ſo wol bei nacht als „bei tage falle, und das folglich di ſonne in „der luft eben ſo, wie im mere, ware ebbe „und flut errege, welches ſchon fon filen gemut- „maſet und behauptet, fon niemanden aber „bisher gründlich erwieſen worden war.„

Wenn ich das Geſagte recht verſtehe, ſo heißt es ſo viel als:

a) der Erfolg der von H. H. genannten barometriſchen Vorrichtung iſt, daß ſich um jeden Mittag das Queckſilber fallend aufzeichnet.

b) H. H. habe dieſes beobachtet, und

c) hieraus die Folge gezogen, daß die Sonne in der Luft eben ſo wie im Meere wahre Fluth und Ebbe errege.

d) Schon viele hätten dieſes gemuthmaßet und behauptet, niemand aber bisher gründlich erwieſen.

Nun a) und b) zugegeben, ſo ſcheinet doch c) ein wenig übereilet. Denn

1) Fluth und Ebbe im Meere kommen bekanntermaßen mehr vom Monde als von der

Sonne her. Warum hat H. H. bey den Durchgängen des Mondes durch den Mittagskreis keine Veränderung an seinem schreibenden Barometer beobachtet?

2) Fluth im Mittagskreise setzt allemal Ebbe im ersten Scheitelkreise zu gleicher Zeit voraus, und umgekehrt. Dieses ist ein unverbrüchliches Naturgesetz bei jeder nur möglichen Fluth und Ebbe, die von der Sonne oder dem Monde herkommen sollen. Warum hat H. H. kein Steigen seines Barometers beobachtet, wenn die Sonne oder der Mond durch den ersten Scheitelkreis giengen?

3) Fluth und Ebbe im Meere haben nebst der täglichen auch eine monathliche und eine jährliche Periode, die nach den Syzygien und Quadraturen des Mondes, und nach der Entfernung der Sonne vom Aequator sich verändern. Wenn die Atmosphäre eine mit dem Meere gleichartige Fluth und Ebbe hat, warum hat uns Herrn Hemmers schreibender Schweremesser von diesen Perioden nichts niedergeschrieben?

4) Wenn aber die Sonne allein die Ursache der von H. H. beobachteten Erscheinung ist, warum läßt uns derselbe nicht wissen, wie sich sein Barometer verhalten habe, wenn die Sonne

in dem Mittagkreise höher oder tiefer; der Erde näher oder von ihr entfernter stand?

5) Fluth und Ebbe entstehen nie plötzlich! und im Meere kommen sie etwan 3 Stunden nach dem Durchgang des Mondes durch den Mittagskreis zum Vorschein. Warum soll die Natur bei H. H. Fluth und Ebbe gegen die Gesetze der Dynamik eine Ausnahme machen?

6) Fluth und Ebbe entstehen lediglich nicht von der absoluten Anziehung der Sonne oder des Mondes, sondern von dem Unterschied ihrer Wirkung auf die verschiedenen Theile des flüßigen Körpers, in welchem sie entstehen. Da nun dieser Unterschied in Ansehung der Atmosphäre ungleich größer ist als in Ansehung des Meeres, wenn von dem Monde die Frage ist; dagegen aber in Beziehung auf die Sonne die Sache sich ganz anderst verhält, wie ist es begreiflich, daß ein Mann wie H. H. bei der oft erwähnten Erscheinung sein vorzüglichstes Augenmerk nicht auf den Mond gerichtet hat?

7) Fluth und Ebbe im Meere heißt, Steigen und Sinken der senkrechten Säulen des Meerwassers über und unter den wagrechten Stand. Dieses Steigen und Sinken kömmt von der, durch die Wirkung der Sonne und des Monds veränderten eigenen Schwere dieser

Säule her. Die welche eigenthümlich schwerer werden, graben sich tiefer hinab, und heben die leichter gewordenen empor. Aber der Druck einer Wassersäule auf den Boden des Meeres entsteht aus dem Product ihrer eigenen Schwere mit der Höhe. Wenn nun die Höhe der Säulen um eben die Zeit, und in eben dem Maaße zu- und abnimmt, wie sich in Ansehung der eigenen Schwere das Gegentheil ereignet, so läßt sich nicht einsehen, daß der Boden des Meeres wegen Fluth und Ebbe ungleichen Druck ertragen soll. Ein Barometer im Grunde des Meeres würde also die Fluth und Ebbe desselben durch Fallen und Steigen nicht anzeigen. Wie können wir dieses von einem gewöhnlichen Luftschweremesser erwarten, vorausgesetzt, daß auch die Atmosphäre ihre Fluth und Ebbe habe?

Fluth und Ebbe kann also (wie es scheint,) Hrn. H. oft belobte Erscheinung gewiß nicht verursachen. Was denn? Könnte es nicht ein Fehler des Automats seyn? Denn auch diese können periodisch seyn, und um eine gewisse Stunde, etwan die zwölfte wieder eintreffen.

Auf d) zurückzukehren dienet zur Erinnerung, daß der berühmte Mathematiker Poullus

Frisius aus Newtonischen Gründen das Gegentheil von der Atmosphärischen Fluth und Ebbe erwiesen hat.

Vergleichungen Fürstlicher und anderer Einkünfte voriger und dermaliger Zeiten! nebst einigen Betrachtungen darüber.

Dutot hat in seinen politischen Betrachtungen über die Finanzen bewiesen, daß Ludwig der 12te, König von Frankreich, welcher vom Jahre 1498 bis 1515 regierte, mit 7,650,000 Livres jährlichen Einkommens reicher gewesen ist, als Ludwig der 15te zum Anfange seiner Regierung mit 200 Millionen Livres jährlicher Einkünfte. Ein scharfsinniger Franzos hat seit kurzem eben so die Einkünfte von Franz dem 1ten (von 1525) mit den Einkünften Ludwigs des 15ten zu Ende seiner Regierung (da sie auf 366 Millionen Livres getrieben worden sind) verglichen, und gefunden, daß Franz der 1te mit 16 Millionen Livres Einkünften reicher als Ludwig der 15te am Ende seiner Regierung gewesen ist. Das Mark fein Silber wurde unter Franz dem 1ten zu 13 Livres 6 Sols 10 Deniers ausgemünzt, und unter Ludwig dem 15ten zu

54 Livres 6 Sols; mithin stellt ein ehemaliger Livre mehr als vier Livres des heutigen Gelds vor. Der Septier Weizen galt damals 31 Sols 6 Deniers, und jezt gilt derselbe 23 Livres; mithin 14mal soviel.

Eine ähnliche Vergleichung ist mit den Einkünften der teutschen Fürsten vorhiniger und dermaliger Zeit noch nicht angestellt worden. Es dürfte sich doch das Resultat von darum etwas anders stellen, weil diese Fürsten nicht verhältnißweise mit so grossen Staatsschulden, als Frankreich, beladen sind. Dadurch wird ein grosser Theil von Frankreichs Staatseinkünften in die Hände der Wucherer gespielt und aus den Händen der Staatsverwaltung gewunden. Indessen hat nicht nur in Teutschland sowol das Geld nach seinem Zahlwerthe zugenommen, und ist die feine Mark Silbers seit 200 Jahren von 10 Gulden bis auf 24 Gulden gestiegen; — mithin ein ehemaliger Gulden auf 2 2/5 Gulden des heutigen Werths. Eben so ist es mit den nothwendigen Lebensbedürfnissen ergangen. Das Malter Korn, welches im sechzehnten Jahrhunderte noch 30, 40, 45 kr. galt, ist im siebenzehnten auf 1 fl. 12 kr. 1 fl. 20 kr. und 1 fl. 30 kr. und im achtzehnten auf 3 fl. 30 kr. bis 5 fl., gestiegen.

Wer siehet nicht hieraus, daß mit einem Gulden im sechszehnten Jahrhunderte so viel und mehr als mit fünf Gudlen im achtzehnten Jahrhunderte auszurichten war? Und doch würde man sich noch sehr irren, wenn man nur den gestiegenen Kornpreis zu Bestimmung der immermehr über Hand nehmenden Theurung des Lebens annehmen wollte. Die Vervielfachung aller Arten von Gemächlichkeiten und Genießungen (Jouissances) welche sich seit einigen hundert Jahren von den erstern bis auf die niedrigsten Stände des Lebens hinausgedehnt haben, vermehren diese Theurung und die Kostbarkeiten der Lebsucht noch um ein merkliches. Die einzigen drey Artikel von Caffee, Thee und Zucker kosten Europa jährlich über 80 Millionen Gulden. Die Vervielfältigung der Kleidungsstücke und des Hausraths, die Theurung des Holzes (davon das Meeß seit 120 Jahren von 45 Kreuzer bis auf 6 Gulden gestiegen ist,) das überhandgenommene Nachtwachen, welches die Beleuchtung vertheuert und mehrere verzehrt, — alles dieses macht das Leben immer kostbarer. Im Jahre 1463, zu Carl des 7ten Zeiten in Frankreich, hatte im ganzen Königreiche die Königinn einzig und allein zwey Hembder, und etwas nachher zu

Jakobs des 1ten Zeiten in England giengen nur Gräfinnen im Hembde und alle übrige Personen nackt zu Bette. Eben zu dieser Zeit war beim Essen der Gebrauch der Gabeln noch ganz unbekannt. Wieviel können damal die Fürstlichen Garderoden und Hausgeräthe gekostet haben? Und was kosten sie jetzt? Wie vieles Geld steckt in allen Arten Sammlungen von Kostbarkeiten, von welchem man damal nichts wußte? Die Personen vom Graven- und Ritter-Stande, welche die vornehmsten Hofämter begleiteten, — als der Hofmarschall, Haushofmeister, Stäbler, — zogen, (wie die Rechnungen im vorigen Jahrhunderte ausweisen,) ungefähr eben soviel, und kaum einer etwas mehr, Sold, als die gelehrten Räthe, welchen die Regierung, das Justiz- und Finanzwesen des Landes anvertrauet war. Auch diese gelehrten Räthe hatten ihre Tafel bei Hof, wie die Adlichen weit minderbesoldeten Kammerherrn. Dagegen fand sich aber am Ende des Jahrs immer in den Haupt-Cassen ein baarer Bestand, der das Fünftel der jährlichen Einkünfte ausmachte; — welches sich heutiges Tags nicht überall vorfinden dürfte. Alles dieses zeigt, daß, wenn man die Sache genau untersuchen wollte oder könnte, das Verhältniß der vorhinigen und dermaligen Einkünfte teutscher Fürsten sich mit dem Verhältnisse der Einkünfte Frankreichs ziemlich gleichstellen möge.

Ich führe hier eine Thatsache an, welche jedermann in Verwunderung setzen wird. Im Jahre 1565 wurde zu Dirmstein eine jährliche Rente von einem Fuder Wein und zwanzig Malter Korn für 132 Gulden 18 Albus verkauft. Die Ducat galt damal 25 Batzen oder 1 2/3 Gulden. Mithin machte ein damaliger Gulden, — die Ducat zu 5 Gulden jetzigen Geldes gerechnet, drei jetzige Gulden; — und die 132 Gulden 18 Albus, 398 1/4 Gulden jetzigen Geldes. Hiermit kaufte man ein Fuder Wein und zwanzig Malter Korn jährliche Rente. Die Zinsen standen schon damal, (wie aus eben der Rechnung, woher dieser Kauf genommen worden, zu ersehen ist,) zu fünf per Centum. Wir wollen diese Renten nach heutigem Gelde zum nehmlichen Fuße rechnen.

Ein Fuder Wein im mindesten Preise würde zu Dirmstein dermal werth seyn	40 fl.
Das Korn, nur zu 3 fl. per Malter angeschlagen, machten 20 Malter	60 fl.
Die Rente trüge also	100 fl.

Diese 100 fl. zu 5 per Centum zu Capital angeschlagen, geben ein Capital von 2006 fl.

Hiernach wäre also zu schliessen, daß seit 1565 das Geld sich um den dreifachen Werth und die Naturalien um den fünffachen Werth, also beides zusammen sich um den fünfzehnfachen Werth erhöhet habe; — mithin man damal mit 100 Gulden so viel habe bewirken können, als man anitzt kaum mit 1500 Gulden zu bewirken vermag.

Dieses Verhältniß scheinet ziemlich allgemein zu seyn; — und wenn man von den Einkünften höherer Personen auf die Einkünfte niederer heruntersteigt oder auch beide durcheinander genommen betrachtet, so kommt es darauf an, ob auch in gleichem Verhältnisse der Werth der Arbeit des Menschen und dessen Thätigkeit mit den Kosten seiner Lebsucht gestiegen sey. Daß der Werth der Arbeit des Menschen darnach nicht zugenommen habe, lassen Vergleichungen dessen, was man mit dem Taglohne älterer und neuerer Zeiten ausrichten konnte, sodann Vergleichungen des Solds im Kriegs- und Civilstande in jenen und diesen Zeiten, vermuthen. Die Thätigkeit des Menschen hat auch darnach weder im höhern noch niedern Stande zugenommen; — sobald man anders keine Thätigkeit annimmt, sie breite sich denn, ist nöthiges Privat-Wohl bewirkt, auf das gemeine Beste aus.

Dieses gemeine Beste ist durch die Erfindung neuer Abtheilungen und Unterabtheilungen der Menschen in mancherley Classen immer weiter aus den Augen gerückt worden. Die Vervielfältigung der Privatbedürfnisse und regelloser Phantaseyen hat die Last des Menschen, aber nicht dessen Kraft vermehrt. Herkules, mit einer Löwenhaut umgeben, durchzog die ganze alte Welt, um sie von Tyrannen und Ungeheuern zu befreyen. Wie viel Abstand ist von dieser Löwenhaut an bis zu — den Spieltischen des Graven von Artois bei Gibraltar! — Die Alten stellten den Weisen unter dem Bilde einer glatten runden Kugel (omnis teres & rotundus) vor. Wird die Kugel glätter, glänzender und runder, wenn sie sich im physischen und moralischen Schlamme erträumter Bedürfnisse herumwälzt? — Ein heiterer Tag wird erfodert, wenn die Sonnenstrahlen auf die Erde zu ihrer Erwärmung und Befruchtung wirken sollen. Nebel und dichte Atmosphäre vereiteln ihre Wirkung. Diese neue Bedürfniß-Nebel machen das sittliche Leben der neuen Europäer so weit von dem Leben der guten alten Griechen, eines Aristides, Sokrates, — abweichen, als das physische Leben der Grönländer davon abweicht. Sie können die reine griechische Luft so wenig, als diese, genießen.

Patriotismus und herzliche Menschenliebe können in diesem mephitischen Sumpfe nicht, — nur im Himmels-Aether, — gedeihen. Heiterkeit und Pfeile des Apollo werden erfordert, um diese Dünste und die in solchen belebten neuen Pithonen zu besiegen, — und den Menschen wieder zu seiner uranfänglichen Unschuld, Rechtschaffenheit und Wohlthätigkeit zurückzuführen.

B.

Marsilius Landriani K. K. Professors der Experimental-Physik zu Mailand Abhandlung von dem Nutzen der Blitzableiter. Aus dem Italienischen übersetzt von Gottfried Müller in Wien 1786.

Di italienische abhandlung des berümten H. Landriani fom nutzen der wetterleiter ist im jare 1784 unter dem titel, Dell' utilità dei conduttori elettrici dissertazione di *Marsilio Landriani* &c. auf befel der regirung zu Mailand ans licht getreten. Das werk ist mit tifer einsicht, gründlicher gelersamkeit, und grosem fleise geschriben, wi man fon dem hern ferfasser, als einem der ersten naturforscher fon Europa, nicht wol anders erwarten konte. Nur hätten einige stüke, di nicht gar zwekmäsig sind, und andere, di nicht erfarung genug für sich haben, weg bleiben können. Auch sind einige fremde nachrichten und namen, worunter auch dijenigen zum teile gehören, di ich dem hrn. ferfasser mitgeteilet habe, ser felerhaft abgedrukt, welches ser zu bedauern ist.

Ein so fortrefliches werk, welches den nuzen der wetterleiter, und iren sig wider das forurteil, in einem so schönen lichte dar stellet, hat alle male verdinet, auch in Deütschlande durch eine gute übersezung bekant gemacht zu werden, wi wol dise göttlichen maschinen daselbst einen unfergleichlichen fortgang haben. Allein es hat sich leider ein mann an dise übersezung gemacht, der ir so wenig gewaksen war, das es nicht zu begreifen ist, wi er es for der erlichen welt hat wagen dörfen, sich der selben zu unterzien. Er heist Gottfrid Müller. Was er sei, ist mir unbekant.

Zu einer guten übersezung gehören allemale drei stüke, di kentnis der ursprache, aus welcher man übersezet, di kentnis der sprache, in welche man übersezet, und endlich di kentnis der sache, di in dem werke, welches man übersezet, abgehandelt wird. Ist eine gründliche kentnis der beiden genanten sprachen notwendig, um den sinn des ferfassers in der einen wol zu fassen, und in der andern wider kurz und deütlich auszudrüken, so ist es di kentnis der sache noch fil mer. Dise mus bei dem übersezer eben so bestimt, umfassend, klar und anschauend sein, als bei dem ferfasser selbst. One dises ist es unmöglich, eben das zu schreiben, was diser geschriben hat.

Von disen eigenschaften ist h. Müller weit entfernet. Er kennet weder das italienische, noch das deütsche hinlänglich. In der naturlere aber, als dem gegenstande diser abhandlung, ist er ein völliger fremdling. Daher ist es gekommen, das er uns eine elende, ganz verhunzte, höchst felerhafte, widersinnige, abgeschmakte, unbrauchbare arbeit gelifert hat: eine arbeit, di den ferleger Kraus in nicht geringen schaden bringen wird, den buchfürern aber überhaupt zur warnung dinen solte, sich vor solchen pfuschern in acht zu nemen.

Zum beweise der seichten italienischen sprachkentnis des hern Müller können folgende stellen dinen, in welchen ich seine übersezung neben das italienische gesezet habe. 1) La scintilla elettrica disperde le dorature, et lascia sui corpi adjacenti delle macchie di color nero pavonazzo, der elektrische funken verdirbt die vergoldungen, und läßt auf den daneben liegenden körpern von violet schwarzer farbe, fleken zurük, XX s. Es ist aus diser stelle klar, das besagte farbe zu den fleken gehöret, herr Müller sezet si aber zu den körpern, und damit er dises ganz deütlich machete, so hat er noch einen beistrich (,) zwischen farbe und fleken gesezet. 2) Sperienze di *Nairne*, dalle quali risulta, che le scintille esplodenti sbalzano ad una distanza minore sui corpi puntuti che sugli ottusi, versuche des Nairne, aus welchen erhellet, daß die krachenden funken in einer kleinern entfernung mehr über spizige als stumpfe körper schiessen, XXIV s. Um nicht zu berüren, das scintille esplodenti nicht krachende, sondern heraus farende funken heise, so gibt di doppelte fergleichungsstaffel kleinern und mer einen ganz andern sinn, als im italienischen stet, wi jeder kenner fon sich selbst sit. 3) Jl fulmine si move serpeggiando. Se il seno della curva &c, der bliz bewegt sich schlängelnd. Wenn die senne einer krümme u.s.w. XXVII s. Heist denn curva krümme? Ist nicht di rede offenbar von der krummen lini, welche der bliz in seinem schlangengange beschreibet? Dise lini ist aber auch ganz bestimt. Ob schon allso h. Müller curva für curvità genommen hat: so hätte er doch nicht unbestimt einer krümme, sondern der krümme sagen sollen, wi denn auch della eine solche bestimmung anzeiget. 4) J conduttori sollecitano il fulmine, die ableiter befördern den bliz, XXVII s. Hir war sollecitare herr Müllern so fil als avanzare. Es hätte anloken, an statt befördern, heisen sollen. Ist der bliz ein mal in di wetterstange eingetreten, so kan ihn dise weiter nach der erde befördern (fort füren); for disem eintritte aber loket (reizet) si ihn nach der gemeinen meinung nur, wi auch di kurz forher geenden wörter invitano, attraggono klar zu erkennen geben. 5) Sarebbe stato riputato più ridicolo che temerario progetto, se nei tempi tenebrosi de' nostri avi taluno avesse proposto di realizare i sogni della favola, wenn mancher in den finstern zeiten u.s.w. I s. Dises forhaben wäre ja für lächerlich gehalten worden, wenn es auch nur einer oder jemand gefast hätte. Mancher oder merere wären hizu nicht nötig gewesen.

6) Sembra molto strano, che questa rassomiglianza non sia saltata agli occhi de' fisici prima dell' abate *Nollet* et del dott. *Franklin*, es scheint sehr fremd, daß diese ähnlichkeit [zwischen der künstlichen elektrizität und dem blize] nicht ehe den physikern als dem abte Nollet und dem dokt. Franklin in die augen gefallen sey [ist], 19 s. Wer solte aus den worten des übersezers nicht tausend male schlisen, Nollet und Franklin seien keine naturforscher gewesen, und es sei zu bewundern, das di natur das obige geheimnis fil mer disen zwei ungeweiten männern als iren eigenen pristern, den naturforschern, entdeket habe? Aber das ist der sinn der urstelle doch lang nicht. Diser ist folgender: es ist ser seltsam, das dise änlichkeit den naturforschern nicht for dem abte Nollet und dem doktor Franklin (das ist, früer als disen zwei gelerten) in di augen gefallen ist. 7) Le sperienze elettriche, che taluno, credendo male a proposito che non si possa convenevolmente interrogar la natura se non per mezzo di complicate formole, suol risguardare come vane puerilità &c, die elektrischen erfahrungen, die mancher als eitle kinderspiele zu betrachten pflegt, weil er auf eine schikliche art glaubt, daß u. s. w. 4 s. Male a proposito heiset bekantlich übel, unrecht, ungeschikt,

folglich gerad das gegenteil fon dem, was der h. übersezer saget. Doch könte diser grobe feler ein drukfeler sein, der aber immer abscheulich blibe. Jl fulmine è talvolta accompagnato da un sensibile odor fosforeo. Gli antichi hanno cognosciuto questo fenomeno dell' odor fosforeo, die alten haben diese erscheinung an dem phosphorischen geruche erkant 9 s. Herr Müller hat sagen sollen: di alten haben dise erscheinung des fosforischen geruches gekant. Di sache so wol, als das dell' odor (nicht all' odor), bringet es so mit sich. 9) campanili übersezet h. Müller an ferschidenen orten, z. b. an der 21 und 32 seite, durch gloken. An der erstern diser zwei seiten heiset es: Le chiese, i campanili, le torri, i camini sono frequentemente percossi dal fulmine, kirchen, gloken, thürmer, schornsteine u. s. w. An der genanten 32 s. komt durch dise übersezung ein gar artiges ding heraus. Di stelle lautet so: Jl fulmine non seguì il campanile, se non ne' luoghi, dove eranvi delle materie metalliche; ma dove queste finivano &c, der bliz gieng nicht an der gloke fort, ausgenommen an jenen stellen, wo es metallene materien gab; aber da, wo diese aufhöreten u. s. w. — Was mag das für eine gloke (auf einem kirchturne) gewesen sein, deren einige teile fon metalle, andere fon einem andern stoffe waren? 10) Jl celebre sig. ab. *Bertbolon* fa osservare, che sebbene il fulmine si scagli sopra i monti basaltini dell' Alvernia, pure mai non vi lascia vestigio suo passaggio, der berühmte h. abt Bertholon merket an, dass, der bliz auf die gebürge von Basalt in Alverinen [Alvernien] sehr geschwind fällt, doch niemals eine spur seines durchganges hinterläßt, 17 s. Welche greüliche ferwirrung! 11 s. Jl celebre sig. *Magellan* mi ha communicata una recentissima sperienza fatta in Jnghilterra, der berühmte h. Magellan hat mir einen versuch, der jüngsthin [in ängellande] ist angestellt worden, mitgetheilt, 37 s. Jst denn una recentissima sperienza ein fersuch, der jüngsthin angestelet wordenen ist? Kan nicht ein alter, lang bekanter fersuch jüngsthin (neülich) angestellt worden sein? 12) Due conduttori, aventi ciascuno l' estremità, per cui si guardano, coperta di legno, zween konduktor, deren spize, durch die man sieht, mit einem holze gedekt sind 37 s. Gütiger himmel, heist das übersezt? Was wird sich der naturforscher bei diser stelle denken? Geen denn di *leiter* der elektrischen maschinen, wofon hir di rede ist, in spizen aus, durch di man sit? Si müssen doch fon metalle sein. Wi säe man denn durch? Sind si filleicht durchlöchert? Und warum solte man durchseen? Ein erschreklicher irrgarten! Diser ferschwindet durch folgende übersezung: Zwei leiter, deren beide ende, womit si einander zugekeret sind, mit holze bedekt sind. 13) A Marly la ville, in dem fleken zu Marly, 40, 42 s. Das Marly und ville zusammen gehören, und einen und den selbigen ort bezeichnen, wäre aus dem italienischen leicht abzunemen gewesen, wo der ferfasser das französische ville nicht in città übersezet, sondern alles unferändert hat steen lassen, so wi es auch im Deütschen unferändert bleibet; h. Müller aber machet zwei örter daraus, und sezet einen nicht neben, sondern so gar in den andern: in dem fleken, nicht bei, sondern zu Marly.

Mit dem deütschen des hern übersezers sit es nicht fil besser aus, wi unter andern aus folgenden stellen zu erseen ist. 1) Der elektrische funken verdirbt di vergoldungen, XX s. Zwischen dem tätigen und mitlern zeitworte ferderben ist ein eben so groser unterschid, als zwischen corrumpere und corrumpi. H. Müller hätte das erstere wälen, und ferderbt sagen sollen. 2) Der herr Magellan, der graf Balbo, der doktor Gardini u. dgl., XV s. Hir solte das geschlechtswort überall weg bleiben. S. meine sprachl. an der 447 s. 3) In Frankreich befolget man den von Franklin vorgeschlagenen versuch, XX s. Fon Franklin solte fon Franklinen oder wenigstens fom Franklin heisen. Einen forgeschlagenen fersuch befolgen, ist undeütsch und unferständlich. Einen solchen fersuch ausfüren, wird jedermann ferstеen. 4) Eine stange isolirter aufsteken, XX s. Isolirt one den schweif er. 5) Die elektrischen funken sind einer wellenförmigen figur ähnlich, 19 s. Zwischen dem grunde der eigenschaften, und einer eigenschaft selbst, ist wol keine änlichkeit. Di funken sind allso keiner wellenförmigen figur änlich, sondern si sind fon solcher figur, oder haben solche figur. 6) In dem hause Venini, 31 s., an statt, in dem Veninischen hause, oder, in dem hause des hern Venini. 7) An nichtleitenden körpern, z. b. dachzigel, hölzer, glas, 34 s. Di dritte endung dachzigeln, hölzern, glase, ist hir notwendig. 8) Ein flihender drachen (cervo volante), einen drachen flihen lassen, 41. 43 s. For wem flit denn wol solcher drachen? Er fliget wol, gleich einem fogel, in di höe, aber nimand will im übel, das er di flucht zu nemen nötig hätte. 9) Non credendosi abastanza sicuro, da er sich nicht genug sicher hielt, 42 s. Ein guter deütscher würde sagen: da er sich nicht für sicher, genug hilt, oder, da er nicht sicher genug zu sein glaubte. 10) Er ermahnte die umstehenden, daß sie sich zurückziehen und entfernen, 42 s. Wer kan solchen ausdruk aussteen? Es soll heisen: das si sich zurük zögen und entfernten, oder, si möchten sich zurük zien und entfernen. 11) Luoghi, nei quali si insegna il modo di ridersi delle minace di una sì terribile meteoro, örter, in welchen man lernt, die drohungen dieses schreklichen meteors nicht zu fürchten, VII s. Man solte doch einem jeden deütschen übersezer zutrauen, das er den unterschid zwischen leren und lernen wisse, über welchen sich h. Müller hir hinaus gesezet hat. Auch ist das ridersi (ferachten, darüber lachen) durch di verneinung nicht fürchten matt übersezet. 12) Aber dise sind nicht die einzigen ursachen, V s., an statt dises oder das. 13) Ich bin fon der meinung des Demetrius, daß es besser ist, XI. XII s. Unstreitig mus man hir sei, für ist; sagen. 14) Das phasanenhaus seiner fürstl. durchl. regirenden herzogin von Zweibrüken 262 s. Bei dem weiblichen geschlechte kan doch warlich sein niemal statt haben. Würde es h. Müller auch billigen, wenn jemand sagete: di frau hat seinen mann verloren? Es solte allso heisen irer durchleücht, der regirenden herzogin.

Ist es übel mit h. Müllers sprachkentnis beschaffen, so ist seine unkunde in dem gegenstande seiner übersezung noch fil gröser. Wir wollen einige stüke dafon anfüren. 1) Gli effetti elettrici sono sì rapidi, die elektrischen wirkungen sind so reisend, 2 s. Reisend hat der ferfasser durch sein rapidi nicht sagen wollen, sondern schnell, rasch. 2) O dal felice pensiero di chi imaginando di sospendere liberamente sopra un perno una ago calamitato ci guidò poi con sicurezza nell' immensa estensione di mari incogniti, oder von einem glüklichen gedanken desjenigen, der durch die vorstellung, eine magnetnadel frei über die thüre zu hängen, uns hernach sicher über die unermeßliche ausdehnung unbekanter meere führte, 5 s. Das uns di magnetnadeln den forhin unbekanten weg mitten durch das ungeheüre weltmer in di entfernsten lande gezeiget haben, ist allgemein bekant. Das dise nadeln, jezt wenigstens, fermittelst einer kappe auf einer spize (einem stifte) aufgehenket werden, um sich mit einem ende nach der gegend fon mitternacht dreen zu können, weis nicht nur jeder naturforscher, sondern jeder botsknecht der sefårer. Wo henket aber h. Müller dise magnetischen wegweiser, di nadeln der sebüksen hin? über di türe. Freünde lachet nicht, und fraget den mann nicht, was das für eine türe sei, wo si stee, warum und wi di nadel daselbst aufgehenket werde. Fraget in nicht, denn di sache ist geheimnisfoll. Es ist nicht jede türe gut dazu. Es ist eine einzele, ganz bestimte türe. Nicht über eine, sondern über di türe, heiset es. Di nadel wird allda auch nicht ordentlich aufgehenket, sondern man machet sich nur di förstellung, si allda aufzuhenken, und dise forstellung (wol gemerkt, nicht di wirkliche erfindung, si aufzuhenken, sondern di blose forstellung im sinne) ist so wunderbar, so wirksam, so auserordentlich mächtig, das si di menschen mit aller sicherheit über di unermesliche ausdenung (streke) der mere füret. 3) Gli oggetti, che il fulmine ordinariamente percuote, sono le montagne, le torri più alte, le chiese, gli alberi delle navi &c, die gegenstände, welche der bliz gemeiniglich zerschlägt, sind berge, die höchsten thürne, kirchen, mastbäume u. s. w. 10 s. Der bliz trift oder schlägt dise gegenstände wol am libsten, das er si aber gemeiniglich zerschlage, kan nur dem beifallen zu sagen, der nicht weis, was ein wetterschlag ist, der dessen wirkungen niemal geseen hat, ja der nicht ein mal dafon hat sprechen hören. Gott beware uns, wenn di kraft der donnerwetter nicht nur jemals, nicht nur bisweilen, sondern durchgeends so stark wäre, das si so gar ganze berge zerschmettern, in stüke zerreisen, oder, welches eins ist, zerschlagen könten. 4) La casa del cons. (consigliere) elettorale Wolfter a Manheim, das haus des kurfürstlichen burgermeisters Wolfter zu Manheim, 258 f. Seit wann sind denn di räte in den stätten alle bürgermeister. Es heist doch sonst: wir rat und bürgermeister. Sonst gehören auch di bürgermeister blos der statt, nicht dem fürsten zu. Zu Manheim aber gibt es, nach herr Müllern, kurfürstliche bürgermeister. 5) Das kurf. schloß und der pallast zu Nymphenburg, 259 f. Zu Nimfenburg ist keine feste burg, kein castello, wi im italienischen stet. H. Müller, als ein deütscher, ein nachbar fon Baiern, hätte disen feler eines ausländers ferbässern sollen. 6) Unter di mit wetterleitern ferseenen herzogl. zweibrükischen gebäüde sezet h. Müller auch den fruchtkasten seiner durchleücht, 262 f. Da ich dise gebäüde alle selbst bewafnet habe: so muste ich über disen ausdruk doppelt lachen, teils weil ich wol wuste, das ich keinen solchen kasten wider den bliz besonders ausgerüstet hatte, teils weil der blose gedanken solches zu thun, eine torheit wäre. Alle kästen, si seien brod- mel-

futer= frucht= oder andere kästen, steen in den gebäüden. Ist das gebäüd nun bewafnet, so brauchet es der kasten nicht zu sein. Ist das gebäüd aber nicht bewafnet, so müste der kasten, den man in solchem gebäüde bewafnen wolte, fon der äüsersten wichtigkeit, und etwas mer als ein fruchtkasten sein, und doch könte solch ein kasten, wenn der bliz das gebäüd entzünd=ete, mit ein raub der flammen werden. Das italienische Stanzone degli agrumi bedeütet das herzogl. pomeranzenhaus. H. Müller hätte hir gewis an keinen kasten gedacht, wenn er nur den geringsten begriff fon einem wetterleiter gehabt hätte.

Doch ich bin müd, in dem abscheülichen wuste diser übersezung weiter zu stüren. Di angefürten stellen, di ich aus den ersten blätt=ern des werkes, und aus dem hinten angehenkt=en ferzeichnisse der in ferschidenen ländern ge=sezten wetterleiter, gleichsam nur im forbeigeen heraus gezogen habe, werden hinlänglich beweis=en, das ich nicht zu fil gesagt habe, da ich dise übersezung elend, widersinnig, abgeschmakt, und unbrauchbar nente.

Hemmer.

An Madame und Mademoiselle Auguste Wendling, als sie im Liebhaberkoncert den 19. Jenner 1788, nach zu langer Feier fürs Publikum, wieder auftraten, und ein Duett, als Polyxene und Dares tes sangen.

Nur eine Stunde jener Freudenjahre
wünscht' ich mir oft zurück, da Mannheim
in Wonnen süßer Künste schwebte.
Jüngst opfert' ich, so eine Stunde
mir zu erflehn, dem Gott des Schönen,
dem Gott der feineren Gefühle,
des hohen edleren Geschmackes.
Du bist erhöret, spricht Apoll, mit Himmelshuld,
und reizet Eure Kehlen zum Gesange.
Er täuschte mich, allein mit Göttergroßmuth:
Es war, nicht Mannheims, nein — die goldne Zeit Athens,
in welche mich Entzückung zauberte;
ich hörte Musenstimmen vom Parnaß,
und einen Sang aus der Huldinnenwelt Homers,
ich hörte Polyxenen und Dareten
in Erycinens Rosenhainen
vom Liebeszauber — mit dem Herzen
für Herzen singen.

Kl.

Fortsetzung der Briefe über die Mannheimer Schaubühne *. Mannheim den 1sten Octobr. 1787.

Unser Briefwechsel ward vor anderthalb Jahren bald unterbrochen; Geschäfte und verschiedene Zufälle hinderten mich, dir von der hiesigen Schaubühne ferner Nachricht zu geben.

Alles, was seitdem auf dem Theater vorging, nachzuhohlen, würde für Dich nicht unterhaltend und für mich zu mühesam seyn. Indessen glaube ich doch, Dir einen angenehmen Zeitvertreib zu senden, wenn ich Dir einige allgemeine Bemerkungen über verschiedene bisher aufgeführte Stücke; Betrachtungen über die Fortschritte der Schauspieler in der Kunst; meine Meinungen über Vorfälle, Ereignisse und neue Erscheinungen auf dem Mannheimer Theater mittheile.

* Noch viele im Publikum glauben, ich sey der Verfasser dieser Briefe. Ich muß mich noch einmal öffentlich, gegen diese Meinung verwahren. der Hr. Verfasser wird mir vergeben, daß ich diesmal einige Anmerkungen beigefügt habe.

d. H.

Dieser Blick über diesen Zeitraum wird mir Gelegenheit geben, von Gegenständen zu sprechen, die interessant und wichtig sind. Du ließest damal meine Briefe drucken, ohne daß ich eher etwas davon erfuhr, als bis ich darüber sprechen, urtheilen und schimpfen hörte. Die Mitglieder der hiesigen Bühne durchgängig — (einige, die doch auch etwas sagen wollten und nichts zu sagen wusten, wiederholten, was die Feinern nur murmelten:) waren damal sehr ungehalten auf diese meine Briefe, und zu erbittert, als daß sie solche für wahr oder fähig hielten, irgend etwas Gutes zu stiften, und doch seh ich, daß seit der Erscheinung meiner Briefe viele sich bestrebten, die erinnerten Unvollkommenheiten zu verbessern. In diesem Falle schätze ich den Künstler immer als vernünftigen Menschen um so höher, der die gutgemeinten Erinnerungen eines unpartheyischen Kunstfreundes nicht hasset. Tadel schadet dem Künstler nie, der noch Kräfte in sich fühlet, den Tadel zu vernichten.

Nach Julius Cäsar war Götz von Berlichingen das erste Stück, das Aufsehen erregte. Mannheim und zehen Meilen in die Runde kamen zusammen, um Götzen zu sehen; jede

Erwartung war gespannt; man sah ihn aufführen. — Ich schreibe Dir nichts von dem Original. Fast alles, was die Bühne fordert, findet man in dem Stücke nicht. Da ist keine gedrängte Darstellung interessirender Situationen, kein rascher Fortschritt der Handlung zur Entwicklung, kein steigendes Interesse. Das Bedürfniß der Bühne foderte, daß das Stück umgeändert werden mußte; man ließ Scenen weg; schmelzte verschiedene Charakter in einen, und nun folgten die Auftritte meistens ohne gehörige Vorbereitung, ohne Wahrscheinlichkeit *.

Götz ward noch einigemale gegeben, und alles drängte sich, ihn zu sehen. Die Aufführung an sich machte dem hiesigen Intendanten, Hrn.

* Die Scene indeß worin der Bischoff von Bamberg erschien, that auch einzeln, ohne Beziehung auf das übrige, große Wirkung; sie allein ist in meinen Augen mehr werth, als viele mittelmäßige Stücke, die der für die Schaubühne erforderlichen Anordnung wegen, so wenig Verdienst sie auch übrigens haben, besser ausgefallen sind als Götz. Hr. Beil spielte den Bischoff von Bamberg unnachahmlich.

d. H.

von Dalberg, Ehre. Es war nichts gespart; neue Dekorationen, neue Kleider, eine Menge Statisten erhoben den Pomp der Vorstellung.

Damal nahmen mir Geschäfte die Zeit weg, dir von jeder Vorstellung pünktliche Nachrichten zu geben. Ich besuchte zwar das Schauspiel noch immer; doch ich konnte nur Bemerkungen für mich machen. Ich sah, daß einige Schauspieler auf Deklamation und Benehmen achtsamer wurden; aber viele doch noch immer darin und gegen das Kostüm fehlten. Z. B. Hr. Beck hatte in Fernando und Olympia als Fernando einen griechischen Mantel an, und Hr. Iffland vernachläßigte in demselben Stücke, als Herzog Theodorich, seine Rolle mit allem Vorsatze *. Ich sah noch oft, daß einige ihre Rollen nicht wußten, und Unsinn schwätzten; ich hörte noch oft Unanständigkeiten, zweydeutige Anspielungen, ungereimte Zusätze zu den Rollen.

Die andere merkwürdige Erscheinung für mich auf der Bühne war Figaro's Hochzeit.

* Hr. Iffland war an demselben Tage unpäßlich.
d. H.

Kaum war Figaro in Paris erschienen: so bestrebte sich jede Bühne Deutschlandes, dessen Scherze dem Publikum vorzustellen. Die hiesige Bühne verdankt Freyherrn von Dalberg die bessere und geläufigere Uebersetzung. Bey der Aufführung bewunderte ich Mlle Witthöft als Susanne. Feinheit und Anstand mit allen Grazien der Munterkeit und Laune belebten ihr Spiel; mit Delikatesse behandelte sie die Stellen, bei welchen viele Schauspielerinnen vielleicht sich bemüht hätten, den Zuschauern zu zeigen, daß sie in Verlegenheit wären. Kurz, unter Deutschlands Schauspielerinnen steht Mlle Witthöft in dieser Rolle oben an.

Hr. Beck als Figaro entsprach meiner Erwartung nicht ganz; Trotz dem Lobe, das ich wegen dieser Rolle in der Litteratur- und Theaterzeitung gelesen hatte. Sein ganzes Spiel schien mir zu sehr berechnet; sein Benehmen zu eingeschränkt, nicht gewandt genug. Neben dem leichten Spiele der Mlle Witthöft war der Kontrast auffallend. Sie und Hr. Böck sind fast die einzigen, die in französischen Stücken gut spielen.

Diese Vorstellung war mir wieder ein neuer Beweis, wie ich schon einigemal geschrieben habe, daß die Deutschen meistens französische Stücke nicht spielen können, oder nicht wollen; weil ihr Geschmack verdorben ist. Nachahmungssucht und Anhänglichkeit an die Meinung eines Mannes, der sich einen Namen zu machen wuste, scheint den deutschen Kraftgenien mehr, als den Gelehrten irgend einer Nation angeboren zu seyn. Kaum trat im nördlichen Deutschlande Lessing auf, verdammte das heroische Trauerspiel, und führte das Drama ein: so entstand gleich ein Schwarm so genannter Genien, die das alles nachbeteten, was Lessing gesagt hatte. Kaum erschienen Göthe und Lenz: so waren die Regeln des Schauspiels Fesseln des Geistes; das grosse Trauerspiel unnatürliche Tiraden; erhabene Handlungen grosser Menschen uninteressante Gegenstände. Scenen aus dem gemeinen Leben wollten sie nur; indessen blieb die Kraftsprache, und gewöhnliche Menschensprachen nun wie die der Brutusse und Cäsarn. Der Deutsche muß original seyn, schrieen sie, unsere Schauspieler müssen nichts von der Art der französischen an sich haben! — Nie darf der französische Schauspieler sich auf der Bühne eine Unanständigkeit erlauben; er muß seine Sprache ganz gut sprechen: er muß alles mit Anstande thun. — Wie? müßte der Deutsche also dies nicht? Ich glaube, der Deutsche Schauspieler sollte das Gute des französischen immer benutzen; nur dann von dessen Art abgehen, wenn sie übertrieben ist und in Affektation vorfällt. Was wären wir, wenn unsere Nachbaren nicht im Fache der Litteratur unsre Lehrmeister gewesen wären? Wo blühte Geschmack in Deutschland, ehe Ludwig der XIV. das Edikt von Nantes widerrief? Damal entflohen die Unglücklichen aus den gesegneten Fluren Galliens und flüchteten sich in unser Vaterland. Mit ihnen kamen die sanften Musen in die rauhen Gegenden, wo unsre Brüder wohnten; durch sie ward das tausendjährige Vorurtheil entkräftet; die alte Barbarey sank in ewige Nacht; und der gute Geschmack, und Griechenlands Wissenschaften blühten dort, wo vorher die Seelen so unmild, wie der Himmelsstrich waren, unter dem sie wohnten. Die Sitten verfeinerten sich, und die Nordländer hatten gebildeteres Gefühl, schrieben schöner, sprachen reiner, als die Innwohner an den Ufern des Rheins und der Donau, wo doch der Lachende Himmel, die fruchtbare Gefilde zur Gefälligkeit der Sitten, zur Liebe der Musen einluden, und den Geist hätten empor heben sollen. Die Franzosen verbreiteten von Norden aus die

Aufklärung und den Geschmack. Mit welchem Rechte darf man also schreyen: die Werke des Galliers sind unwichtig für uns?

Der französische Schauspieler spricht seine Sprache ganz rein; thut dies auch der Deutsche? — Nein. Bei jeder Vorstellung höre ich häufig Sprachfehler, grammatikalische Fehler, wegen denen Schüler von ihrem Lehrer gestraft werden, z. b. Ich will Sie sagen; wenn kam er, statt wann; 'nmal, statt einmal; fufzehen, fufzig statt fünfzehn; mer wollen es statt wir wollen es; uf, ne statt auf, nein; dem statt den, und den statt dem, welches oft sehr auffallend ist. In französischen Wörtern, welche in unsere Sprache aufgenommen sind, behalten viele unsrer Schauspieler den französischen Ton und die Aussprache bei einigen Silben bei, ohne doch das Wort ganz französisch zu sprechen, z. b. Offisier statt Offizier; Euschenie statt Eugenie, oder wenn sie es doch französisch aussprechen wollen Egeni. Die Reinheit der Sprache wird seit einiger Zeit von verschiedenen

* Viel Passendes wird hierüber in des Frh. von Dallberg Vorrede zum Mönch von Karmel gesagt.

d. H.

Schauspielern gar zu sehr vernachläßigt; es scheint, als wenn sie Provinzialausdrücke, welche die hochdeutsche Mundart und der Sprachgebrauch verwerfen, aufsuchten, um sie auf der Bühne zu Markte zu bringen. Sie gefallen zwar dadurch dem grossen Haufen; aber es geschieht auf Kosten der Sprache. Diese leidet darunter, und der Beifall, den der Pöbel zollt, ist eher schimpflich, als rühmlich. — Und doch sah ich schon einige Schauspieler, die mich vermuthen ließen, als wenn sie nach dem Händeklatschen der Gallerie geizten.

Auf unsern Anschlagzetteln lese ich noch immer: die Kammermädchens, die Jungens, die Luftbälle. Ich höre noch immer auf der Bühne selten den Unterschied zwischen den Selbstlautern ä, e und ö, eu, und ei, ü und i. Die Endungen ng werden von einigen wie nk ausgesprochen, z. B. Drank statt Drang; Dink statt Ding; Vernichtunk statt Vernichtung; Jünklink statt Jüngling. Keiner von den Schauspielern kann diese fehlerhafte Aussprache billigen; es scheint also, da sie nicht verbessert wird, daß sie entweder zu nachläßig sind, oder die Grundsätze ihrer Muttersprache nicht wissen.

Der Deutsche Schauspieler überschreitet in Scenen der Liebe nicht selten die Grenzen des Anstandes. Küsse sind etwas sehr gewöhnliches; ich habe ein Stück gesehen, wo Mädchen und Jünglinge sich zwölfmal küßten. Welchen Werth kann also ein Kuß haben? Wie vielmal sah ich nicht schon auf der hiesigen Bühne, daß der Liebhaber seine Geliebte auf die anstößigste Art mit den Armen umschlung? — Dies darf der Franzose auf dem Theater nie thun. Und doch fodern die Schauspieler die ehrwürdigen Namen: Volkslehrer, Sittenlehrer! —

Wenn verschiedene unsrer Schauspieler nicht eine glänzende Rolle haben: so vernachläßigen sie meistens die Deklamation völlig. Auch scheint es, als suchten die Schauspieler manchmal nach Laune ihre Rollen abzugeben; wenigstens habe ich schon manche Klage im Publikum darüber gehört. Dadurch verliert erstens das Stück, und dann das Publikum, das nun eine Rolle minder gut spielen sieht, und sich erinnert, wie sie ehedem gespielt wurde.

Kostum ist einer der wichtigsten Punkte, die ein Schauspieler beobachten muß; auch dagegen begeht man hier noch Fehler, wo ein reicher

Kleidervorrath ist, und wo bei der unaufhörlichen Aufmersamkeit des Freyherrn von Dalberg solchen Fehlern vorgebeugt werden sollte. Wenn Bäuerinnen und Bauernmädchen auftreten, so glaubt man, Damen zu sehen, die als arkadische Schäferinnen auf den Ball gehen wollen. Freund! wenn man solche Verkehrungen sieht, muß man da nicht mit Horazen ausrufen:

Risum teneatis, amici!

Nächstens werde ich weiter fortfahren, Dir meine ferneren Bemerkungen mitzutheilen. Lebe wohl, und vergiß deinen Freund nicht. —

Mannheim den 6ten Octobr. 1787.

Freund!

Wenn ich je bei einer Vorstellung Dich hieher wünschte, so war es damal, als Oronooko gegeben wurde. Du würdest haben gestehen müssen, daß alle Umstände zusammengestimmt haben, die Vorstellung vortrefflich zu machen. Die Zuschauer waren zahlreich; Aufmerksamkeit und Theilnahme herrschten im ganzen Hause.

Die meisten Schauspieler thaten alles, um Theilnahme zu erregen und hinzureißen. Ich habe, so lange ich hier bin, fast keine bessere Vorstellung gesehen.

Dieses Stück ist abermal ein Beweis von der unermüdeten Thätigkeit des Freyherrn von Dalberg; er hat es aus dem Englischen übersetzt und für die hiesige Bühne bearbeitet. Die Aufführung sowohl, als die Art, womit es aufgenommen wurde, muß für Freyherrn von Dalberg äusserst befriedigend gewesen seyn.

Oronooko ist der Triumph des Hrn. Böck gewesen. Er hat keinen Karl Moor, keinen Herzog Albrecht, keinen Götz von Berlichingen gespielt; sondern einen wilden indianischen Fürsten, der in den Armen seiner Gattin glücklich war, der in häußlicher Ruhe seine Zufriedenheit fand; dem gesittete Menschen Freiheit und Glück geraubt haben, der aber immer noch Seelengröße genug besitzt, seinem Schicksale zu trotzen. — Denke Dir nun des Böck herrlichen Organ; seinen viel — alles sagenden Blick, den nur ihm eignen edeln, großen Anstand, und Du wirst mir gern glauben, wenn ich sage: ich habe Hrn. Böck nie grösser gesehen, als heute.

Madam Ritter (damal noch Mlle. Bauman) bewunderte ich als Imoinda. In ihrem ganzen Spiele bemerkte ich die äußerste Achtsamkeit, den Ton der Stimme, jede Bewegung, jede Miene genau nach dem Charakter der Rolle zu richten. Die heftigen Ausbrüche eines zur Liebe und Tugend geschaffenen Herzens, die reinen Ergiessungen der Seele einer wilden Indianerin, die Stürme der Leidenschaften stellte Madam Ritter mit vieler Kunst dar; sie verband mit der natürlichen Wildheit und Heftigkeit der Imoinda alle weibliche Sanftmuth, und ward dadurch äusserst interessant.

Wenn wir das Stück an sich selbst betrachten: so findet man neue, ganz theatralische Situationen; lebhaftes Interesse und schön gezeichnete Charaktere; allein es kommen verschiedene Sachen vor, die meiner Meinung nach nicht ganz richtig sind. Ich bin zwar nicht mit den Sitten und der Verfassung der indischen Kolonien bekannt; indessen glaube ich doch nicht, daß Blandfort die Subordination so weit ausser Acht lassen dürfte, als er wirklich thut, so edel auch der Beweggrund seiner That war. Es kömt mir sehr unwahrscheinlich vor, daß der Kapitän, der Oronooko'n zum Sklaven machte, ihm seine reiche Kleidung, seine Juwelen und Kostbarkeiten soll gelassen haben. — Noch unwahrscheinlicher ist mir die Nachgiebigkeit des Vicegouverneurs, der mit gut exerzierter Mannschaft einem Haufen schlecht bewaffneter, halbnackter Wilden gegenüber steht, und doch zu Verrätherei seine Zuflucht nimmt. Nach diesem Auftritte sinkt das Interesse; der Gang der Handlung wird matt. Mehr noch wird das Interesse durch Charlottens und Blandforts Roman geschwächt. — In der Scene, wo Oronooko und Imoinda, die Blandfort aus den Händen Clermonts gerettet hat, in dem Walde sind, fragt Oronooko, als ihm Imoinda sagt wie schändlich ihr Clermont begegnet sey: „Was wagte er?“ — Imoinde antwortet: „Was er konnte —“. Diese Scene ist so schön, daß ich sehr wünschte, sie sey mit mehr Delikatesse behandelt*. Doch wie gern vergaß ich dies bei dem Spiele des Hrn Böck und der Madam Ritter.

* Dies was er konnte, in Beziehung auf Imoindens Tugend, beleidiget gewiß die Delikatesse nicht. Und so dachte sich sicher der Hr. Verfasser diese Stelle.

d. H.

Da dies Stück hier Aufsehen machte, so sprach man in jeder Gesellschaft davon. Irgentwo behauptete ich, Hr. Böck würde in der Rolle des Oronooko nicht leicht erreicht werden können. Mein Hauptgrund war der Anstand, den er in dieser Rolle zeigte, und der blos für diese Rolle paßt. Man sprach viel über Anstand auf der Bühne, und einer aus der Gesellschaft nannte mir die Fragmente über Menschendarstellung auf der Bühne, worin ein Abschnitt ist, welcher von dem Anstande handelt. Es ist der 5te, worin die Frage beantwortet wird: „Welches ist der wahre Anstand auf der Bühne? „und wodurch erlangt ihn der Schauspieler?"—

Gleich im Anfange setzt der Hr. Verfasser zwei Sachen auseinander, die doch füglich hätten beisammen stehen können. Er unterscheidet den Anstand des Weltmannes von dem Anstande des edeln Mannes. Ich begreife nicht recht, was er unter Weltmann versteht; er sagt: „Bei dem Weltmanne verschwindet das Ich." Also wäre ein Weltmann ein kriechendes, schmeichelndes, elendes Geschöpf? Und doch empfiehlt er gleich darauf, um den Ton des Weltmannes zu erlangen, die Briefe des Chesterfield an den jungen Stanhope; er empfiehlt griechische Simplicität und römische Urbanität. Hier ist also ein offenbarer Widerspruch; weder bei der Simplicität der Griechen, noch bei der Urbanität der Römer verschwand das Ich; nein, durch das Bewußtseyn des eignen Werths, durch das Selbstgefühl eigener Größe entstanden Simplicität und Urbanität; daß diese nicht in unedlen Stolz ausartete, dafür waren die blühenden Künste und Wissenschaften, und ihr eben dadurch verfeinertes Gefühl für Schönheit und Wahrheit Bürgen. Weltmann und Edelmuth sind also keine so sehr sich widersprechende Dinge, daß eines das andere nothwendig aufheben müsse; und ich sehe daher nicht, warum es nöthig war, den Kontrast zwischen beiden so stark zu zeichnen. Daß der Hr. Verfasser unter Weltmann nicht blos jene elende Sklaven des sogenannten Bon ton verstehe, glaube ich eben daraus schließen zu können, was er von Simplicität und Urbanität sagt, und daß er uns Chesterfields Briefe empfiehlt. Wir wollen auf der Bühne den Weltmann sowohl, als den edeln Mann an sich sehen. Es ist auch hier nicht allein die Frage von dem edeln Anstande. Alles, was der Schauspieler auf der Bühne thut, muß er mit Anstand thun; dies erwartet der Kenner, dies fodert die hei=

lige Muse der Kunst. Karl Moor darf nicht wie ein gemeiner Bandit erscheinen; Gonevill und Regan dürfen nicht wie Gassanweiber sich betragen; Edmund und der König im Hamlet können nicht wie Menschen der untersten Klasse handeln; alles muß mit Anstand geschehen. Auch das niedrigkomische hat seine Grenze; wenn es diese überschreitet, ist es abgeschmackt, und eine Sünde wider das Decorum.

Der Hr. Verfasser hätte uns also einen Begriff von dem Anstande geben sollen, der auf alle Fälle anwendbar gewesen wäre. Nach allen, die im Fache der Litteratur und des Theaters geschrieben haben, ist Anstand die genaueste Uebereinstimmung des Blickes, des Tones, des Ganges, der Sprache, jeder kleinsten Bewegung mit dem, was der Schauspieler spricht, was er ist, oder seyn soll. Dieser Begriff paßt sowohl zum Grafen Essex, als zum Hans Nachtschatt; sowohl zur Königinn Elisabeth, als zur Oberförsterinn Warberg. — Der Grundsatz des Hrn. Verfassers: „Das sicherste Mittel, ein „edler Mann zu scheinen; ist: wenn man sich „Mühe giebt, es zu seyn," muß also hier ganz wegfallen. Die Frage ist vom wahren, und nicht nur vom edeln Anstande auf der Bühne.

Der Hr. Verfasser nahm also, dem Scheine nach, wahr und edel für gleichbedeutende Wörter; da doch nicht alles, was wahr ist, auch edel ist. Was würde man sagen, oder thun, wenn der Präsident in Kabale und Liebe wie der Advokat Dippel sich gebärdete? Oder wenn ein Betrunkener auf der Bühne erschiene, und dem Publikum die natürliche Beweise seiner Betrunkenheit geben wollte?

Hier hast Du also etwas zum Nachdenken. Ich wünschte, über diesen Gegenstand auch Deine Gedanken zu erfahren, und wenn Du Laune hast, so befriedige meinen Wunsch. Ich bin der Deinige.

An d. Sch. F. v. R. H. v. M. P. a. K.

Gebildet von Apoll, geschmückt von Grazien,
gefühlvoll, geistreich, edel, götterschön,
scheint, Ihre Reize zu erhöhn,
doch Eins noch Ihnen abzugehn:
Bedenken Sie, o Ursach meiner süßen Triebe!
der Schönheit Göttin sey auch die der Liebe.

Nouveau Dictionnaire de la Langue Françoise & allemande, composé sur le Dictionnaire de l'Academie Françoise, & sur celui de Mr. Adelung &c. &c. Par Chrétien Fréderic Schwan, Conseiller de la Chambre des Finances & Membre ordinaire de la Societé allemande à Manheim. Tome premier, qui contient les Lettres A — C, de l'Alphabet François expliqué par l'Allemand, gr. 4. 1787. Ohne Zueignung u. Vorrede 744 Seiten, kostet 5 fl. 30 kr.

So wie der erste Theil dieses Werkes, welcher das deutsche Alphabet enthält, hauptsächlich für die Ausländer und namentlich für unsre Nachbarn, die Franzosen, bestimmt ist, oder nur von Deutschen genuzt werden kann, die bereits französisch genug wissen, um die jedem Worte beigefügte und in französischer Sprache abgefaßte Erklärung verstehn zu können, so kann man im Gegentheile von diesem Theile behaupten, daß er der deutschen Nation, wo nicht nüzlicher, doch wenigstens eben so unentbehrlich sey, als den Ausländern. Es ist schwer ein richtiges Urtheil von einem Werke zu fällen, dessen Werth oder Unwerth sich nur erst bei öftern Gebrauche desselben entdecken läßt; und wir sind überzeugt, daß der Hr. Verfasser diesen Probierstein nicht zu fürchten habe. So viel wir nach einer allgemeinen Uebersicht urtheilen können, gebühret dem Schwanischen Wörterbuche der Vorzug vor allen denen, die je in Deutschland erschienen sind. Wir nehmen selbst das in seiner Art einzige, leider noch unvollendete, Catholicon des Hrn. Schmidlin nicht davon aus, weil wir bei angestellter Vergleichung gefunden, daß Hr. Schwan in Absicht der genauen und richtigen Bestimung der mancherlei Bedeutungen der Wörter, nach dem Adelungischen Wörterbuche, mehr geleistet, als Hr. Schmidlin; obgleich dieser in Ganzen encyclopedischer zu Werke gegangen, indem er fast den ganzen Büffon, Linnee, Tournefort rc. in sein Catholicon mit verwebet, welches doch eigentlich wider den Zweck eines Wörterbuchs ist, das blos Schrift- und Kunstsprache, nebst dem, was im gemeinen Leben üblich ist, enthalten soll. Man lese z. B. im Catholicon die Artikel Argile, Aristoloche und hundert andre dergleichen Benennungen aus der Naturgeschichte und Botanik, um sich zu überzeugen, daß der Plan dieses Werkes weit über die Grenzen selbst eines Catholicons ausgedehnet war. Hr. Schwan hat die Mittelstraße beobachtet, und scheinet seine ganze Sorgfalt hauptsächlich auf die genaue und bestimmte Erklärung jeden Wortes gerichtet zu haben Daß er aber das Catholicon beständig dabei mit zu Rathe gezogen, ist bei jeden Artikel ersichtlich. Sehr oft aber finden wir, daß er auch andre Werke benuzet, ob er gleich nicht für nöthig gefunden, das ganze Register derselben zu nennen, weil es sich ohnehin versteht, daß man bei einer solchen Arbeit mehr als einmal in die Nothwendigkeit gesetzt wird, bald hie, bald da nachzuschlagen, um seiner Sache gewiß zu seyn. Aber eben dieses giebt dem Schwanischen Wörterbuche vor allen andern einen entschiedenen Werth. Wir wollen zum Beweise nur eine Probe davon hieher setzen, so wie sie uns beim Aufschlagen zu erst in die Augen fällt. Hr.

Schwan schaltet bei dem Worte Coup, S. 671. folgende Anmerkung ein.

„Um genau zu bestimmen, wann Coup durch „Schlag, Stoß, Hieb, rc. zu übersetzen sey, „müßte man alle mögliche Redensarten mit dem „Worte Coup hierher setzen. Ueberhaupt aber „kann man bemerken, daß Coup durch Schlag „übersetzt werde, wenn von einem stumpfen „Körper von einer gewissen Länge und Breite „die Rede ist, z. B. von einem Hammer, „Stock, von der Hand rc. Ist von einem spizi„gen Körper die Rede, so wird Coup mehrentheils „durch Stoß oder Stich übersetzt. Ueberhaupt „aber sagt man Stoß, wenn von einer schnellen „und heftigen Bewegung eines Körpers auf „einen andern die Rede ist. Von einem schnei„denden Werkzeuge sagt man Hieb oder Schnitt. „Von einem Schußgewehre braucht man das „Wort Schuß. Von einem Körper, der mit „Heftigkeit durch den freien Luftraum fortgetrie„ben wird, z. B. von einem Steine rc. sagt „man Wurf. Das Wort Streich braucht man, „wenn der Schlag oder Hieb mit einer ziehen„den Bewegung gegeben wird; z. B. mit einer „Peitsche, mit einer Ruthe, mit einer Geissel rc.

Wer siehet hier nicht, daß Hr. Schwan bei diesen Worte das vortrefliche Werk des Hrn. Stosch: Versuch in richtiger Bestimmung einiger gleichbedeutenden Wörter der deutschen Sprache, zu Rathe gezogen. In welchem von allen unsern französischdeutschen Wörterbüchern findet man dergleichen Anmerkungen? Dafür aber werden auch unsre Uebersetzer künftig weniger Fehler begehen, und den wahren Sinn des Originals besser fassen. Um noch ein Beispiel zu geben, wie genau Hr. Schwan die verschiedenen Begriffe eines jeden Wortes aus einander setzt, verweisen wir unsern Leser, auf das Beiwort Curieux. Man vergleiche diesen Artikel mit den nehmlichen Artikel in Catholicon (von den übrigen meist elenden Handwörterbüchern ist hier gar die Rede nicht) und man wird finden, daß Hr. Schwan das Dictionaire der Academie Françoise nicht blos übersetzen, sondern mit den Adelungischen Wörterbuche gleichsam zusammen schmelzen wöllen.

Daß übrigens dieses Werk, noch mancher Zusätze und Verbesserungen fähig sey, wird niemand williger als der Hr. Verfasser selbst eingestehen: denn niemand ist ohne eine sehr mühsame und langwierige Untersuchung im Stande, besser von den Vorzügen und Mängeln eines solchen Werkes zu urtheilen, als der Verfasser selbst. Mit Vergnügen haben wir inzwischen wahrgenommen, daß Hr. Schwan mit jedem Schritte, den er vorwärts thut, seinem Ziele, das heißt, der Vollkommenheit näher komt. Der zweite Band des deutschfranzösischen Theiles ist um ein merkliches volländiger und besser gearbeit, als der erste: Und wir getrauen uns zu behaupten, daß dieser erste Band des französischdeutschen Theiles alle vorige übertreffe.

Dieser Band ist der deutschen gelehrten Gesellschaft zugeeignet, deren ordentliches Mitglied der Hr. Verfasser ist. Wir wünschen ihm Geduld und Gesundheit, ein Werk zu vollenden, zu dessen Unternehmung warlich eine grosse Entschliessung gehörte.

Anzeige einer neuen Ausgabe der Werke J. Rousseau's.

Es war Zeit, dem Andenken dieses edlen und fühlenden Wohlthäters der Kindheit und der Menschen, der Vernunft und der Leidenschaften, diesem Freunde der Tugend und Wahrheit ein dauerhafteres Denkmal, als Marmor und Erz zu errichten. Eine Gesellschaft kündigt daher eine Ausgabe aller seiner Schriften, wovon mehrere nie erschienen sind, an. Neunzig Kupferstiche werden das Werk zieren. Die Unordnung, die in den vorhergehenden Ausgaben herrscht, wird aus dieser ganz verbannt. Alle Werke Rousseaus, die dasselbe Gepräge haben, werden immer ein Ganzes ausmachen; z. B. Sur l'Economie politique, le Contrat social, les lettres de la Montagne werden genau mit allem dem verbunden werden, was einige Beziehung auf die berüchtigte Genfer Angelegenheiten hat. Als Rousseau seine Werke bekannt machte, erschienen zugleich schätzbare Schriften bei dieser Gelegenheit; Rousseau war die Ursache dieser Ideen, und es ist ohne Zweifel interessant, jetzt die Gährung dieser Ideen, welche dieser ausserordentliche Mensch in andern erzeugte, näher zu untersuchen. Diese Auszüge folgen am Ende des ganzen Werkes. Auszüge aus den Schriften gegen ihn werden seine Gegner schildern, und Gelegenheit zu wichtigen Bemerkungen über das Herz des Menschen geben. — Was die zwei Theile, die Musik und Kräuterkunde betrift, wird man Kunstverständige zu Rathe ziehen, um die zahlreichen und neuen Stücke, die dahin Beziehung haben, in Ordnung zu bringen. Rousseau studirte am Ende seiner Tage die Pflanzenkunde, und man wird ein ziemlich weitschichtiges Kräuterbuch, mit Randglossen von seiner Hand bekannt machen. —

Hr. Poncr Kupferstecher des Kabinets S. K. H. des Grafen v. Artois wird die Aufsicht über die Platten haben. Hr. Marillier hat die Verfertigung von 52 Zeichnungen übernommen. Dieser sinnreiche Künstler will in den Titelkupfern die interessantesten Gegenstände abbilden, welche der Band darbietet; die Bildniße der vornehmsten Personen, die mit Rousseau'n zu thun hatten, und das Bild dieses Schriftstellers selbst, werden die Pracht vermehren. — In dieser vollständigen Ausgabe werden auch seine Romanzen erscheinen, die bisher in keiner erschienen sind.

Das ganze Werk wird 34 = 36 Bände von 4 = 500 Seiten enthalten, jede Liefrung wird immer aus einer Art seiner Werke bestehn, und alle Jahr werden 5 Liefe- rungen gemacht werden. — Die neuern Ausgaben v. Genf, Brüssel und Kehl, sind nicht allein unvollständig, mangelhaft, sondern sie sind voll von Wiederholungen; der Brief an Hr. von Montmolin ist sechsmal wiederholt. In verschiedenen Ausgaben hat man gefunden, daß Originalstüke sind ausgelassen worden; diese in dieser Neuen zu ersezen, wird man sich äusserst bestreben. Mit einem Worte typographische Schönheit, vortrefliche Kupferstiche richtige Ordnung in den Theilen des ganzen Werkes, werden diese Ausgabe der Achtung des Publikums und des unsterblichen Rousseau's würdig machen. Man ersucht jeden, der eine Handschrift oder sonst ein interessantes Stück, das Verbindung mit dieser Ausgabe hat, besizt, es gütig mitzutheilen, und die Art der Erkenntlichkeit zu bestimmen, die er dafür verlangt; seyen es ein oder mehrere Exemplare, oder sonst ein Honorarium nach dem Inhalte und dem Verdienste der Sache. Hr. Didot d. a. besorgt den Druck des Werkes, wozu sein 2ter Sohn neue, vortrefliche Lettern gegossen hat. — Bei dem Unterzeichnen bezahlt man 12 Pf. oder 5 fl. 30 kr. Die Unterzeichnungszeit dauert bis zur ersten Lieferung, welche die neue Heloise enthalten, und künftigen Oktobr. erscheinen wird. Der Band in 8. kostet 5 Pf. oder 2 fl. 18 kr. Man wird auch einige Exemplare in 4. und 8. auf Pergament drucken. Den Subscribenten wird man eine weitläuftigere Anzeige von den Lettern, dem Papier und Formate des Werkes zustellen. Zu vorzüglicher Empfehlung des Werkes fügen wir noch bei, daß Hr. Mercier der Herausgeber ist.